問津

許全義
廖崇倫
許綠芽
許可風
──合著

推薦序一

　　平日上臉書瀏覽，常看到全義的短文，寫出點到爲止的分析與批判，時而辛辣、時而展示另類觀點，但是我不知道，其實他這些年來，已經在《上報》等媒體上，發表了約數十萬字深入的評論與分析，直到全義找我爲這些文章的集子《問津》寫篇小序爲止。我很高興有這個機會來閱讀他這些年來的中長篇論述文字，一看之下，十分驚訝，裡面文字之全面，上天下地，古往今來，但卻不是一般泛泛的普通文字，仍然積極顯示他辛辣而批判的格調，但有時也正面又謙虛地提出他的觀點，希望讀者能夠考慮與評論。

　　許全義是我看到台灣當今一位非常優秀又博學的高中老師，他出身清華工科，之後至少讀過兩個人文社會領域的碩士學位，多年來在幾個重要的高中任教，特別是頂尖的台中一中。當然台灣有非常多活躍於社會各個面向的中學老師，在他們的教學領域之外，對社會作出貢獻，我過去景仰或喜歡閱讀的小說家，其中幾位就是中學老師。但是我很少看到一位中學老師，能夠以深入的學養，認眞地對自己教學的內容本身，從中文到歷史教材，寫出如此深入又好看的文字。當然全義不是在中學教師文化裡一個單獨的特例，他的發展與努力，自然與近年來台灣的中小學課綱改革、教改、以及教科書爭議等潮流密切相關，但他

的文字比較不是只停在各種制度面的爭議上，而是更深入教學內容，抵達中文與歷史的文字本身。涉及到的常是我們過去在學校教育中熟悉的文章，如《師說》、《論語》、《馮諼客孟嘗君》或歷史事件如國民革命、二次大戰等，而他這種讀來既熟悉又陌生的批判文字，往往就讓《問津》的文字充滿了吸引力與挑戰。

全義的文字，主要是台灣解嚴與批判世代下的產物，他的主觀點，自然是批判台灣國民黨以來的傳統主流文化、乃至後來在改革運動中的不少缺點。他對學生文化與20世紀歷史的揭露與批判，甚至令熟悉大學文化的我感到驚訝，並想跟著他作點後續追溯。如他談到房思琪同學的文字與事件、過去國民革命歷史背後暗藏種族主義的殘酷歷史、到他對麥克阿瑟當年談那艘「太平洋不沉的航空母艦」，還有他批評與比較台灣與英國的歷史課本內容等，都令我學到新的東西，並且希望利用時間繼續讀下去。不過，更可貴的是，他對歷史的批判，並不就如此認為他一定是對的。他強調史無定稿，反對教條式的標準課本。全義所提出的另一種歷史批判故事，也仍然是歷史的一種，也可能會錯。推而廣之，不是只有歷史學家才能作歷史，一般公民從他們自己的經驗與觀點，也可以做出他們自己的歷史，多元的歷史。這是他所謂的「公民史學」。就如全義在導讀中含著詩意般的寫道「真正的歷史就在水中、空氣中、黏土裡、我們的血脈跟教室外的技術網絡與風俗習慣中奔流著」。

也許正由於他這種公民史學的想法，他寫了好幾篇與

《問津》中其他文字敘事很不同的文字，如「英國內戰」、「伊斯蘭城市風貌」、「法國大革命中的女人」等，在這幾篇裡，他只提出相關歷史資料，但沒有前後完整的歷史敘事。如在回溯英國內戰的起源與過程中，他只提出三個階段、五條導火線，這些基本上只是描述，沒有營造確切的因果關係或故事連結。另外關於伊斯蘭城市，他則一共提出了 22 件資料。我想這些資料，應該是讓高中生自己組織可能的因果關係，自己找問題來發揮吧。

讀一本如此廣泛而多題材的《問津》文集，我們讀者當然不可能同意他的每一個論點，以下，筆者就藉著寫這篇序文的機會，提出一兩個歷史商榷、一個關於高中「國文」課的問題，向全義請教與討論。

首先是歷史問題。因為常批評國民黨為主的文化與教育傳統，全義常引用國外或西方的歷史片段來作對比，舉凡英、美、法的歷史例子都常被提到。感覺上，他對中國的儒家綱常文化傳統的批判銳利而深入，但對所謂「西方」的歷史卻常引以為「正面」的例子，似乎批判性就比較不足。例如他在導讀中討論英國的近代史時，首先輕輕放過英國「對外」的歷史，只覺得英國人作的不好，只會侵略，但卻擅長解決英國的「內部紛爭」，說在英國 17 世紀內戰以後，改為擁抱多元，就沒有嚴重的內戰。但這恐怕只是英國保守主流的歷史觀，忽略了英國工業革命以來嚴重而殘酷的農民鎮壓（如圈地運動）與鎮壓工人及其運動的流血歷史。馬克斯如果能在倫敦好好寫書，恐怕要得自他的好友，資本家之子恩格斯的各種幫忙，何況恩格斯自

問
津

己就是寫 19 世紀英國工人血淚史的重要作者。又如全義討論韓戰前後麥克阿瑟的名言，說如果放棄台灣，那麼台灣將成爲共產中國在太平洋西岸不沉的航母，這個著名的歷史比喻，顯示了他重視在太平洋戰略上的台灣這顆「要子」、「美國的戰略要點」。所以，做爲偉大的戰略家，麥克阿瑟當年看到的是美國「失去台灣、就失去太平洋」。關於這個最早把台灣當作棋子的麥克阿瑟。今天的全義似乎沒有作以台灣爲本位的批判？何況，麥克阿瑟當年把台灣放在後來美國稱之爲西太平洋「第一島鏈」中的島鏈戰略藍圖，在今天洲際飛彈與核子潛艇的時代裡，對美國或中國的重要性應該已經大幅降低了。

其次，我想問一個關於國文課本選文的基本問題。在《問津》中，全義常批評某些選定的古文，觀其文意，其實早已不符合當代的政治價值，特別是民主的價值等。也就是說，全義以今天的價值來評定古代文本的價值。但在這裡，是否會產生全義也曾觸及到的「輝格歷史解釋」的問題？也就是強把今天的價值強加諸於歷史文本之上，而沒有讓我們瞭解或還原在不同時空裡的不同歷史價值。或許，就政治價值而言，我們今天並不需要深入理解古代時空裡的專制政治價值，所以輝格歷史解釋的強加問題就比較小。但是除了政治外，古人還有許多對世界的其他認識與理解，如對知識、身體、藝術、哲學等的認識與理解，在這些方面，我們就不宜以今天的理解來強加到古人的文字上去，而造成霸道的輝格歷史解釋。所以，國文課本（或歷史課中的參考古文）中的古文選定，似乎還可以加

入古代對自然的理解（如夢溪筆談）、對身體的理解（如本草綱目）、對藝術的理解（如畫論與書史）、乃至對哲學的理解等（如莊子）。而在今天知識與網路普及的時代，要讓高中生入門來理解這些古代的多重世界，並非那麼困難。也可能只有這樣，我們對歷史中不同價值的多方理解，才能夠更多元，而非只知道我們當代其實頗爲狹窄的價值與基本信念而已。否則，如果按照「戰爭與倫理」一文中台大歷史系甘主任在新生座談會中所說的，要大一新生忘掉中學所學的歷史，繼而好好熱愛史學，這又如何可能呢？

熱愛史學、乃至其他多元的經驗世界，需要從中學做起，《問津》已經提出了許多好問題，是個很好的入門管道。

傅大爲於淡水，陽明交通大學榮譽教授
2023/1/30

問
津

推薦序二

「歷史是什麼？」「歷史教育又是什麼？」

2015 年反課綱運動，從教育部退場後，這兩個問題，不斷在我腦中反思與咀嚼，有人說歷史是個研究與記錄過去所發生的，也有人說歷史是一個故事，是一個人們覺得重要或重大的故事。

那你覺得歷史是什麼？是教室桌上的一張考卷嗎？是茶餘飯後的優越感嗎？還是一個吸引別人注意的題材？

然而，歷史所帶給我們是什麼？是時間的教訓？還是失敗的經驗？或者輝煌的事蹟？

感謝＿＿老師與＿＿同學們，那段或許已經被遺忘的歷史中，當時的高中生甚至都大學畢業，謝謝老師與同學們撰寫這本書籍，透過自身經驗與想法，進一步探討那段歷史背後的歷史。

第一次被邀請寫導讀，所以在欣賞眾多書籍的導讀，寫下了這段

我想這本書是從一段歷史，反思了歷史（History），也從歷史教育，探討了公民教育（Civic education），最後再回溯，歷史教育發生了什麼事情。

很多問題，不用急忙給出一個答案，可能需要透過一件事情，可能需要經歷過一個悲慘，可能需要遇見一個

人，很多可能性，就如同歷史，歷史給予彼此的課題，是可以不斷修改答案。就我目前對歷史的認識，沒有一個標準答案，從宏觀或是狹隘，從主角或是旁人，都是解答。

　　唯一個問題，是正視那段歷史，唯當正視，那段歷史便是發生在現在。

　　　　　　　　　　　　　　　　　游騰傑

Even if I knew that

tomorrow the world

would go to pieces,

I would still plant my

apple tree.

———馬丁路德（1483-1546）

目錄

推薦序一   3

推薦序二   8

導讀：在少年牯嶺街殺人事件之後   13

追尋台灣人的密碼   廖崇倫 46

學生不是神人   放棄高中生學習歷程檔案吧   58

浮濫的翻譯傳統   82

崇尚簡史的台灣史學教育   108

後師說   129

荒謬的文白之爭   143

逼孩子學當岳不群的高中作文教育   151

論語反命題   154

讀房思琪的初戀樂園   169

從義利之辯到當個斥侯   173

尋找國文的阿基米德支點   184

從香米案看傳統知識的保護   196

從藥物到食物：吃進心理健康   許綠芽 202

從蔡小月到江之翠   許可風 214

在不完美中前進：從找固定點到發明理論溫度   225

小丑的靜夜思 265

北愛爾蘭的主權爭議 274

看見歷史傷口 283

爲什麼英國在 1642 年會發生內戰？ 296

伊斯蘭城市生活有何風貌？ 307

只是一個城鎮居民 317

「自由國度的公民與女人」Josephine Butler 究竟爲誰奮鬥？

330

女公民（Citoyennes）：法國大革命對女人的意義爲何？

343

蘇格拉底的辯詞 廖崇倫 譯 362

伯里克里喪禮演說（論雅典之所以偉大） 廖崇倫 譯 393

「失去台灣，就失去太平洋」──麥克阿瑟對遠東軍事情勢

的證詞 401

謝辭 419

導讀：
在少年牯嶺街殺人事件之後

「想要瞭解歷史，我們必須走進去，傾聽他們說的話，必須看看書及牆上的畫，必須聞一聞味道。」——《微物之神》

『有人一世人活很久長，但離開世間沒人紀念他，除了親人子女外，但有人活很短，追求真理自由和平等』，鄭南榕用生命換來今天台灣 100%的言論自由，一個鄭南榕付出生命，換來更多鄭南榕跟對，去年一位 20 歲的少年家冠華，用他的生命為了追求教育和歷史真相，『未來會有更多冠華』。

這是 2016 年 7 月 30 日，鄭國忠牧師追思，那個高唱「汝思華，吾思台」，「教育是愛，不是政治的工具」而死諫的林冠華同學，所說的話。『未來會有更多冠華』這也顯示牧師認同林冠華：台灣歷史教育需要改變。因應林同學的衝擊，民進黨執政時，撤銷違反程序正義的歷史課綱。重新草擬，並納入更多高中生進入課審會，為教育把關。公民老師們也集結起來發聲，出版了一本書，《公民不冷血》。國文從業者則紛紛出籠，編出自己的課本，並提出最有趣的、最強的與崩壞的另類國文詮釋或選擇等等。

問
津

一、失去名字之後

風暴中心的歷史老師呢？弔詭的是，似乎沒有標榜自
己送審不過、批判課綱，反歷史課本，或另闢蹊徑的聲浪
或結晶。難道中學歷史老師們認為民進黨來了，就太平了
嗎？民進黨來了，青天就有了嗎？還是大家沒有反骨、沒
有下剋上的勇氣？或只是大家太忙了，研習、應付課綱變
化，南征北討不斷，無暇及此。

或許都有吧！不過，更深沉的恐怕是，慣於中國通史
治亂相乘的虛無感：投身於巨流河中的吉光片羽，轉瞬即
逝。一如滾滾長江東逝水，浪花淘盡英雄。那怕是整個世
代，整個神州大陸與一整個混同在密麻如蟻的族群，終將
化為微塵。每個人都只是一道陽光，映照在河面上的風吹
水上鱗。一出場，就把未來對自己的遺忘帶在身上。沒有
人從頭到尾留在舞台上，而且每個人都彼此類似，自然而
然令人遺忘到像塵土般，模糊不清，微不足道。

從《三國演義》、黃仁宇般的《大歷史》，到《牯嶺街少
年殺人事件》的小故事，都說世界是不可改變的。然後台
灣非常優秀的紀錄片如《看見台灣》、《黑》、《無米
樂》……等等，也都對於能否改變此頹勢，持悲觀或甚至
是虛無態度。問題是，這樣的虛無是真的嗎？

就我個人讀史的經驗來說，此虛無感實不為真。個人
行動無足輕重，了無差異的歷史意識，其實只是國民黨治
台時的特殊氛圍而已。《辛德勒的名單》，紀錄族群滅絕
慘劇，還是很樂觀的。認為透過眾人行動，集體努力，我

們終將能避免此慘劇再次發生。《不願面對的真相》，面對全球暖化、氣候變遷的危機，也是積極的，認為人類終將如解決臭氧層破洞、核子冬天危機一般，克服此難題。甚至連中國的《穹廬之下》，也是粲然面對空污 PM2.5 難題。她與 PM2.5 有仇，非報不可。因她的小孩子打出娘胎，就因空污問題生病，足不出戶。可是，她既然可阻止家屋附近煙塵瀰漫，那麼透過公民群策群力，解決 PM2.5 禍害子孫的大難題，還是信心滿滿。日本時代的台灣人余清芳、莫那魯道、林獻堂、蔣渭水、簡吉……諸多公民行動，也對日本當局產生重大衝擊。又如印度農民草根運動擊退生物科技大咖的生物剽竊。法國大革命時代的女公民們，孕育出當代人權宣言的普世價值理念。Josephine Butler 成功擋下侵犯人權的性病防治法案等等。在在說明：一顆石頭，會改變整個河道走向的。蝴蝶扇翅，可產生萬里遠的大風暴。小草小蟲的努力，也有春秋之功（孔子寫春秋時的甲骨文，其象形甲骨文為小草、小蟲）。

然後，就算徒勞無功，失敗了。知其不可為而為之，如精衛填海、刑天舞干戚，猛志依舊常在。那就是自我意義的陶鑄與鍛鍊。那就是我，愛那顆石頭的我。如卡謬所詮釋的，薛西佛斯推石頭上山，又滾下來。反反覆覆。依舊是愛自己的選擇，不斷推石頭的命運。那才是反抗荒謬的人文精神之所繫。

很可惜的，在國民黨威權政權下，虛無感鋪天蓋地而來。此虛無感也有其淵源。或許有部分源自於商鞅變法，中央集權，君尊臣卑的劇碼。再加上近代法西斯主義的推

波助瀾。這造成所謂毛澤東像太陽，走哪邊哪邊亮。蔣公是民族救星、民主長城的造神運動。獨裁者是國家所有希望所繫的能源主體。人民是受體。專業官僚只是電線。一君萬民。此政體並非人人至上，彼此通力合作，各保尊嚴。而是只有獨裁者有尊嚴。官吏的權威與尊嚴只是襲自、奉承獨裁者的意志而來。獨裁者的一言，可以推翻任何官吏或學者的專業意見。所以，白色恐怖時期，依法裁判的法律見解，完全抵不過老蔣手書意旨。退出聯合國的決定，其實出自一人獨裁。台灣可以設省嗎？（並非憲法表列的領土主權範圍，如何設省？）戒嚴令有效嗎？也都是依獨裁者的意志而定。

中華民國憲法所涵蓋的領土採取表列制，並不包括台灣。如其所言：「中華民國領土為江蘇、浙江、安徽、江西、湖北、湖南、四川、河北、山東、山西、河南、陝西、甘肅、青海、福建、廣東、廣西、雲南、貴州、遼寧、吉林、黑龍江、熱河、察哈爾、綏遠、寧夏、新疆、蒙古、西藏等固有之疆域。」「中華民國領土，非經國民大會議決不得變更。」國民大會不曾議決過，還是在台灣設省了。然後，到了李登輝時代的憲法增修條文中，台灣更是成為所謂的中華民國「自由地區」。戒嚴令並無總統簽署（李宗仁已逃亡美國），法定要件不完備。自始無效，還是成為台灣實施世界上最久的戒嚴，38 年 56 天的依據。而且無人敢申請釋憲，挑戰其法律權威。

有天命、有意義，有尊嚴者只有獨裁者一人。其他人只是草民，或等待其救贖的蟻民，自然陷於意義虛無感

中，無法自拔。

　　無法以行動雕塑自己政體的公民，也就淪為沒有意義感的人，勞動動物。勞動很累。所以，歷史老師們其實也很忙。他們組成共備團，分工合作，相濡以沫，因應課綱改革巨變。這好像是讀醫學系學生的共筆，或法律系為了brief彼此合作般。所作所為都只是因應上級、學校、學生家長或教授的壓力，而不得不努力完成上級規定的交辦事項，以符合評鑑標準。但那是勞動，頂多也只能算是工作，談不上甚麼行動。

　　依漢娜鄂蘭所言，在喪失行動力、意義感之下，勞動動物又與貪婪的消費動物互為表裡。在威權體制下的魁儡，蟻民，不知道自己是誰？來自哪裡？要往何處去？人是語言與政治的動物，沒有自己打造的政體與言論自由，是怎麼吃也吃不飽的。蟻民被奪走名字之後，自我的人格意識隨之消失。埋首於日復一日、乏善可陳的勞務中，眼神黯淡，只有在偶然拾獲沙金微粒，其實是大便時，閃露光芒。

二、面對荒謬不得不反抗

　　「歷史就像夜晚中的一棟老房子，一棟燈火通明的老房子，而老祖先在屋裡呢喃。……因為我們被鎖在外面。當我們透過窗子往裡面觀看時，我們只看到影子；當我們嘗試聆聽時，我們只聽到一種呢喃。但我們不能了解那種呢喃，因為我們的心智被一場戰爭侵入了，一場我們打贏

了，然後又輸掉的戰爭；一場最惡劣的戰爭；一場捕住夢、
然後將這些夢再做一次的戰爭；一場我們崇拜征服者、並
輕視自己的戰爭。」——《微物之神》

公民塑造自己的政體，一如工匠打拋自己的藝術品。
人土不二身。人是土地長出來的，政體、道理都是。你我
生為台灣人，生斯長斯，吾愛吾廬。一如蘇格拉底，生為
雅典人，死為雅典鬼。一如大樹牢牢抓住泥土，死都不肯
離開。

很荒謬的是，我們的土地在哪裡呢？現在還有很多爭
議。如，

印度宣稱擁有對阿克賽欽地區的主權，中華人民共和
國實際控制。

巴基斯坦管制北部地區，中華民國主張。

阿富汗巴達赫尚省管制，中華民國主張。

塔吉克山地巴達赫尚自治州的絕大部分地區屬中華民
國所主張的新疆省版圖內。

唐努烏梁海現由俄羅斯圖瓦共和國管制，中華民國主
張。

江東六十四屯由俄羅斯管制。印度阿魯納恰爾邦管制，
中華民國主張。

緬甸克欽邦與實皆省的部分地區屬中華民國所主張的
雲南省版圖內。

中國宣稱對西沙、南沙群島(本圖未標示)擁有主權，其
中西沙群島現由中華人民共和國控制，越南亦主張對其擁
有主權，而南沙群島現為多個亞洲政府之間的爭議區。

臺灣、澎湖、金門、東沙群島等地是中華民國的實際控制地區，統稱為「中華民國自由地區」。美國認為其主權未定。邱吉爾認為台灣不應歸屬中國。

　　釣魚台及其附屬島嶼（日本稱尖閣諸島）現由日本所控制，中華民國及中華人民共和國均宣稱對其擁有主權。

　　走在台中市街道上，觸目所及的淨是中華路、北平一街、大連路、天津街⋯⋯等等，卻不見台灣人與土之名。荒謬又招來荒謬。所以，台灣號稱是先進的已開發國家，國民所得破三萬美元的自由樂土。卻每隔一陣子，就會看到這樣的報導：

　　把家鄉當垃圾場。地狹人稠，卻允許工廠沒有廢棄物處理設備就開業，然後亂丟。不僅如此，還進口世界各地不要的垃圾，如廢五金，讓自己鄉土成為垃圾島，飽嚐戴奧辛來為自己牟利。

　　面對荒謬，不得不反抗。中區風車學園的陳家琦同學，為此寫了篇期中報告〈為什麼台灣環境汙染事件層出不窮？〉

問
津

（http://www.law.ntu.edu.tw/ntulawples/bbs/board.php?
bo_table=elep&wr_id=58）

他挑戰台灣半導體業的廢棄物處理方式。半導體業其
實很毒，其廢棄的有機溶劑很難處理，所以有《污爾本
案》、《永不妥協》等知名公衛案例。太毒了。美國好地方
也容不下它。所以半導體業的發展史，就從美東、轉美
西，再到墨西哥，然後才到台灣、日本與韓國來。太毒
了，日本也慢慢抽手。所以，今天半導體業的強國就推台
灣與韓國。太毒了。台灣半導體業大廠，索性就委外處
理，假裝承包小廠可以替他們好好擦屁股。結果，小廠也
只是伺機隨意找人煙稀少之處傾倒。如此惡性循環，搞到
台灣西部沿海的農地，種出來的農產品，往往因重金屬汙
染不能吃。新竹南寮出產的牡蠣，幾乎可以驗出整個元素
週期表中的重金屬元素。

台積畢竟是台積。事件爆發之後，他們就收掉所有外
包事業，自己想辦法，投入該有的人力與設備，處理好其
半導體業的事業廢棄物問題。台積成為綠色企業，受到美
國、德國與日本的青睞，得以再轉進去那裏設廠。

作為唐吉軻德，陳家琦是幸運的。他拿起筆來，就可
以改變世界。我們也是幸運的，在台灣解嚴，公民享有言
論自由權之際，可以效法他，拿起筆來挑戰荒謬。自助天
助。自己國家、自己鄉土與自己命運，自己都不想動手動
腳的話，那誰可以來照顧呢？

反抗荒謬或改變世界，當然有各式各樣的策略與方
式。如給我一個支點，我將舉起全世界。或給我一個實驗

室，我將舉起全世界⋯⋯等等。

　　本書相關的行動者都關注：追尋台灣的主體性或密碼。如執干戈以衛社稷是種榮譽，也是公民的義務。在希臘羅馬的古典世界裡，成爲公民意味著拿起武器上戰場。在台灣的國民黨高官子弟，卻以逃避兵役爲能事。如逃避兵役的連○○，現在還可當中國黨，在台灣執政最久的政黨，的副主席與中央委員。至於叛將逃到中國，將國防機密賣給整天用飛彈瞄準我們的國家，卻還是可以拿人民血汗錢，豐厚的月退俸，那就更不可思議了。

　　又如人是語言與政治的動物。在希臘羅馬的古典世界中，不管政治，無法投身衆人之事的，是不配住在城邦內的。可是台灣青年一般從政意願不高。以文藝爲職志者，被稱爲文青。因一時義憤，爲弱勢團體打抱不平者，稱憤青。至於真要以政治爲職志者，就是瀝青了。黏踢踢，黑黝黝，有點不值了。在讀過《幌馬車之歌》後，我終於大致可以想像，爲什台灣有志青年以當醫師或工程師爲職志，而很少人會如韋伯所說的以政治爲職志了。

　　關心政治是身爲一個公民的職責，如伯里克里斯國殤所言：「每一個雅典公民不僅專心在各自的私事，對國事也會給予同樣的關注⋯⋯若有雅典人完全不關心國事，我們不認爲那人是專注在自己的本分，而會覺得那個人根本不配住在雅典。」可是在威權時代，公民關注政治的風險實在太高。

　　如王添灯。他熱心公務：從茶農、社會課公務員、漢醫推廣編輯到參與臺灣自治聯盟，後轉爲茶業實業家，再

走入政治窄門成為第一屆省參議員，乃至結合進步青年辦報，最後擔任二二八處理委員會宣傳組組長。但在二二八迷霧中，他被消失了。「有人問王添灯是不是有意當台北市長。添灯回答說：『我哪會說這些話！不過，以後若用選舉方式選市長，那我也敢出來競選！』那人馬上說：『那你到陰間當市長吧！』旋即將汽油潑在他身上，放火將他燒死。」屍骨無存。

又如鍾浩東。他富漢族意識，同情工農階級。中日戰爭爆發後，他一心想抗日，帶著妻子與同志冒險到廣東，被視為日諜，幾乎淪為槍底冤魂。幸蒙丘念台營救，才得以在大陸奮鬥六年多。因戰爭顛沛流離。妻子連新生嬰兒的小孩都要送人。或是不敢生。不料又懷身孕，私下找毒性極大的中草藥打胎，狗吃了會死的那種。其他如生活之貧苦，從在台灣一日三餐，有魚有肉；到一日兩餐，混雜著砂石的糙米飯果腹；工作之辛勞，就不足為外人道了。返台後，他任基隆中學校長，組讀書會，辦《公明報》，探索合理政體之可能性，就遭槍決了。死前唱一首他以為是世界名曲的《幌馬車之歌》。

黃昏時候，在樹葉散落的馬路上，目送您的馬車，在馬路上幌來幌去的消失在遙遠的彼方，在充滿回憶的小山上，遙望他國的天空，憶起在夢中消逝的一年。淚水忍不住流了下來。馬車的聲音，令人懷念。去年送走你的馬車，竟是永別。

又如張七郎父子。1947 年二二八事件爆發，張七郎正臥病於床。事件中，行政長官陳儀應全島各地的要求，

准許各縣市推選縣市長候選人，結果張七郎以最高票被推為花蓮縣長候選人。或許因此，埋下禍根。4 月國府軍開抵花蓮，隨即拘捕張七郎父子四人。次男張依仁後來在衣袋內被搜出一枚現職軍職上尉證章，（一說曾醫治過蔣介石，受其字條感謝）而被放過一馬。其餘三人都在未經法律審判下被槍斃。他們所穿的衣物都被剝洗一空，狀極悽慘。張妻僱用牛車運屍，合葬於家宅後院。墓碑上雋刻：「兩個小兒為伴侶／滿腔熱血洒郊原」。愛國愛人的張七郎，最終卻在祖國槍下喪命。

要特別注意的是，這些人都是認為自己是堂堂正正的中國人，而不是想叛變，富政治野心，要推翻國家的。然後，這些人也不是個案。如《悲情城市》電影所描述的，這還是林老師、吳寬榮、吳繼文、林文清等等，一整個世代的台灣優秀知識分子的共同記憶。

中國政治是黑暗的。掌握政權者，為了自己的權力與面子，甚麼傷天害理的事情，都幹得出來。如此為了明哲保身，本省知識階層泰半都流入「超越派」，對政治採取不聞不問，不視不語的態度。當個小市鎮知識分子，在自己鄉里鋪橋造路，盡量做善事而已。威權時代過去了，但此過去之井還是非常幽深。腳踏實地，清清白白的人，依舊視以政治為志業為畏途。遺憾或荒謬的是，人怎麼可能置身政治，眾人之事的治理，之外呢？

台灣教改是荒謬的。總是找不曾到基層學校教學過的人，來當偶像崇拜，乞靈於他們。如這次教改，我們崇拜葉○○。可是他是不曾參加過聯考的人，高中聯考、大學

聯考都不曾。一路都尋體制外管道升學的，也對台灣基礎教育的現況非常不熟悉。這好像是找一個從未開過刀的醫師，來教我們大家如何開刀一般，如果教學亦如外科手術是種 art 的話。

衡諸史實，真正的專家其實是使用者。如女秘書發明立可白。女工發明札棉機。農夫發現 T-Ford 稍微改良，可以作為鄉村各式各樣的動力來源。因此發明，讓汽車從都市生活脈絡，走向更廣大的世界。那台灣教改，為什麼不詢問真正的專家，使用者或學生的意見呢？他們真正感興趣的？對他們而言有用的知識？他們願意為之流血流汗，承擔受苦的？一個看不見學生、聽不見學生的教育體制，如何協助學生實現自己的自由呢？從未考慮學生意思表達的教育，不讓學生自由，那又如何讓學生學會負責呢？須知自由與責任是一體兩面。如果他從頭到尾只是聽命行事，只是乖，那對他就永遠學不會如何成為大人，永遠學不會雕塑自己的命運，選擇自己的石頭，推滾上山。不自由，又不懂得負責任的教育，那是我們要的未來嗎？

連教師都只為備課而焦頭爛額，沒有自由，不敢負責了。這種教育體制真能帶領我們邁向充滿希望的未來嗎？

這本書只是我們肩負起一個公民責任的起點。台灣有言論自由了。每個公民可以至少動動筆，發聲，來反抗這些莫名其妙的荒謬。

三、甚麼是公民？

問題是甚麼是公民？由於中文的曖昧，我們總是把公民、人民與大眾，混爲一談。

簡單來講，公民是關乎國家體制、憲章的草擬、維護與校正的主體。這與中國傳統以民爲本中的人民，或是大乘佛教中的大眾部，有很大的不同。後者有賴聖君賢相或佛陀菩提的救贖。前者本身就是救贖者，就是遊戲規則的草擬、維護與校正者。由於公民與人民不分，讓我們對公民教育下的法治教育，也有些荒謬的想像。

我們以爲公民教育（civic education）是指「國家採取多元途徑，藉以培養國民具有國家意識，以及獲得有效參與公民生活。」換言之，國家是能量中心，啟蒙、陶鑄他所希望的人力品質，將其塑造爲合格的公民。如此，我們理解的 Jury，變成是協助法官斷案的陪審團。國家法定培養出來的法律從業人員是主。人民只是陪襯。實際上，在有 Jury 的法律體制中。Jury 與其他法律從業人員是平起平坐，分工合作，各有尊嚴的。Jury 負責審酌事實。法官負責依據此 Jury 公意裁斷出來的事實，權衡該如何適用法條。檢察官象徵國家公權力，起訴嫌犯。律師則是站在被告立場，爲其爭取法律上應有的權利，與國家公權力抗衡。

象徵國家公權力的只有檢察官。國家不是一切。Jury要隨時警覺檢察官，國家公權力代表，是否濫權。是否違反罪刑法定，違反程序正義，違反毒樹果實或一事不再理

原則等等。

　　同理，一個負責任的公民，一如 Jury，也要時時警醒，檢視國家是否違憲，是否違法濫權。那麼法治教育關注的焦點，就不應該是法條教育，告訴學生說，憲法第 N 條說什麼？憲法增修條文說甚麼？而是要讓學生好好審視某個違憲審查案的來龍去脈，而且對協同意見書、反對意見書也要好好理解。因為那些法學見解有可能比較符合公意，而成為未來的法律。一如 Josephine Butler 挑戰性病防治法案，是否違反性別平等原則，是否逾越比例原則，是否違反人性尊嚴與人權等等。

　　實證研究顯示：熟知法條的人民，往往也是最可能犯法，或有前科，或曾被判過刑的。我們把法治教育，搞成法條教育，一如商鞅公布法條、徙木示信般。那並不是培養有歷史感與責任心的公民之道，而是規訓編戶齊民而已。那不僅無效，而且也不是現代意義下的法治教育。

　　台灣基礎教育當然也教釋憲案，也教違憲審查。可是，我們只告訴學生林林總總，琳瑯滿目的結論。這些結論，只要我們上司法院網站，就隨時可查到，卻又無論如何怎麼記誦，都記不完。有這種釋憲案可學，當然也是種幸福。因為在強人政治時代，幾乎無人敢提釋憲，沒有如此多而繁雜的釋憲案可學。不過，教育之道，多不如少，少不如精。深入理解一個釋憲案例，理解公民草擬、維護與校正憲章的動態歷程，恐怕比貪多嚼不爛還好。

　　然而，Josephine Butler 挑戰性病防治法案，還是有所不足的。公民社會，如何合眾為一，成為一個想像共同

體。不是靠國家、靠強人政治，強不同以爲同，來塑造的。但也不是單靠一個饒富公民精神、孜孜不倦的分子所能畢其功。人總是有盲點，總要想到自己可能會錯才是。這個教案沒有呈現從其他不同觀點出發的，堂堂正正，有條理的協同意見書或反對意見書。

法律走在直而窄的理性鋼索上，其實也是騷動難安的。如桑德爾在《正義：一場思辨之旅》一書卷首所呈現的電車實驗：義務論好呢？還是效率論好？這總無法一概而論。公民有關正義的法感會依脈絡不同，游移在兩者之間。當你是電車司機時，會傾向效率論，讓火車轉轍撞死比較少人。當你只是一個路人時，一般不會從天橋上推下一個超級大胖子，來阻止火車撞死群眾的慘劇。雖然犧牲一人，以拯救大眾是有效率的。然而，不可殺人不只是十誡之一，也是身而爲人的義務。扣其兩端而竭焉。義務論、效率論都有符合公民法感之處。雖然表面上看起來，他們對事情的見解，南轅北轍。可是健全的公民社會，總要像西螺大橋般，連結、傾聽巨流河另一側的聲音。公民總要意識到自己可能會錯，也才能傾聽到橋上之聲，反對聲浪。

異議有時比正典還重要。美國大法官 Joan Ruth Bader Ginsburg（1933-2020）過世，許多年輕人爲之痛哭流涕。有人將她這個老女人的頭像刺青，繡在胸口或兩臂上。爲什麼年輕世代會這樣的方式，來永久紀念一個容顏衰老的女人呢？她當律師時，是個著名的人權鬥士，成功打贏幾場違憲審查案。雖然是其中一個重要因素。不過，

讓她成爲像搖滾巨星般的法律人的，是她當大法官時，總是惡名昭彰的提出反對意見書。所以她最有名的綽號是Notorious RBG（與 KGB 諧音）。讓一個總是異議，唱反調的人，也可成爲 BBC 口中「一位不知疲倦、堅決捍衛正義的鬥士」，才是健全的公民社會。

在此，我想先緩一下，在追溯公民締造當代體制的小故事，來說明多元包容的重要性。

十七世紀英國發生內戰，很慘酷地兄弟殺兄弟，朋友殺朋友。此後，他們反思，該締造甚麼樣的政體，才能避免此悲劇再次發生。依據謝平與夏佛在《利維坦與空氣幫浦》一書所言：當時有兩大主張，一個是以霍布士爲代表的，主張一法令式的極權政體，大自然沒有眞空；另一個以波以爾爲首，主張多元並立的政體，大自然有眞空。前者就是一般政治學講契約論的源起。後者則是規範了後來有關科學實驗的生活方式。前者看起來像今天人文社會科學範疇。後者似乎是今天的自然科學範疇。兩者很難糾纏在一起。可是回到十七世紀英國內戰的脈絡，他們其實有著共同的問題意識：如何避免內戰？然後，又透過是否有眞空的討論，激烈攻防彼此的政治主張。

爲什麼有沒有眞空，會讓自然科學的生活方式與契約論下的君主專制，彼此交鋒呢？霍布士認爲，君權就像自然哲學裡的因果關係或原則一般，無所不在，而且無所都有其一致性。大自然厭惡眞空的原則，一如日照大地般，無所不在。就算波以耳發明空氣幫浦抽眞空，還是無法改變。那空間無論怎麼抽，都不是眞空。幫浦會漏，會有以

太在裡面，所以抽眞空實驗，雖然可以讓空氣幫浦內的靑蛙或雞爆裂死掉；可是卻無法分離兩片因空氣壓力而黏合在一起的大理石。

波以耳認爲：自然哲學的知識目標，就只是建立事實，不要談論因果關係。波以耳用空氣幫浦建立了一個事實，眞空存在。這個存在的眞空，其實也像他後來倡議建立的英國皇家學院般，不受外力干擾。專業學術社群屬於政治權力的眞空範疇。在英國皇家學院裡只談事實，不談政治與宗教，也不談因果關係。如此英國皇家學院的運作，也不該受政治或宗教影響。後來世界各國，都仿照英國皇家學院或法蘭西科學院，成立不受政治或宗教干擾的中央研究院。爲了讓研究員專心研究，不受干擾，爲學術而學術，所以像司法人員一般採終身聘。

當科學與政治，彼此互不干擾，了不衝突時，當然很好。可是萬一英國皇家學院院士，跟英國主政者立場相左，怎麼辦呢？波以耳覺得無所謂，各有各的眞空環境，各行其是。只談事實，展緩眞理或因果關係的追求。追求因果關係，只講一個眞理，強不同以爲同，反而會造成戰亂。

霍布士深不以爲然。他認爲，1642-45 年的英國內戰就是因爲 seeing double。財產權神授比較大，還是君權神授比較神聖？當信任國會？還是服從君主？大家不講因果關係，不講最終原理原則，喬不攏，才激發內戰的。所以，自然科學只談事實，不談因果關係，是有害的。說實驗可以生產出眞空來，也是有害君主政體的。爲了定分止

爭,他主張國家極權。人民彼此締約將其一般基本權交付給政體,以換取生命安全。所以除非契約政體,利維坦,侵犯了人民的生命權。人民才有反抗權,否則要把所有權力授與國家。

這兩種不同的生活方式,實驗室的生活方式或是利維坦的生活方式,都是為了避免內戰,卻南轅北轍。而且這兩種不同的生活方式,在當時很難說孰優孰劣。可是,英國人後來選擇了波以耳所主張的生活方式,有真空,累積事實不談因果關係,可以有獨立於政治宗教範疇之外的多元的專業團體。

從後見之明來看,英國人的選擇對了。從鴉片戰爭以來,我們或許看到英國船堅炮利,侵略別人,攻城掠地,無往不利,建立日不落帝國。但其實,他們最擅長的不是對外,而是解決內部紛爭,避免內戰。從十七世紀以降,英國沒有嚴重內戰。相對的,採取類似霍布士主張的中國,君主專制極權,以吏為師,夢想著千秋萬世,傳之久遠。實際上,卻總是陷入無窮無盡的內戰深淵中。漢學家估計,約莫每三年,中國就發生一次死傷超過十萬人以上的戰爭。那是歐洲在拿破崙前,國際戰爭規模的大死傷了。

中國不擁抱多元,所以殺法輪功,殺學生,血洗圖博、蒙古和東土耳其斯坦。英國擁抱多元,所以有人上街頭,他們怪的不是抗議者,而是政府不好好處理問題。馬克思、卓別林受迫害時,都逃往英國,悠哉游哉!英國還是世界性帝國,因為可以接納異議批評聲音。中國還有點

野蠻，所以屠殺抗議者，哪怕抗議的是學生，如六四天安門事件。

換言之，民主高度、公民社會的健全程度，就看我們擁抱異議聲音的程度而定。如果我們在絕對尊重歷史事實下，不僅有台獨史觀，還有大一統中國史觀，更有原住民史觀，女性史觀，環境史觀，動物史觀，極左史觀，極右史觀，思想史觀，身體史觀，產業史觀與公衛史觀等等，可供選擇。人因選擇而有尊嚴。那麼我們才是建立了，人人至上，彼此分工合作，大家都有尊嚴的民主政體。 那種尊嚴建立於，我們能否擁抱「異類」了，是否能限制國家機器無所不在的控制慾與權力狂；是否不畏懼真空存在。

台灣處於最大海洋與最大陸塊交會，海洋文明與大陸文明衝擊下，地震颱風頻仍，但也造就我們最繽紛亮麗的地形地貌與生物多樣性。台灣雖小，但生物多樣性不亞於美國。擁抱多元性，只是回復我們的自然天性。

簡之，公民們不僅要有勇氣，執干戈以衛社稷；有熱情，熱心公益；還要意識到自己的主張可能有錯，無論如何容忍異議，擁抱多元，才是台灣的力量。

四、為什麼要提倡公民史學的探究與實作

波以耳和霍布士也是幸運的唐吉軻德。他們經歷內戰。英格蘭人對內戰的悲嘆與淚水，讓他們更有意願展開新頁：「就在此地，就從今日，歷史展開新頁」，見證現

代性（modernity）的展開。依據拉圖，《我們從未現代過》的詮釋，利維坦與空氣幫浦互爲表裡，共構了我們的現代體制或憲章。

現代體制中的利維坦，不只是由人民組成，他還頭戴皇冠，手握技術物：空氣幫浦、寶劍；還有一群專業社群爲其服務。而且眞正讓英格蘭公民選擇天平傾向波以耳的生活方式的關鍵，不是孰優孰劣的問題，而是技術物，空氣幫浦，站在實驗的生活方式這邊。

如果利維坦手握的關鍵技術物，不是空氣幫浦，而是電子電機；所面對的迫切問題不是內戰，而是瘟疫、饑荒或氣候變遷呢？那麼公民選擇天平會傾向哪邊呢？從Covid 19 的防疫經驗來看，霍布士所提倡的專制極權，集體主義，恐怕很有機會在人與非人共構的國會中勝出。

公民作爲憲政體制的動態締造者、維護者與校正者，面對此高科技監控的軍事工業社會時，該何去何從呢？

有關此省思，一般都偏向於批判工業革命。如Theodore John Kaczynski（1942-）所說的：

工業革命以及其後果對人類來說是一場災難。工業革命以及其後果大幅提升了住在「先進」國家的人們的壽命，但他們也讓社會不穩定，讓人們的生活變得空虛，讓人們的尊嚴被剝奪，還導致廣泛普遍的心理疾病（以及第三世界的人們肉體上的折磨）以及自然的嚴重破壞。科技的持續發展會導致以上情況更加惡化，讓人更沒尊嚴，自然更加被破壞，更嚴重的社會動盪及精神折磨，甚至可能也會導致「先進」國家亦遭受肉體的折磨。

從十九世紀以來，軍事與工業宛如攣生兄弟，難分難捨。如當代社會的毒品氾濫，來自於二戰軍國主義的餵養。納粹用毒品發動閃電戰。日軍的神風特攻隊靠它，美軍也以安非他命撐住越戰等等。化工產業所造成的塑膠微粒與空氣汙染，則來自一戰之後所使用的毒氣與炸藥軍事工業的轉化。如瑞秋卡森在《寂靜的春天》中所言，這些化工產品讓春天沒有鳥叫聲，讓溪流與海洋裡沒有魚。核子冬天的危機，則來自二戰的產官學大整合的曼哈頓計畫……換言之，二戰雖然過去了，可是為了戰爭需求所開發出來的技術網絡，依舊熱戰中，讓大地處於戰爭況態，坑坑疤疤，殘酷恐怖。

　　更幽微的是，戰爭過後，軍人價值觀的紀律與服從，滲透到公民社會來。陰魂不散的戰時價值觀與組織，如影隨形，如中正，軍政獨裁者，之精神與我們常相左右。韓國瑜選總統時，高唱黃埔軍校的陸軍軍歌。顏寬恆在 2021 年十二月補選立委時，高喊中國陸軍慣用口號說：「『雄壯、威武、嚴肅、剛直、安靜、堅強、速捷、確實、沉著、忍耐、積極、勇敢！』這些口號現在喊起來還是朗朗上口。雖然退伍將近二十年，這些當兵的日子依然記憶猶新！」

　　回到教育現場上，軍事幽靈依舊盤桓在各級學校。如為教育死諫的林冠華所就讀的莊敬高職，就是以採取軍事化管理著名。那也是許多私校、明星國中所標榜的，招生口碑。學校現場中，所謂的校、班和師都是軍事名稱。智力測驗與透過選擇題評鑑學習成果，源自軍方。至於教育

問
津

單位的集體主義，透過以吏爲師，追求效率、標準化與統一，更是從軍國主義下的法西斯教育流傳下來的歷史慣行。

軍事價值不見得不好。它對強健社會有其重要性。軍事教育把陽剛小子打造成男人，灌輸純正的男子氣概與團隊價值觀。讓他自然而然滿懷崇高的理想：對家庭與家鄉的愛，對國家強烈的偉大感，愛國心與良好的同志情誼，身心的淨化，道德勇氣與身體勇氣，以及對任何不眞實、心胸狹隘或卑劣的不屑一顧。

很可惜的是，在台灣的那種軍事教育，離鄉離土，不知道愛哪個國，效忠哪個想像共同體。它很顯然的不是希臘羅馬古典公民教育，而是偏向中國威權體制下的編戶齊民式的草民訓練。在此效忠權勢的集體主義下，如托克維爾所說的，人們之間不再因爲種姓、階級、行會、家庭的關係而有所聯繫。他們只關心自己的個人利益，總是只考慮自己，將自己封閉在扼殺了公共道德的狹隘個人主義之中。它用一堵牆把公民囚禁在私人生活中。在此社會中，沒有什麼是穩定不變的，每個人時時刻刻都感到焦慮，生怕自己的地位下降，急著向上爬。由於金錢不僅成爲區分貴賤尊卑的主要標誌，還具有一種獨特的流動性，不斷易主、能改變個人的處境、使家庭地位升高或降低，因此幾乎所有人都迫不得已分秒必爭地拚命攢錢。於是，不顧一切致富的渴望、對商業的愛好、對安逸和物質享樂的追求，便成爲最普遍的激情。滿大人們（mandarins）就在此集體主義的羽翼下，在其所提供的隱蔽和黑暗之處，貪

婪地，以可恥的手段攫取不義之財。

　　如何對這個只知道升官發財、效忠權勢的集體主義發動政變呢？李遠哲的解方是斷開中央對教育的掌控，切斷一條鞭，讓教育回歸鄉土。周樑楷的策略是成立基層教師團體，塑造公民意識。這十幾年下來，很遺憾的，在現代監控技術下，利維坦步步進逼，瀰漫真空。波以耳所提倡的生活方式節節敗退。中央對教育一條鞭式的掌控，反而愈趨嚴密。原本該建立自己專業團體意識的學科中心或共備團，反而成為上級傳遞指令的節點。

　　以歷史教學為例，在課堂上，既不是以學生為中心，也不是奉老師為偶像，而是很荒謬的以「課本」為中心展開。當大考中心試題經院士、專家指認有錯時，其標準反應也不是尊重過去，看看專業學術社群對此問題的共識為何？而是回歸「課本」怎麼說。問題是，課本中的世界史圖像，如台大花亦芬教授在《像海洋一樣思考》所批評的，往往停留在梁啟超時代，百年前的見解。過時的往往就一路延續下去，如有關中世紀、達爾文演化論或科學革命的說明等等。

　　嚴格來講，史學是門藝術。同樣的材料，在不同藝術家手中，會雕琢出不同的圖像。如有關復活節島上的滅絕之謎。賈德戴蒙在《大崩壞：人類社會的明天？》一書中說是因為環境破壞：復活節島的社會原來階級分明，各部落酋長、祭司負責管理和分配資源，戰士保衛家鄉，基層製造石像。但自從島民過度砍伐樹木來運送石像，人口過度膨脹，土地被過度開墾又變得不宜農耕，部落都沒有足

夠資源，來供奉原來的統治階級。高層企圖通過戰爭解決問題，反而令問題惡化，逐漸在內戰中被低階層的人取代。文明逐漸衰亡。各部落先是推倒對方的巨型石像，以破壞其士氣，結果反而造成全體人民的信仰危機，當他們發現祖先崇拜不再有效，紛紛連剩餘的石像也推倒發洩。18 世紀初，歐洲人接觸復活節島時，石像祭禮還在進行；但到了 19 世紀，全島所有石像（除了未完成的和唯一一尊例外）都已被人為推倒。這時候，島內糧食嚴重不足，原有統治階級再無影響力，文明已倒退到人食人的景況。

可是在羅格布雷格曼《人慈》一書中，就有不同故事：十八世紀初住在復活節島的人身強體壯。土壤出乎意料之外的肥沃。這島嶼是人間樂園，沒有任何證據指出他們在挨餓。復活節島森林消失，也不是人為造成的。滾動巨石像所需的樹木，算出來至多是一萬五千棵樹。可是島上依據生態學研究有多得一千六百萬棵樹。真正造成生態大滅絕的是第一批抵達的船上偷渡客，老鼠。僅僅三年內，一對老鼠可產下一千七百萬隻後代。它們食用樹木的種子，妨礙森林的生長。而最終毀滅了復活節島文明也不是內部因素，而是搭著歐洲人的船隻抵達的瘟疫與奴隸貿易。也就是是西方殖民勢力把這文明推下懸崖的。

然後，就算同一個人在不同時間點，看著同樣的史料，也會建構出不同的歷史圖像。如孔恩在《科學革命與結構》導讀中，提到自己做物理研究與科學史研究的經驗。前者解謎之後，圖像非常穩定，動手寫論文時，不會

有太大出入。後者初步解謎後，開始動手寫論文時，往往又會有很大出入，要不斷修正。史無定稿是也。

在台灣歷史教學現場中，荒謬的是：課堂上，或至少考卷上，所出現的歷史問題，我們都有標準答案。恍如我們所認識的過去，不是居於水之鄉，也不會騷動難安，而是會靜定下來，化身為選擇題中的穩定選項。如軍事管理般，聽從上級或大考中心指揮的基層教師們，眼中沒有不斷與過去對話的史學倫理，沒有自己，也沒有學生；只有以科舉之所是為是，科舉之所非為非。

簡之，真正的歷史就在水中、空氣中、黏土裡、我們的血脈跟教室外的技術網絡與風俗習慣中奔流著。人浮於世，誠然。但一粒芥菜子可長成大樹，讓小鳥歇息。一棵頑石，也可改變河流走向。史學並不虛無，小草小蟲也有春秋之功，絕非只是基礎教育現場上疏離、冷漠、靜定而穩固的有標準答案的選擇題選項而已。

五、翻轉？

「給我個支點，我將舉起全世界」──阿基米德

為什麼台灣人不肯面對真正的歷史？沒有歷史感與責任心？沒有承先啟後的氣魄與行動力？如將各鄉鎮、街道回復原名，豐原為葫蘆墩？台中為大墩？我家那個豐榮為貓兒干……等等。不肯校正明顯錯誤的歷史介紹？如某些橋建於民國前幾年。將國家二二八紀念館，放在中正紀念堂文化園區內？就好像北京奧運在市區內劃出某個空格，

問津

以供人民異議一般。不肯打開覆蓋河川的路面，如台大之復育瑠公圳一般？

沒有過去，哪有未來？統一把各鄉鎮最大最熱鬧的道路，稱爲中正路、中山路般，輕賤自己土地與河川的共同體，哪有未來？連自己的母語、童年的生物多樣性，都快斷絕了。這種沒有歷史縱深的人生，有甚麼意義呢？

如果面對此歷史荒原，我們靈魂深度不滿，那麼在高中教學現場上，該如何翻轉呢？我想，廢除大學聯合入學考試，恐怕是必要的。台灣就如《牯嶺街少年殺人事件》最後一幕，小妹拿著播放大學入取榜單的收音機動彈不得一般。因爲人生重要的並無法考，如獨一無二的靈魂的尊貴與脆弱。能考的，或考出來的，往往只是體制控制人的工具。考好的，誤以爲自己高人一等。考不好的，卑賤自己。那就方便惡質體制將各式各樣的人差序化，建構階層化權力結構。一樣米養百樣人。每個人的功課都不同，也都走在不同的路徑上。透過考試，惡質體制就可以讓人人走在均一「標準」道路上，就可以控制了。

台灣高中教學是很荒謬的：在聯考天空下，PR99 的建中和北一女，和 PR20 的學生，適用同一種課綱，同一份考題。然後，如李家同所批評的，成績好一階就上的，考簡單的，學測試題。成績不好，一階落榜的，考難的，指考試題。再者，這樣的體制完全看不到學生、聽不見學生的聲音。沒有學生，哪有教育可言。整個體制之荒謬可想而知。更糟糕的是，我們的文化或許同情洪仲秋那樣默默無言的受害者，卻對於像林冠華那樣死諫的反抗者，視

若無睹。

反抗者和憤世嫉俗的酸儒不同，前者是積極的、翻轉體制的行動者，後者則是消極的、厭惡體制與自己的諷刺。酸儒以業餘不負責任的抱怨代替行動，沒有崇高價值指引，只知道抱怨，卻近乎放棄，軟趴趴的成為行動上的侏儒。反抗者玩真的，全然而自發的投入，投入不言自明的價值判斷與行動。面對荒謬，酸儒游移在中間，似乎無不可妥協。反抗者，要嘛全有，要嘛全無，犧牲生命也在所不辭，因為反抗者所追求之善，還超越個人利益。

基層教育現場上的荒謬與白色恐怖時期相差不遠。正直的人，沒有罪，所以要被規訓或處罰。如《牯嶺街少年殺人事件》中，小四的爸爸認為整批換掉辦公桌椅不妥，浪費公帑，不想蓋章，因為改天就可能隨便拆掉一棟大樓，結果就被警備總部約談，讓他做出跟汪國正（綽號汪狗，小四父親的大學同學、哥兒們）切割的自白。人情反覆，令人不寒而慄。小四父親被警總盯到，可能就是一輩子好友汪狗設的局。

白色恐怖是錯亂的。國家預算超過七、八成浪費在國防上。聽演唱會的日常生活休閒娛樂，也得先唱國歌，表達愛國情操。大街小巷上，應是市民悠閒晃蕩，卻隨時可以見到軍人行軍，坦克車跟公車一樣多。校園內，要對獨裁者敬禮，還有軍人負責規訓青少年的生活紀律。他們不准青少年談戀愛，卻自己一天到晚泡妞，如白髮蒼蒼的主任教官一下子把護理室小姐，一下子泡販賣處小妞。國文教師一方面說，中文優美因為簡潔，如山筆畫那麼少，英

文 mountain 卻要寫那麼久。當學生提出,「我」這個字跟英文 I 相比時,又該如何解釋。這反被視為挑釁,要罰寫「我」這個字一百遍。

白色恐怖是盲目的。小四成績很好,會讀夜校是因為入學考試中國文卻只有五十幾分。體制是盲目的,就算異常,也不允許複查。小四在校成績很好,滑頭想抄他的答案。他不肯。滑頭打他。他拿球棒準備反擊時,被訓導主任看到。主任只是沒收球棒,不管來龍去脈,衝突如何發生?小四答案卷,因為被滑頭抄了。兩者長得一模一樣,連錯字都一樣。老師希望小四認錯。小四卻高舉反抗啟蒙之火,像普羅米修斯盜火般,不認錯,而被綁在世界盡頭的石柱上,飽受折磨,被移送到訓導處處理。小四爸爸到學校跟訓導主任會談,也支持小四,認為,一個人如果可以為了他沒做錯的事情,道歉認錯,那日後甚麼事情做不出來呢?結果,小四的懲罰就從考卷扣分,到小過,變成大過。白色恐怖的盲目,畢竟是不容質疑的。質疑會帶來更嚴重的報復。小四跟小明戀情曝光後,校護說他們亂搞男女關係。小四反罵三字經。結果被逮到訓導處,就因為說髒話(對師長不敬?)就要被記大過。兩大過很嚴重。因為後來像這樣說說話犯小錯,可能又會被記大過,那就要退學了。爸爸很緊張去求情。這次經過警備總部洗禮的他,真的妥協求情了。可是訓導主任卻反過來百般挖苦與刁難。小四又氣不過了,拿起訓導處沒收來的球棒,就往電燈泡上 K 去。結果,他就被退學了。

白色恐怖時期國家機器的盲目,有時令人匪夷所思。

如劇中，honey 死掉後，小公園聯合台灣本土黑道在颱風天，持武士刀，血洗 217，幾乎將賭博撞球店全滅了，只剩老大山東的女人。217 眷村的大都是基層阿兵哥，無親無故的，無人為其鳴冤。公權力有發揮任何作用嗎？沒有，一如 honey 被殺一般，人命蒸發了，無人追究。小四和小貓也參與這場血洗，他們負責在後門把風。小四在血洗之後，還重回現場，遇到山東在他女人懷裡斷氣。諷刺的是，小四和小貓卻從未因此，遭遇任何責難。彷如 217 眷村內的低級外省人不是人。他們死了，只是跟貓狗差不多，無足輕重。公權力的盲目，讓人民跟著盲目，報仇，循環往復。

這種盲目也擴散到一般人的家居生活中。小四偷拿媽媽的手錶去當，裝闊交女朋友。哥哥老二知道後，怕弟弟被責怪，被媽媽扒了一層皮，還沒空吃晚餐，就又騎鐵馬到撞球店，賭球技賺錢。老二也真的賺到錢，但還來不及給弟弟拿去贖回手錶，就被媽媽搜出錢來。體驗過白色恐怖的爸爸氣急敗壞，以為老二偷媽媽的錶去當，狂打他，邊打邊罵「你沒有出息阿你！不要臉，沒有出息啊！」「沒出息！不要臉！沒出息！沒出息！不要臉！沒出息！沒出息！不要臉！沒出息！……」。爸爸受過白色恐怖洗禮，也盲了，不分青紅皂白，不容辯駁，就展現粗暴的家父長規訓權力。其實，哥哥心疼弟弟，手段或許不對，但動機無可厚非的。要打他，也不能盲目，也要等到釐清事情原委後。

盲目也造成整齣戲中最大的悲劇：小四埋伏小馬不

成，轉而刺殺小明。小四表面上知道小明所有事情，知道
她游移在諸多男人之間，舊 217 老大，honey，小醫生，
小四，小馬……然而，小明與氣喘病嚴重的母親相依爲
命，對現實的體會遠比小四透徹：貧窮，動盪，寄人籬
下，時時刻刻處在一種沒有安全感的不穩定狀態中。你可
以說她善於演戲，哭笑自然。甚至如小四一樣，用父親罵
哥哥的話罵她，不要臉、沒出息。但誰都無法不著迷於她
矛盾的美感，既有少女清純的羞澀，又有成熟女人的冷
酷。Honey 死掉沒多久，轉身就可以忘了他長甚麼樣子。
任誰也無法不爲她難過。在小明黯淡無光的青春裡，小四
是她唯一的一盞燈。可是這盞燈卻依然無法同情理解她的
陰暗，她淒冷的寒月。小四家庭熱鬧溫馨，父母兄姐溺
愛。小明回家到 217 眷村就遭親戚白眼，人渣性騷擾。爲
母親的病情，爲自己身體的尊嚴，她一定要逃出眷村。但
她只是一個小小平凡的國中生，只能在最單純的年紀就被
這個世界同化，依附在有權勢的大哥羽翼下，轉來轉去。
精神上，她甚至比小四父親還要成熟與衰老；可是眉宇上
她還是閃爍著純眞的光芒。小四著迷於其純眞，卻還是無
法理解其滄桑，終於將她生命殘存的光芒掐熄。她那麼需
要小四的理解與尊重。可是小四畢竟還小，還是無法釐清
那是他自己的看法，還是盲目白色恐怖社會的見解。是小
四無法跨過白色恐怖社會的盲目；還是小明背叛了自己，
背叛的小四呢？還是他們兩人都無法反抗，都不得不被極
爲強大的、盲目的白色恐怖社會同化呢？

　　盲目鑄造了牯嶺街少年殺人事件的悲劇，更摧毀了青

春的夢想。

《牯嶺街少年殺人事件》，是有關像普羅米修斯盜火般反抗盲目與黑暗的故事，所以電影片首就是一盞燈。盜火的普羅米修斯，反抗，而被關在世界盡頭的石柱上受苦。老鷹會啄掉他的內臟，直到他奄奄一息才飛走。老鷹飛走後，他內臟又會長回來。然後老鷹又來啄，周而復始。這反抗是失敗的悲劇，所以電影結尾是收音機播報榜單。

死了好多人，這世界依舊是階層化權力結構下的黑暗時代。

劇中有兩個想改變世界的，為黑暗帶來光明的年輕反抗者，honey 和小四。前者，死於 217 山東謀殺。後者，想改變世界、改變小明，卻無能為力而殺死鍾愛的人，小明。

有兩個憤世的妥協者，小四父親，他本來認為人可以透過努力，改變世界。但因為自己耿直，被誣為匪諜，誣己者甚至可能是自己換帖同學，而轉變成為妥協者。但就算妥協了，還是不安穩，晚上莫名驚醒，懷疑有賊進來。他後來就轉到民間公司上班了。靈巧負責的大女兒，懲於前車之鑑，被媽媽勸說，能出國盡量出國，多待一天在台灣都不好。另一個或許是小馬。他是警備司令的小孩。雖有財富、權勢，在板中砍人可以沒事，轉到建中補校來。他洞悉這世界是一場戲，男女戀情尤其如此。他妥協，玩弄女孩子感情，最後卻喪失了唯一一個不是因為其權勢，而與他為友的換帖兄弟，小四。

這是個黑暗時代，所有劇情進展幾乎都在黑暗中進行著。反抗者不是殺人，就是被殺。但無論殺人或被殺，在氛圍上都近乎是自殺。妥協者，稍有憤世者，就是像小四父親那般神經兮兮的活著，或是像小馬一樣遊戲人間，覺得甚麼都是假的。只有圓滑狡詐，會出賣朋友或自己兄弟的滑頭和汪狗，可以福祿安泰，吃香喝辣。

更令人驚悚的是，那個白色恐怖離我們不遠，基層教育現場上的盲目與黑暗還是現在進行中。我們還是看不見學生，聽不見學生，甚至希望學生滾出校園。

那麼在歷史教學現場上，我們該如何翻轉這個盲目又黑暗的體制呢？這本書建議不要再考選擇題了，改考申論題，沒有標準答案的那種。如從歷史上分析，第三次世界大戰可能會發生在哪裡？為什麼？你覺得該如何消弭？如此透過開放的敘事與論述，傾聽學生的聲音，看見學生，以協助其自我認同與自我人格的鑄造與鍛鍊。所以這本書除了崇倫翻譯的講公民精神的那兩篇文章之外，其餘大部分是我個人在學校段考中用過的申論題素材。有些是文章，就只是簡單問學生的閱讀心得感想。有些是教案，附有很多史料，就看看學生如何引用資料，論證或說歷史故事。

這點努力或許還不足以盜火，點亮歷史教學的盲目與黑暗。不過很呆地嘗試了二十年，至少讓學生覺得自己不只是塗卡機械人。

總之，台灣人歷史意識虛無而黑暗，亟待有人盜火照暖。有開必先，希望這本書所介紹的公民精神，可以成為

西螺大橋，或是像建構熱力學的橋中之橋。在傾聽學生，
看見學生的這條直而窄的道路上，擁彗前驅，幫賢達掃掃
路、灑灑水。

追尋台灣人的密碼

廖崇倫 撰寫

　　2020 年，知名作家龍應台，在臉書上發表一篇讀書感想。內文宣示，《不管你說什麼，我反戰》。

　　對此，師大台文系教授林芳玫忍不住吐槽，威廉一世（Wilhelm I）以帶兵打仗聞名，且殘酷鎮壓反對者，在反戰文章中被提到，殊為可笑。同時，維也納也是守舊、封閉的帝國之都，如大清帝國一般，終會遭到淘汰。龍應台在文中堆砌了許多意象，歐洲的、寫意的、文人的。乍看之下，彷彿色香味俱全，優雅又浪漫，卻可能連她自己都搞不清楚在說些甚麼。另一方面，也淡化了該時空的殘酷。

　　令人感到矛盾的還不只於此。台灣中學的人文教育，在認知、情意、技能的分類中，絕大部分仍以認知為主。如歷次課綱改寫，戰場總限縮在認知上，哪些片段該學、哪些片段該被刪減。再怎麼說，一般人在此階段，也早已生吞活剝地讀進許多歷史知識，無論立場來自何方。那麼，為何如龍應台般，拼湊式的文藝風格，卻還是能打動許多讀者？為何風格相仿、訴諸國際化卻經常顛倒事實的《文茜周報》，仍舊是許多學生認識世界的管道？

　　本文將試著提出另一種方案，作為走出簡史之後，人

文教育的可能圖像。情意先行，知識自然跟隨。儘管，這依然只停留在號召，未能指出具體的做法。

情意先行是否可能？

「終於，在層層山稜之上，露出了一點白色的山尖，是關山啊！牛車繼續顛簸前行，露出的部分更白更大了，在深綠色的山稜與藍天的交界處，那積雪的關山連峰，輝映著陽光，正如一串金剛石那樣地閃爍著。

我不知道這片刻的經歷，究竟給予我那小小的心靈，有多大的震撼力？因為一直到現在，雖然我曾在往後的登山歷程中，看過無數更壯麗偉大的景觀，但當年那一幕景象，以及當時欣悅崇慕的心情，始終那樣鮮明地烙在腦裡，浮在眼前。

我時常自問：我這一輩子所以會那樣毫不遲疑地奔向山野，是不是只為實現兒時的憧憬？」——楊南郡

提到戰後的台灣山林踏查，大概無法忽略楊南郡。他同時也是日籍博物學家在台灣的介紹者，曾翻譯鹿野忠雄傳記、《山雲與蕃人》等作品。不過，顛覆刻板印象的是，楊南郡在大學主修的既非森林、也非史地，而是外文系。他一生為山治學、熟稔生態與部落文化，只因童年隨父親乘著牛車，遠望關山積雪的悸動。之後，其語言專業或造詣，才如棒球尾勁般，豎立翻譯文學的典範。如果順著認知教育的脈絡，先具備知識再培養情意，楊南郡固然還是能當優秀的譯者，但恐怕就未必是尋覓失落古道的先驅人物。

若將眼光放到具有全球影響力的作品，當代的環境倫

理，至少得追溯到《寂靜的春天》（Silent Spring）。作者
瑞秋卡森（Rachel Carson）倡議，DDT無所謂安全閾值，
促成大部分國家的禁用。二戰時，DDT 被噴灑在軍人身
上，用來除蝨母。

　　戰後，隨著有機農藥取代無機農藥，DDT 也被視為
特效的殺蟲劑長達數十年。直覺上，它看似對人體沒甚麼
大礙。但卡森指出，DDT 有很高的脂溶性，儲存在人或
動物的脂肪中，可造成長期的危害，如讓鳥蛋無法孵化、
生殖機能受損、導致癌症等。且有機物之所以複雜多樣，
正是因為碳原子與其他物種，或彼此之間，都能相當輕易
地排列組合，改變原先的化性。這讓人們低估了 DDT 的
風險，以為碰到了沒事就是無害，實則不然。

　　讀過此書將發現，裡頭爬梳了大量關於農藥的化學知
識，完全吸收當屬不易。不過，瑞秋卡森的本業，其實是
個海洋生物學家。1950 年代，她因初為人母，開始關注
更廣泛的環境議題，卻目睹蟲鳴鳥叫不再，與氾濫的農藥
使用有關，才展開長達四年的溯源。

　　《寂靜的春天》出版後，對輿論構成很大的威力，也
使得卡森飽受大型化工企業與農業部的追殺。他們批評，
卡森要將地球拱手讓給昆蟲。平心而論，《寂靜的春天》
確實並非毫無問題，但它讓美國社會對於農藥污染，不得
不審慎以待的叩問，還是少有自然書寫作品能超越。作為
公民科學典範，若非情意先行，這段天路歷程還真不知該
如何成就。

　　準此，楊南郡與卡森最具貢獻的實作，都顛覆了固有

教育目標的階序。通俗而言，台灣社會總以為必須讀很多書、上很多課，才能對某些主題有所感，接著具備相應領域的技能。但上述兩者卻都反其道而行，他們先是感受到了某事物的重要性，接著深究，最後產出認知與技能，甚至還更是別有一番洞見。

那麼，若此圖像可及，抽象如情意，又該如何得來？它可能有何特色？

情意可能來自人與土地的關係

在我所熟悉的環境中，許多長輩不曾上學，也鮮少離開居住的庄頭，卻能熟稔《三國演義》、《陳三五娘》、《山伯英台》等遙遠的中國歷史人物和故事。我個人或多或少，也透過家鄉的伏魔大帝（鍾馗）信仰，窺見人治社會中選任菁英的偏頗，居然有人會因其貌不揚而落第。出於生活經驗所引導的，似乎總比書本更深刻。儘管以信仰作為中介，一如教科書般不可靠。

情意總離不開土地。〈西雅圖酋長的演說〉（Chief Seattle's Speech），頗能闡明這份信念。1854 年，來自華盛頓特區的白人開墾者，帶來將要購買印地安人土地、設置保護區的訊息。西雅圖酋長自知無法抵抗，於是發表此一悲壯宣言，解釋與土地共存共榮的部落倫理，如何與白人不同。

"Your dead cease to love you and the land of their nativity as soon as they pass the portals of

the tomb and wander away beyond the stars. They are
soon forgotten and never return. Our dead never
forget the beautiful world that gave them being.
They still love its verdant valleys, its murmuring
rivers, its magnificent mountains, sequestered
vales and verdant lined lakes and bays, and ever
yearn in tender, fond affection over the lonely
hearted living, and often return from the Happy
Hunting Ground to visit, guide, console and comfort
them."

離地的歷史知識，終究屬於殖民者一方，只變成無主
孤魂，在混沌之中漫遊。長遠看來，這種區隔還能影響司
法想像。如紀錄片部落正義中，注重修復、協商、信任的
Quechan 部落法庭，法官與當事人連結緊密、彼此培力，
積極尋覓各種讓當事人重返社會的可行方案。雖不見得對
所有個案管用，卻總是補充了國家司法體系之限制，尤其
是協助印第安青年遠離毒品、暴力的惡性循環。

我們很難想像，如果不是由人與土地、人與人的關係
建立情意，在疏離破碎的現代化社會，部落司法還會有此
豐碩成果。

"Even the rocks, which seem to be dumb and
dead as they swelter in the sun along the silent
shore, thrill with memories of stirring events
connected with the lives of my people, and the very
dust upon which you now stand responds more lovingly

to their footsteps than to yours, because it is
rich with the blood of our ancestors and our bare
feet are conscious of the sympathetic touch."

如看宮崎駿的電影，也能窺見他對於古典日本森林觀的鄉愁。草木國土，皆悉成佛。因此龍貓森林、琵琶湖漁家，能作為里山倡議的中心棒次，成為許多人關心石虎、草鴞，在台灣淺山與農田蹤跡的起點。里山倡議，也突破了值得保育的動物，只出現在深山密林中的想像。它可能與人的生活空間重合。西雅圖酋長與之遙相呼應，認為自然環境並非了無人味，它有祖先在此活過的血汗。最好的體驗方式，就是脫赤腳時的共感。人與非人得以緊緊糾纏，才有情意滋長。

反之，在無情意教育引導下的知識，只是接受灌輸，就難免錯假泛濫。在台灣，能受高等教育的，痛恨檳榔者眾，認為它破壞山林。但卻鮮少有人思及，來自熱帶的棕櫚科作物，難以種在土石流好發的海拔，電視畫面中，颱風天被沖垮的檳榔園可能只是受害者。又或是，陣頭少年還是被視為問題學生，而非傳統文化的守門人。諸如此類的有色眼光下，不但無法產生 in context 的在地知識，就要連單純的尋根，觸摸祖先的生活氣息，都顯得有點奢侈。

"Our departed braves, fond mothers, glad
happy-hearted maidens, and even the little children
who lived here and rejoiced here for brief season,
will love these somber solitudes and at eventide

they greet shadowy returning spirits. And when the last Red Man shall have perished, and the memory of my tribe shall have become a myth among the White Men, these shores will swarm with the invisible dead of my tribe, and when your children's children think themselves alone in the field, the store, the shop, upon the highway, or in the silence of the pathless woods, they will not be alone."

最後，西雅圖酋長也傳達精神不死的意志。卽使最後一個族人消失、部落的記憶成爲白人的傳說，他們的靈魂仍會堅守此領域。相形之下，台灣人的歷史感似乎輕薄多了，卽便多數人好好活著，卻沒有甚麼記憶是不可退讓的。一切都好像可有可無。

透過大眾文化，許多人得以認識遠在地球另一端的切格瓦拉（Che Guevara），聽過他棄醫從戎，領導 1950 年代的古巴革命，最終死於玻利維亞游擊戰的故事。切所寫的《摩托車日記》，是無數左翼青年、社運份子的讀物。五月天甚至曾以同名歌曲向他致意。

然而，大多數台灣人卻不知道，1947 年的中台灣，就有一位同樣醫師出身、投入游擊戰的陳篡地，帶領著斗六、斗南的民兵反擊政府軍，一路與正規軍纏鬥到虎尾機場。當時，切格瓦拉甚至還沒開始騎摩托車。如此壯烈的事蹟，卽便在陳篡地的家鄉彰化二水，或母校台中一中，耳聞者恐怕還是幾希。

直到今日，台灣社會普遍的想像中，土地的情意教

育，還是與人文知識相去甚遠。求學路上，不少學霸總是吃驚地質問：「怎麼會有人沒聽過＿＿＿？」留下旁人的自卑與困惑。好像學文史，就得講求博聞強記，累積更多瑣碎知識方為強者。如此一來，歷史課本沒有楊貴妃，或中文系學生念不出冷僻字，似乎還真有點嚴重。

只是，真的有人藉由這樣的累積，學會了甚麼非知道不可的事情嗎？或從反面提問，如果不是記憶魔人和政治狂熱份子，誰會透過這樣的學習方式，感受到人文學科的魅力？誰會真心覺得，課綱改寫事關重大？

偏見以為，無生活經驗支撐的人文教育，終究是灌輸有餘、誠懇不足，讓大家當一顆顆棋子，難以成為成為與社會對話、書寫歷史的公民。

悲劇之中建構的集體情意

由此反省出發，印度裔小說家阿蘭達蒂·羅伊（Arundhati Roy）的作品《微物之神》（The God of Small Things），或可作為他山之石。此書傳遞一種近乎哀戚的抵抗，那就是緊緊抓住。否則，我們的夢想將永遠不夠遠大，悲傷將永遠不夠悲傷。如書中角色，賤民維魯沙，緊緊抓住與阿慕之間跨越種性的戀情。最終，他在警局被活活打死。為了保護母親，孩子們得將他們在河邊的幽會，說成是一場強姦。

童年結束了，記憶也被竄改。但歷史的味道會像風中凋謝的玫瑰，飄散而蟄伏，卡在角落微物織成的蜘蛛網，

問津

彷彿若有神。對於台灣人而言,哪些事物是我們緊緊抓住
的?

　起樓仔厝,普遍被視功成名就的象徵。傳統的低厝
仔、三合院,多半等著最後的老人大去,就能槓掉、改
建,或放著任其傾頹。可是,台灣人一年卻花了不少錢,
到日本或歐洲,讚嘆國外留存百年的街景,貢獻別人的觀
光生意。回到台灣,面對周遭的生活紋理,就殊難察覺流
淌其中的靈光。

　無怪乎,許多面向上,傾向於(disposed to)喜歡他
人,幾乎已經是根深蒂固的直覺。如嚮往中國節目、美國
博士、德國車,或甚至是法國浪漫、日本秩序等更是疑點
重重的抽象概念。透過現有教育體制的形塑,自己土地上
的,好像就只能是奧屎粕,傾向於喜歡台灣僅限於選舉口
號,日常實作中,則看不起吳郭魚、鐵牛車等台式科技產
物。

　當龍應台說,「一齣歌劇的首演,會是(維也納)城
裡的清潔工在晚餐桌上熱切談論的題目」,她也許不知
道,二十世紀的台灣鄉野,還有許多農民家庭自行組成南
北管樂團,在農閒時以挨弦仔、歕鼓吹自娛。無論是在彰
化溪州、雲林麥寮,常民的愛樂風氣都不見得下於維也
納。相形之下,到我這時代的學子,不少人犧牲童年的玩
樂時間,面有菜色地學音樂,上國中之後就全部還給老
師,實在是不比從前。

　歷史就像夜晚中的一棟老房子,一棟燈火通明的老房
子,而老祖先在屋裡呢喃。……因為我們被鎖在外面。當

· 54 ·

我們透過窗子往裡面觀看時，我們只看到影子；當我們嘗試聆聽時，我們只聽到一種呢喃。但我們不能了解那種呢喃，因爲我們的心智被一場戰爭侵入了，一場我們打贏了，然後又輸掉的戰爭；一場最惡劣的戰爭；一場捕住夢、然後將這些夢再做一次的戰爭；一場我們崇拜征服者、並輕視自己的戰爭。——《微物之神》

這場戰爭，今日的台灣還正在經歷。在身土相離的教育氛圍中，我族的生活方式既不被珍視，似乎也只有不斷失落。從阿祖世代之挨弦仔、到阿嬤世代的包仔粿、到阿依阿世代的母語相傳。

甚至，就連作文寫景都不誠懇。如寫清澈的小河、流水潺潺，夜晚點點繁星，空氣沁人心脾。但實際上，濁水溪水是灰色的，還被攔河堰送往六輕，水量一年不如一年。每逢枯水季，總是讓沿岸居民吃飯攪沙，煙塵瀰漫。入夜，鄉下且有光害，怎麼可能在都市頂樓烤肉，卻看見滿天星斗？然後，追逐字面美感的寫作，往往也只看得見疏朗蓊鬱的中緯度。殊不知，這與納粹美學頗有異曲同工之妙：日耳曼是多麼地翠綠有靈；斯拉夫人的土地就有多麼荒蕪，可以恣意蹂躪。

黨化教育看似早已遠去，「神州」風土也不再至高無上；我們卻還是卻無力掙脫對自身地景的貶抑、忽視、無感，以及對於溫帶情境的美好幻想。它只是換了種更隱晦的包裝，充斥人們的學思歷程之中。隨著科技與人的互動更加複雜，許多來自在地的挑戰，如農地危機、文資危機、居住正義、綠能與生態的衝突，都亟需不同角度的人

文觀點介入。

倘若無法與現實面對面，身處其威脅之下，又該如何判斷、如何行動？由此看來，缺乏情意先行所遭遇的課題，恐怕要比教科書少了哪些片段嚴峻多了。不知何時，台式作文才能如《微物之神》一般，細緻地描寫廉價藍色肥皂的體感、脹裂的波羅蜜爬滿青蠅，或有關熱帶河水的污濁溫熱。

「想要瞭解歷史，我們必須走進去，傾聽他們說的話，必須看看書及牆上的畫，必須聞一聞味道。」——《微物之神》

最後，情意教育或許也可讓人不致遺忘自身的傷痕，成為某一組密碼的共享者。如震撼人心的魁北克車牌格言所說，「Je me souviens（我記得）」。被植入的鄉愁雖多，終究只會是過客，只有傷痕使人警醒。

牢記密碼是幸福的。防彈少年團的鄭號錫出身光州，在〈Ma City〉中唱出 062-518，光州的區域代號與五一八事件，近代韓國的重大創傷；足球強權 FC 巴塞隆納，也常在主場賽事進行到 17：14 時大吼「independencia」（獨立）。1714 年，是加泰隆尼亞被征服、巴塞隆納陷落、西班牙禁止加泰隆尼亞語的年份。足見，健忘也非總是後殖民社會的必然。

對於台灣人而言，或任何我所認同的社群而言，那組密碼是甚麼？能令人們經歷久遠的時間，還深深惦記其沉痛。如果答案眾說紛紜，或許還是好的，讓覺得是 1670（沙轆社事件）的人，和覺得是 1895、1947、2018 的人

大吵一架，釐清台灣認同的多重起源與共同體的邊界。然而如今，我們卻更接近一種虛無的沉默。即便台大學生，也快要沒有人認為校歌是〈望春風〉了。輕盈無負擔的表態，跨越立場而散播著，令人憂心忡忡。情意先行，大概也是有點厚重的理想。

（本文原載於關鍵評論網）

學生不是神人
放棄高中生學習歷程檔案吧

每一個人對這樁毫無意義的事件漸漸感到厭煩。
——卡夫卡‧普羅米修斯

　　108 課綱在高中端推動不久，公共政策網路參與平台上，「移除學習歷程檔案」一案在短短三天就通過五千人的連署門檻。高中生群情洶洶反對，可見一斑。

　　不過，教育部產官學網絡，還是很堅定的推行。雖然有些私立名校高中生已經苦不堪言，因為每學期得上傳十二件以上的檔案（含自主學習等）。

　　雖然木已成舟，我還是想當個烏鴉，發聲，至少讓大學端再停下來想想。一方面再想想推行這制度是不是有些盲點，我們沒看到的。另一方面，也提醒當權者推行此政策時所該採取的態度。就算制度一模一樣，態度不同也會造成很大差異。如秦大一統後，二世而亡。可是，漢初一樣用秦法政，卻造就了文景之治，甚至可豁免人民九年稅收。

　　私以為，這次教改，將學習歷程檔案成為申請入學的主要依據，有些盲點，容易淪為說一套、實作上又會變成另一套；而且整個變革頗為鉅大，在態度上宜寬仁，不宜嚴猛。

從規訓到自主的教育典範轉移

推教育典範轉移來看，教育部推廣學習歷程檔案，無可厚非。

過去，有關學習成果，都是由上對下的評鑑。這次轉向，讓學生自己紀錄學思歷程，認識自己。或多或少，而學生自己來做主，紀錄、評鑑自己的學思歷程。

不過，弔詭的是：如果沒有好好審視盲點的話，用心良苦的改革，最後可能說一套、做一套；名實相違，理想與實踐可能剛好相反。理論上，規訓時代應該管很多。實際上，就高中教育來講，那時寬容信任到卻讓朱天心在《擊壤歌》一書中，有帝力於我何有哉之感。理論上，我們教育部要推廣的自主學習時代，適性揚才。實際上，被自主學習者居多，而且連時間幾乎都被消耗光了。因為準備學習歷程檔案，要花很多時間，多了很多作業。連自己的時間都沒了，談甚麼適性揚才呢？

規訓時代的高中教育，有髮禁、服儀檢查、留級甚至退學等等，不過大體只是否定式的。如柳宗元以植樹寓言所說的：

勿動勿慮，去不復顧。其蒔也若子，其置也若棄，則其天者全而其性得矣。故吾不害其長而已，非有能碩茂之也；不抑耗其實而已，非有能早而蕃之也。他植者則不然，根拳而土易，其培之也，若不過焉則不及。苟有能反是者，則又愛之太恩，憂之太勤，旦視而暮撫，已去而復顧，甚者爪其膚以驗其生枯，搖其本以觀其疏密，而木之性日以

問
津

離矣。雖曰愛之，其實害之；雖曰憂之，其實仇之。

　　在那個時代，有朱天心的《擊壤歌》，帝力於我何有哉之嘆。李敖、朱天心都說自己後來上學，幾乎沒到教室，只是自己躲在圖書館看書。迄今，建中體育課還有舊時模樣，因為幾乎就是放牛吃草。甚至如《牯嶺街少年殺人事件》所呈現的，連門禁都沒有。

　　今天我們或許會責罵，那時的教育體制不盡責。可是那個時代學生生命力卻像野草般頑強。如林懷民，在台灣舞蹈傳統幾乎都斷絕的情況下，硬生生自己披荊斬棘，開闢出康莊大道來。丁肇中說，物理老師聲音很小，甚麼都聽不清楚，只能好好抄筆記，卻依舊受啟發，成為一個物理學家，拿到諾貝爾獎。張昭鼎、李遠哲時代，受居禮夫人感召，自己組讀書會，成就自己。

　　那個時代，台灣清華大學足以跟中國的平起平坐，傲視香港和新加坡大學。（清華材料系在世界排名還曾經擠入十名內）

　　後來台灣解嚴，不可以、不允許的否定動詞，逐漸讓位給你能夠、你應該，你辦得到等等肯定情態。社會也從規訓特質的，逐漸成為自主的，美律（merits 或翻譯成才德）導向的。

　　從規訓到美律的典範轉移，從生產力來看，是有效率的。當生產力達到一定程度，禁令的否定架構，很快就達到極限。因為否定性的禁令會中斷或阻礙進一步的提升。「能夠」的肯定性比「應該」的否定性來得更有效率。美律主體比被規訓的、服從主體更有行動力，更有生產效率。

所以，這次新課綱推動，強調自主學習，將「學習」主動權還給學生。不管是課程綱要的設計、或是課程種類的增加，政策方向都是讓學生與教師擁有更多的「彈性」，讓學生「去實作、去思辨、去看見自己生活週遭的環境故事」。換言之，這次教改，從規訓到美律的典範轉移，或許是台灣產業升級、生產力提升的希望所在。

大環境沒變，卻設想從上而下要求最底端的學生改變，是不可能的。

　　問題是，一個人畢竟只能自己成就自己。如果教改改到學生連自己時間都沒有，那麼甚麼自主學習都是空話。這次教育改革，真的讓學生焦頭爛額。所以才會大家串聯連署反對，群情洶洶。又教育是以學生為中心來展開，既不是政治的工具也不是社會生產力，產官學鐵三角的附庸。美律成就的無上命令會讓人生病，憂鬱症，或至少覺得恐慌、倦怠或無能。寸寸而量之，一天到晚在準備學習歷程檔案（其實單是上傳檔案就快把學生搞到瘋掉了），反省自己學到甚麼。

那真是柳宗元所批判的,『愛之太恩,憂之太勤,且視而暮撫,已去而復顧,甚者爪其膚以驗其生枯,搖其本以觀其疏密,而木之性日以離矣。』

或許我們真該想想:這次推行新課綱的方式,跟凡事管太多的威權體制,實作上,到底有甚麼不同呢?被迫的自主學習,時時刻刻都得受評鑑。那種有強烈目的性的,應付上面要求的,還是自主學習嗎?

很難成功的學習歷程檔案

學習歷程有其價值。它展現學生的個性,記錄學生如何理解這個世界,與這個世界互動的過程等等。從評鑑來看,它也有從膚淺的考試領導教學中解放開來的可能性:如果有深入問題、解決問題的探究與實作,作為成績評鑑,誰還會要單調的選擇、填充成績呢?

不過,衡情而論,這次強調學生學習歷程檔案的教改,恐怕凶多吉少,很難成功。問題一:大環境沒變,卻設想從上而下要求最底端的學生改變,是不可能的。問題二:終究會跟過去的備審資料類似,教人以偽;或是真的有不少他人代打的學習歷程檔案。

因應這波教育改革,台灣大環境變化並不多。如推行新課綱了,歷史科的教師甄試初試還是在考填充題。數學科還是在比誰在短時間內可以迅速而正確的解題,而非對數學學科特質有更好的理解與掌握。……從大考中心所公布的新課綱研究試題看來,其實換湯不換藥,只是字多了

點罷了。高中老師慣有的教學方式還是堆棧式的。教學條件，就授課時數、休假型態（沒有輪休一年或半年的制度，來充電或是紀錄、分享教學心得。如寫下《西方之沒落》的高中歷史教師，史賓格勒）、師生比和學校權力結構運作方式，似乎也只適合上對下的威權指導。

到大學端。大班人數多到爆的考試，如醫科，還是考選擇與填充。老師上課方式，還是傳授式，堆棧式的，而非「尊重學習者的主體性，成為學習者的伙伴，成為引導有效學習的角色，取代主導性」。

唸過台大也讀過中興大學的廖崇倫認為自己大學快畢業，卻又像沒念過大學一般，因為出席要求、功課作業員是太重了，沒甚麼認識自己（know thyself）、追求真理或宇宙精神之可言：

到了大學，大量的作業、對出席率的重視，讓我不適應了很久。大一大二幾乎皮皮被當了好幾次，後來不過是硬著頭皮交差，也就沒再被當了。那感覺實在很差。有些教授像是黑警一樣，浪費路人的時間，只是想秀一下自己的拋嗯。

他覺得讀大學，還不如在中學時，有很多時間，加上一點點的台灣人反骨精神暗示。可以亂搞、亂念書、當個老屁孩，建立莫名其妙的自信。所以，就我所知，大部分傳統名校的中學生都是反對自己學習過程中，在交友、社團與功課壓力下，又增加額外的負擔的。現在的高中生認真的話，真的很忙。要好好享受高中生活的話，真的沒時間從高一到高三都要忙著日後大學端申請入學的準備。高

問津

中專心致志忙一年準備考試、升學就很多了，不要搞到整個三年都在拚輸贏、比高下。高中不只是大學入學的跳版而已。無用之用斯為大用。教育場上，最不需要的是劣幣驅逐良幣。讓無所為而為、讓學生有大把大把信任與時間揮霍的建中、一中變成除了升學別無其他的私立學校校風。

然後，到產業端來看，台灣強勁有力的還是服務業與製造業。服務業，以長榮航空為例，那還是有森嚴的階層化權力結構的。那種森嚴甚至到有工會也只是近乎門面裝修而已。製造業，以台積電或歐巴馬所稱讚的《中國工廠》為例，福利與前途，只要公司營運狀況許可，要多少給多少。可是批判意見與工會就敬謝不敏了。

一個還如《中國工廠》，強調集體主義的社會氛圍，卻要求高中生自主學習、在學習歷程檔案中展現個體主義式的反思與探討。這不是強人所難嗎？ 我們推行政策時，真該聆聽學生說的，沒有時間，同時兼顧課業與學習歷程檔案的心聲。原本學校生活就很忙了，放學後還要補習、複習明天的考試，幾乎沒有所謂的休息時間。然後，現在又多了「學習歷程檔案」。要學生硬是擠出時間來打報告，做出可能受大學端青睞的學習歷程來。

真當學生是神祇？十八般武藝樣樣精通，還可翻轉台灣社會氛圍，從集體主義走向個體主義？

又學習歷程檔案其實也不是新東西，在申請入學時，本就有備審資料。後來，因為真假參半，無從抉擇，大家也就不是很重視，只是聊備一格。今天敲鑼打鼓，經過認

證，教育部拼命背書的學習歷程檔案，會不會又是昨日的備審資料呢？一開始就只為了讓別人看，供評鑑，或當作申請入學依據的學習歷程檔案等等，而非真誠的面對自己的學思歷程。硬摘的果實不甜。如果學生一開始就心不甘，情不願的，被迫的自主學習。那怎麼可能不造假或虛應故事呢？

漂亮的學習歷程檔案，需要相當的資源。如有學生說，如果你沒錢，怎麼可能參加營隊？如果沒有靠關係，怎麼擠入微乎其微的志工名額？如果你少了別人所擁有的資源，那些外在資源又算數的話，你又如何能與他人競爭？換言之，學習歷程檔案在資源不足的情況下，變成為了做而做，按時交、也沒甚麼用的無聊作業；另一方面也可能就在層層壓迫下，變成鋌而走險的造假淵藪。那怎麼可能不造假或虛應故事呢？

學歷往往跟著人一輩子走。所謂菁英為了證明自己菁英，在學歷上往往費盡千辛萬苦，甚至賄賂造假也在所不惜。如 2019 年，三月，全美高中畢業生焦慮等待申請入學結果出爐時，聯邦檢察官卻在此際拋下一顆震撼彈，起訴、揭露涉嫌舞弊的大學入學走側門案。「這個案子不是捐錢蓋大樓，讓學校更可能允許你子女入學，而是欺瞞、詐騙、偽造測驗成績、偽造運動專長證書、偽造照片和賄賂大學人員。」

漂亮的學習歷程檔案，需要相當的資源。

（攝影：蔣銀珊）

　　台灣素來喜歡造假，所以申請入學使用的備審資料，逐漸喪失信用，在台、清、交都只是聊備一格。關鍵還是二階筆試成績，或是與教授面談的口試成績。其實，台灣早就發生與美國類似的側門案。如 2000 年教育部主辦之生物科奧林匹亞竄改成績弊案：台灣師範大學生物系某教授，接受考生家長性招待後竄改成績，建國中學某教師因居間牽線，替考生家長交付賄款予教授云云。

　　又就算學生自己不造假，在高中端，也還有些令人不可思議的近乎奇蹟的表現。如 2020 年科展新聞：

　　他認為現今癌症標靶藥物的成效不如預期，因此積極尋找新的癌症治療藥物。他利用新核准的標靶藥物 Palbociclib 進行研究，發現此藥物不但能誘發肺癌細胞凋亡，同時也能誘發肺癌細胞自噬死亡，這兩種現象正與 AMPK 蛋白質細胞有關聯。這有助於癌症標靶藥物的研發。

這真是神人級的表現，高中生的科展成果受專家認證有助於標靶藥物的研發。這學生或許不該讀高中了，可考慮直接到醫藥公司做研發，或是在自己車庫做新創產業。不過，話又說回來，這種題目在高中誰能指導呢？哪個老師有肺癌細胞樣本可供研究，可取到新核准的癌症標靶藥物呢？可取得，且善於操作進行此實驗的研究設備？就我對高中教育現場的認識，這種實驗單靠基層學校是不可能的。這還需要家長、大學端與教學醫院的緊密配合，才能完成。

那麼這科展的指導老師是誰呢？高中老師如果膽敢掛名，那似乎就是睜眼說瞎話了。

這種睜眼說瞎話，又不只限於某個老師如此，而是整個學校的氛圍。如台灣又有所謂教學卓越獎，其得獎概述格式一般如此：

本校由○○○校長統籌指導、○○○主任協助行政支援及課程諮詢；○○○教師主外，協助跨教育階段跨校資源整合之縱橫連繫與溝通；○○○教師主內，引領本校成立自然領域跨科教學團隊，每兩週定期共備教案、討論教學問題、交換教學心得。教學團隊成員組成及運作共識如下。

說得好像是，校長與教務主任等等行政人員，也定期參與共備，負擔教學責任的樣子。但其實大家心知肚明，高中有哪個校長與教務主任會負擔課務的？調和鼎鼐，承辦上級交辦下來的行政雜務都分身乏術了，哪有辦法直接與學生對話？然後，如果校長與主任，御駕親征，也直接

參予某堂課時。這課堂所擁有的資源，三千寵愛在一身，絕非一般老師、一般課堂所能爭取到的。

可是，教改有意義的部分，不就是學生日常生活脈絡中所能看到的向上提升嗎？而非可供媒體炒作，沸沸揚揚，可是沒多久就人去政息的作秀。

老實說，真正在教學上有所創新、傑出表現，從零到一的往往是最底層的老師，尤其是為了教師甄試亟需戰功的實習老師或代課老師。從零到一，不是最重要的嗎？可是，台灣的教學卓越獎怎麼老是校長、主任掛名首要作者呢？這恐怕又是睜眼說瞎話了。陳其邁當行政院副院長時，還可掛名台灣在這波防疫公衛其間，最重要的學術論文的第一作者，其實正是上下交相賊、睜眼說瞎話社會氣氛的反應而已。

台灣中學教育造假、睜眼說瞎話的氛圍瀰漫下，林奕含以其切身之痛說：

第二天看了報紙，簡直不可思議。記者寫了：「排球隊長」、「校刊主編」、「身高168」。明明他問我喜歡什麼運動，我只回答他喜歡排球。他問我參加什麼社團，我回答青年社。青年社在做什麼？編校刊。而且那年我身高只有162。我明白這個不停壓榨學生的社會需要超級小孩來自慰，但那是兩舌、是惡口、是暴語。

這是上下交相賊。文武雙全十項全能考滿級分的超級小孩，放棄高學歷勇敢逐夢的嬌滴滴千金，這些故事如此膚淺、虛假，以致於必須量產，才滿足觀眾的胃口。

台灣上上下下沉迷於贗品世界中（官大學問大？）必

須量產膚淺、虛假的故事來自慰的手段，真不會從蔓延到學習歷程檔案嗎？這或許又是教育部的自欺欺人。

其實，台灣大學早已對這次教改，以學習歷程檔案作為申請入學主要依據的制度（依教育部規定，要占比50%以上），感到狐疑。他們宣布：大學入學申請一階過的，跨過學測門檻的，一律參加二階筆試，考小論文，微積分、普物或化學、生物。

衡情而論，頂大考二階筆試，不得不然。因為學測所能呈現的學科特質有限。其成績往往與學生日後大學表現呈負相關，如學測數學好的，到了大學數學成績反而不理想。更糟糕的是，學科特質掌握的貧弱已經造成該生日後進學的障礙。如大一，微積分就學不好。日後的工程數學，那就學得更糟糕了。進入研究所之後，學生所能選擇的研究領域，就自動將數學排除在外，如材料所已經沒有多少學生，能試著用工程數學作為工具，解決材料問題了。

銜接問題不容忽視。頂大的二階筆試，也就不可或缺。如此，學測、指考、二階筆試，準備備審資料與口試，再加入目前炙手可熱的紀錄高中三年學思的學習歷程檔案，結果反而是讓入學考試嚴重干擾高中學習歷程。讓高中名符其實成為大學入學的跳板而已。

其實，台灣傳統高中有其卓越之處。如不少建中學生覺得台大不過爾爾，論自由學風還比上自己高中。他們絕不只是大學入學的跳板而已。又，傳統高中生本來就很忙了。以前只是聯考時代，除了應付課業，還要參予很多團

體活動，如社團、班級橄欖球、橋牌、排球、籃球與合唱比賽等等。再加上傳統名校並無主副科之別，工藝課、美術課與音樂課都得花費很多心思，否則會被留級。這些群體活動，除了培養學生自信心之外，其實對領導力與協作的養成也有其貢獻。

大家可以試著想想，這些怎麼寫入學習歷程檔案？漂亮的學習歷程檔案會說：我很認真的，請教同學，黏著同學交，背了兩百首樂譜，然後終於學會視唱，免於音樂課被當掉留級嗎？我很認真的學會了怎麼打橄欖球？從無到有，協調合作，參與橋牌比賽嗎？……就以學生為中心的教育意義來說，這些群體活動的並不亞於高中生參與個人競賽得獎。可是，只有後者才能塑造漂亮的學習歷程檔案。

因應這次課綱變革，中學生更忙碌了。不少園區家長在國中階段就讓小孩學微積分。參與大學營隊。選修線上大學預科課程。並且在專門培訓成為數奧、物奧選手的補習班中補習。一般的共識是，如果要通過台大二階筆試，高中生要先跑兩年，也就是到大二程度，才有足夠的工具，在競爭中脫穎而出。就好像，國中生要考高中科學班一樣，不先跑，根本考不上。大家想想，為了準備學習歷程檔案和入學考試，這邊也要先跑，那邊也要先跑，學生怎麼可能有自己的時間？怎麼可能全心全意，好好玩，無所為而為的，自自然然的建立自信與壯闊的人生觀呢？

然後，還有些人想方設法爭取假日到大學實驗室見習的機會。以前也有類似的、罕見個案，如高瞻班的學生為

了做科展，敲大學實驗室的門，以其熱誠感動教授。現在則是系統性的軍備競賽，家長透過各種管道爭取，以教學費的方式（如每學期八萬元的代價），懇請大學端指導，讓高中生有機會做出像樣的科學研究成果。

問題是，台灣有幾個家長熟門熟路，有管道讓子弟進入大學實驗室。又有幾個家長有那樣的經濟實力，丟四十萬（以五個學期計），只會爭取個可能性。更重要的是，平日要上課，假日又要補習或做實驗，日復一日如此，高中生要如何不倦怠？

簡之，高中生本來就很忙，事情很多了；再加入為自主學習而自主學習，為學習歷程檔案而學習歷程檔案的嚴密控制，將疲於奔命。然後，在上下交相賊的社會氛圍中，學習歷程檔案勢必淪為過去的備審資料一般，可信度堪慮。也就是說，如果層層把關、認證與檢覈的科展成果，都會出問題。那麼我們又該如何相信學習歷程檔案制度會成功呢？

系統性的盲點？

有關學習歷程檔案在高中生社群中所引起的鉅大反彈。潘文忠部長只是輕描淡寫說，他們誤解了。「學習歷程」並不是求多，而是學生的體驗與反思；「素養」不用「補」，而是在學校與生活中嘗試解決問題。不過，各大學校長想透過學習歷程檔案看到的學生模樣，卻又有點不同。

問津

　　台灣大學校長：「我們還很希望，能收到非常野的學生。」

　　清華大學校長：「尋找心中有一個夢想，腦海有一個藍圖的學生。」

　　交通大學校長：「尋找能定義自己未來的學生。」

　　成功大學校長：「希望有勇於探索，願意承擔的孩子。」

　　暨南大學校長：「對社會有使命感，而且要有勇氣能夠迎向國際。」

　　逢甲大學校長：「能構思他的人生未來，有團隊合作能力的人。」

　　台北醫學大學校長：「活潑多元充滿好奇心及具備創業家精神。」

　　要求看來不低，不是要學生交出個學霸筆記就好的學習歷程檔案。也就是說，高中生一方面在校要循規蹈矩，顧好功課，才可能構上台大入學成績要求。可是校方卻又要他非常野。甚麼是非常野，像校長一樣年輕時在街頭混過嗎？又如認為單是通過醫學系入學門檻，進而成為醫師，就好像小說所寫的進入《上帝之屋》一般，整個養成過程都高度睡眠剝奪，連芝麻綠豆大的錯誤都不容許犯下。可是，在台灣卻還要求這個進入上帝之屋的人，能具備創業家精神。

　　其實在學生感受中，這波教育改革，要求學生，美律至上，寸寸量之，時時反思，確實折磨人。如第一屆適用新課綱學生的美術班學生所做的策展。

　　似乎在新課綱規訓下，他們本來像橘子般的生命，像

發條般被扭曲，如機械般運行。換言之，有關新課綱的學習歷程的詮釋彈性非常大。彼此逕庭。或是說一套，實作又是另一套。

在新課綱規訓下，高中生本來像橘子般的生命，像發條般被扭曲，如機械般運行。

　　這種說一套，做一套，倒未必是台灣官場話術使然。我毋寧相信，部長與大學校長們都是真誠的，希望學生有夢想、做自己，而不是被教育體制五花大綁，動彈不得。我毋寧相信，那是系統性盲點，造成由善意鋪起來的地獄之道。

　　人認知能力有限，如同眼睛有盲點一般。盲點是視神經從視網膜離開的地方，就像是視網膜上破了個洞一樣。如果有東西映照在我們的盲點上，我們其實是完全看不到這個東西的。教育界爺們是不是也有盲點，看不到學生的

感受呢？

監控還是教育？

這波教改已經花了很多錢，五百四十億的樣子。除了補助私立學校之外，最大宗的是改善學校硬體設備，如各教室都裝設電子黑板。電子黑板就好像是超大型的行動電話，除了傳統黑板的功能之外，還可上網，也可攝影、收音等等。

不過，所謂資訊時代其實也是高度監控時代。如用過蘋果手機的或多或少都有點覺得自己被竊聽的經驗。我們在關機狀態下，提到些甚麼。後來打開手機，進入社群媒體網站時，就會看到相應的廣告。

所以比爾蓋茲和祖克伯使用 3C 設備，都會遮掉鏡頭，防止被竊聽。因為電子監控時代，就算使用者關機，蠕蟲還是無所不在，收集數據：為了使用軟體，以名為餅乾（cookies），進來的；或是使用硬體時，本身被內建的；以及為了使用 wifi，或連上網路，不得不受監控的。

在注意力經濟時代，為了賣廣告，這些數據的價值已經超越地球上任何有形的礦產，如石油、黃金與鑽石等等。三C產品的使用者，已經不是顧客，而是本身所承載的資訊或數據就是商品。台灣口中的高科技業，如微軟、谷歌和臉書等等，其實都是廣告業。他們最主要的收入其實來自廣告。他們的工程師費心盡力研究的也是怎麼吸引眾人注意力，怎麼精準賣廣告等等。

就像蘋果手機會竊聽一般，賣廣告是否厲害的關鍵也在於能否有效監控潛在顧客的需求。就這樣，在此資訊監控時代，如學習歷程檔案般，全面紀錄與記得的，並不見得是站在學生最佳利益的立場上，而是幫業主開礦，蒐集資訊。

　　遺忘不見得不好，有時反而是健康生活的表徵。加州有個從不遺忘的女人 Jill Price。她從 1980 到 2008 之間，從不遺忘生活中的點點滴滴。不過，此強大的記憶力並未帶來福祉。Jill Price 並未因此成為一個特別快樂或成功的人。相反的，她只是個普通人，在龐大記憶庫伴隨下生活焦慮而孤獨。過度記憶讓如何生活，享受當下這裡的生活方式都蒙上陰影。

　　過度記憶，有點像強迫症，放不下過去，也無法放過自己的過錯與不完美。記太多，太詳細，有點像詛咒，讓我們無法放掉過去的悲劇或美好時光，享受當下這裡。憶起悲慘時光，令人憂傷；歡樂時光，使人鄉愁。

　　有些記憶甚至會沉重到如附骨之蛆，令人解離，形成多重人格，或甚至自殺。如《房思琪的初戀樂園》中所描述的，被性侵，插進去就拔不出來了。無法遺忘創傷，年輕、充滿可能性的生命也就此斬絕。

　　遺忘不僅對個人有益，對社會也是。社會遺忘才會讓人更生，有第二次機會。〈馮諼客孟嘗君〉，最成功之處，其實是進行社會遺忘工程，燒掉人民欠債紀錄。所以當時用吃了會遺忘過去的諼草，來為其命名。（《詩經》：焉得諼草，言樹之背。爾雅：諼，忘也。）台灣威

權時代的記憶控制恐怖之處，有部份也在於無法社會遺忘：有些人無法考上預官、律師或建築師的理由，竟然是因爲高中時曾經被記過，或被認爲思想有問題：少年十五二十時所犯的「過錯」會牢牢跟著一輩子。解嚴後，我們或燒掉學生未成年時所犯的過錯紀錄，正是因爲我們認爲：一個對微罪、青少年犯罪、延遲支付或破產紀錄，牢記不忘，耿耿於懷的，其實也是不寬恕，甚至是刻薄的。台灣之美，有部分也是善於遺忘，不吝惜給人第二次機會。俗諺：豬尾看現現，人尾看不見。辜顯榮的傳奇，從羅漢腳到日本上議院議員。王永在，從山老鼠到台灣石化產業龍頭。三級貧戶之子，成爲名律師與台灣總統。一個殺人犯成爲大學教授。賣菜的成爲台灣首富……

所以在機械時代中，尋求被遺忘甚至成爲基本人權（right to be forgotten）。Mario Costeja 在 2009 年用 google 搜尋他的名字。搜尋引擎跳出來的第一條目，是西班牙報紙《La Vanguardia》在 1990 年代因爲欠債，房子被拍賣的事情。Costeja 很生氣，於是依據《西班牙個資保護法》，告《La Vanguardia》。他說，該訊息了無輕重，因爲他的債早已完清。該網路訊息不被遺忘，也就一直損害他的個人與職業聲譽。《La Vanguardia》拒絕刪掉該報導。因爲他們的報導於法有據，那怕是依據個資保護法。不過，個資保護局轉而要求 google 刪除該連結。因爲一個人不應該一欠債，就一輩子受汙名。

Google 不服，上訴到歐盟法庭。2014 年，此案判決出來。Mario Costeja 尋求被遺忘的權利獲得尊重。《La

Vanguardia》依舊可保存其 1990 年代的新聞報導，不過 google 的搜尋引擎不可以索引該條目，以其無關公共利益，卻有損個人基本權。雖然有不少法學者認為，此裁決太過，因為實作上很難區分，甚麼的訊息有關公共利益，甚麼樣的無關。要求搜尋引擎只能找到攸關公益的訊息，反而會造成溝通困難與資訊不透明。

無論如何，本案讓我們意識到，在電子時代遺忘之必要與艱難。不遺忘，我們會深陷在過去之中，無論是個人或社會。然後，確認刪除、燒掉記錄的成本，已經高過記錄、存檔與搜尋出來的了。

在此遺忘比記憶可貴的電子監控時代，台灣教育高唱學習歷程檔案的妙用，逼迫每個學生不得不使用智慧型手機。那真的是教育嗎？還只是在 5G 時代，受產業利益牽引，驅趕學生成為資料礦的監控？

高中教改當用加法還是減法？

依據教育部的說帖，108 課綱，承襲九年國民義務教育的精神，是用加法來解決教育問題。他們說：

1968 年，臺灣開始了「九年國民義務教育」。

2019 年，正式進入「十二年國民基本教育」的時代。

十二年國教，延長基本教育年限，為提升國民素質與國家實力，第一次將國民教育以十二年連貫發展，規劃各學習階段所需。

不過，成為一個人真的要受那麼長的國民義務教育，

才能通往幸福之路嗎？如大江健三郎所說的：「為什麼一定要去上學呢？孩子只懂得鳥的歌聲，又喜歡父母教他鳥兒的名字。那麼我們為什麼不回到村子裡面去？在林中蓋個小房子，我按照植物圖鑑確認樹木的名字和特性，光聽鳥兒的歌唱，妻子呢，就在一旁畫畫我們的速寫，這樣的生活，有什麼不可以呢？」

日本時代只有小學畢業的蔡萬霖、王永慶，白手起家，雄心萬丈的在教室課堂外成長，又有甚麼不好？甚至像莫那魯道從未受過國家體制化教育，活出野蠻的驕傲，又有甚麼不好？像蔡衍明一樣，被退學，在街頭鬼混，不也可闖出一片天？真的是學歷愈高，愈有自信，愈能長出自己本來面目嗎？還是如林弈含一般，讀了很多書，很多巧言令色的贗品，結果反而遭酷刑，被墨劓刖宮？

如果「誰都不可能說服另一個人改變，每個人的改變之門，只能從內在打開。」那麼我們為甚麼那麼執迷於由上而下，由少數人決定多數人的事務嗎？相信國家機器，可以由上而下，透過各種權力控制手段，站在兒童最佳利益，把學生教好？

國家機器壟斷教育，又不斷擴張，並不見得是好事。如在國家教育不斷擴張之下，莫那魯道所擔心的，原住民文化被連根拔起。這夢魘在今天真是成形了。又如台語文化與百工技藝，也因國家教育不斷擴張，而有無人承先啟後之憂。三十年前，我去台南打《大材盃》，真如《牯嶺街少年殺人事件》中所說的，聽不到半句國語。不會說台語，就像啞巴一樣。今天，除非刻意用台語與店員攀談，

他們或許怕得失不諳台語的顧客，已經都說國語了。進入國小，觀察小孩子互動。他們也都說國語。從幼稚園開始，老師都說國語，用國語作答。長大後，就算是台南小孩，聽得懂台語，恐怕也無法說得很流利了。

三十年前，我去三義逛。家家戶戶幾乎都有人在木雕，而且就賣自家手路雕成的。今天三義木雕已成昨日黃花，店面賣的幾乎都是舶來品。我自己老家，麥寮鄉，也曾經以神像雕刻、歌仔戲聞名。今天老成凋零，歌仔戲甚至連影子，一點傳承希望，都杳如黃鶴了……國家機器，以教育之名，讓鄉土子弟，離根離土。文化傳承，自然難上加難。

今天，要佔入學申請積分比率超過五成以上的學習歷程檔案，則是國家控制技術進入毛細管階段，想讓學生的靈魂從他律走向自律，從規訓走向美律。這種擴張，讓政治權力潛入學生靈魂領域，讓學生寸寸量之，時時反思，真是我們要的嗎？這種學習歷程檔案體制，真不會讓學生疲累不堪，恍如置身地獄嗎？

那塊無可解釋的巨岩依然存在

台灣課業壓力是非常沉重的。如依據《天下雜誌》，我們高中考科的總學分數高達 104 學分，而英國卻只有 27 學分。為了準備學測，指考或頂大的二階筆試，台灣高中生不可能放過那些考科的課堂學習。可是，同時他又要準備會佔入學申請總分一半以上的學習歷程檔案。課業很

重，又得弄出神人級的專題研究或小論文來，這真是強人
所難。

　　假如台灣這波強人所難的教改真成功，學英美，學得
很好。那真的好嗎？如果我們讀過　桑德爾《成功的反思》
一書，恐怕就難以如此樂觀了。

　　在那個美律主義下，人要為自己的命運負責，人人都
會得到自己應得的分。然而，這想法並「不會促進休戚與
共的基礎，而是成了新霸權，輕蔑落敗者，壓迫勝出
者。」落敗者活得很憋曲而羞辱的情況下，勝出者其實也
不怎麼樣。

　　這些孩子雖然擁有社經優勢，出現憂鬱症、藥物濫
用、焦慮症、身體症狀和不快樂的比例卻是全美青少年族
群之冠。研究人員檢視所有社經階層的青少年，發現最苦
惱的孩子多半來自富裕的家庭。

　　勝出者傷痕累累。闖關、拚搏的積習難改，以至於很
難利用在學時間來善待自己，思考、探究和反省自己是
誰？過得好嗎？快樂嗎？他們不斷被學校、大學與職場篩
選，而產生強烈的拚搏需求，汲汲表現與追求成就，最終
成為「終生戰鬥營的茫然倖存者。」

　　除了繁忙課業要求之外，還壓迫學生做學習歷程檔
案，侵蝕高中生活。這真的是我們要的嗎？聯考時代，在
錄取與落榜的泥淖中，忙一年就好。現在，號稱以學生為
中心的教改，卻要他們整個三年都在升學地獄裡淬鍊，卡
位、拚搏與闖關。

　　他們常年賣肝，肝不痛。其痛苦就是疲倦。教育部希

望學生當神人，引領台灣從他律的規訓社會走向自主的美律社會。校長們希望他們完美到能夠成為任何一種形象、角色與功能，靈活多變，不具固定形狀，以創造高經濟效益。他們是預示台灣主權獨立時代的人，卻因不斷追求積極主動而疲勞委頓。因此筋疲力盡，也就不再有力量成為自己，或缺乏熱情來成為自己。

放過孩子吧！他們已經忙到沒有時間。自從學習歷程檔案實施以來，高中生幾乎無不疲於奔命。有志於頂大的，平日除了上課之外，要再埋首苦幹六小時。假日又是十二、十八小時。補習、上頂大的預科課程或是自主學習等等。如果學習歷程課程是這樣玩的話，那倒不如燒掉好了。大家辛苦一年就好，不要高中三年都在搞升學軍備競賽。

上帝至少有安息日可休息。台灣的中學生卻沒有一天可以休息，只能永無止盡的當個「績效機器」，他人的或自己前途的（？）。在盜火者普羅米修斯的苦架上，神祇累了，老鷹累了。傷口也筋疲力竭的癒合了。那塊無可解釋的巨岩依然存在。

（本文原載於上報）

浮濫的翻譯傳統

翻譯是神聖而危險的

　　人始於語言，埃及神話如是說。發展出語言之後，人類才真正出現。進入人文狀態的萬事萬物都源於聲音與名字。並在此語言之上創世紀。也就是說，語言決定我們的世界。科學革命之所以為革命，往往是因為開始建立的新觀念，如牛頓的「重力」，虎克的「細胞」或巴斯德的「細菌」等等。翻譯是神聖的，因為會藉著新術語，會引入新觀念物種，進而改變世界。

　　如本身是算學名家的李善蘭（1810 年－1882 年）引進大量數學符號：＝、×、÷、＜、＞等，並翻譯了許多數學名詞：代數、常數、變數、已知數、函數、係數、指數、級數、單項式、多項式、微分、切線、法線、曲線、漸近線、相似等等。透過這些翻譯與引進，成為種子，塑造中國近代數學研究綱領，影響至今不衰。同樣的，如果沒有翻譯，很多事情幾乎不可想像。如當我們沒有細胞術語時，就很難建立生物的科學革命。沒有細菌，就很難建立現代公共衛生體制。沒有奈米，也就沒有台灣自以為豪的半導體業等等。

　　準此，作為原初語言世界的後生轉世（afterlife），翻譯是神聖的。不過，它也是危險而亟待釐清的。如許靖

華在其所著的《大滅絕》序言，評價嚴復的翻譯說：「嚴復以群取代了儒家的自力更生，主張群與群互鬥……造成二十世紀的中國人命定要遭受內戰的煎熬。最終以是國家為群以及是階級為群，兩者間的大規模征戰作為終結。」

又如國民黨政府來，將台灣現代水源供應系統翻譯，水道水，改成自來水。不知不覺間，讓大家忘了水源涵蓄、水道保養的重要性。台語翻譯，直白詮釋羅馬水源供應的公民基礎建設。提醒大家供水系統中，水道管線的重要性。國語翻譯卻只看到末端的水龍頭，用水的便利性，卻忘了溯源。

長久輕忽之下，台灣水道，與日本相較，管線漏水率之高，令人咋舌。又因缺乏適當保養與更換，供水衛生一直不彰。從水道水流出的水品質，一直無法生飲，那怕水源來自翡翠水庫，非常優質亦然。這種對水道輕忽的態度，也蔓延到民間建設來。我看許多豪宅興建，地面上的建築美輪美奐，可是地下的管線就乏善可陳了。往往只是黑板樹的樹根就足以將其摧毀，更不用說像古羅馬水道般，歷經多少天災地變都還能堅若磐石、屹立不搖了。浮濫的翻譯，鑄造了我們基礎架構的品質，也讓國民健康風險提高。如將日本時的「沾也膠」，改譯成「柏油」、「瀝青」：植物精油或精淬。此翻譯讓我們失去了警戒心，忘記了這些石化工業殘渣不僅讓熱島效應更嚴重，其微粒也大大提升公共衛生風險。台灣還有不少地方，還在用沾也膠來替屠宰雞鴨豬除毛的。渾然忘了將石化殘渣吞食，會提高致癌風險的。

換言之，人因語言而生，我們可能會因爲浮濫的翻譯而成爲扭曲而病態的人。此故，我們對翻譯文本也不能輕忽。台灣主體性確立，翻譯也該轉型。本文以下將檢視從中國傳過來的，《嚴譯天演論》以及南京十大文化名人之首的余光中所翻譯的《老人與海》，所犯下的系統性錯誤。藉此糾錯，希望能勾勒浮濫中文翻譯基本上是向內轉的（turning inwards），花很多時間在找適當的中文表達，卻對於自己試圖引進的文本脈絡漫不經心，或沒有追根究柢、溯源的好奇心。當然也就更談不上建立研究綱領或整個學術傳統了。然後就是這種向內轉、沒有好奇心的態度，造成翻譯浮濫，犯下大大小小的系統性錯誤。

嚴譯《天演論》

　　嚴復譯述的《天演論》可以說是另類的經典。不僅書一出版不久，便如梁啟超說：胡適之名就是從「適者生存」而來。陳炯明讀法政學堂時，受《天演論》的影響，「物競天擇，適者生存」之語流行一時，取字「競存」。鄧鏡人按《天演論》「物競天擇」、「適者生存」的學說，將長子鄧昌明取名「演存」、字「競生」。魯迅在文集《朝華夕拾》中說，在學校生活中最大樂趣是「吃侉餅、花生米、辣椒，看《天演論》」。「與天鬥、與人鬥，其樂融融」的毛澤東到老還能背誦該書上篇。嚴復一百六十周年冥誕，中研院近史所所長黃克武教授在漢學研究中心講座，「啟蒙者的身影——世紀之交的六大人物」，還說嚴復影響了晚清

的革命黨與立憲派，以及民國之後的自由主義者與新儒家。

社會科學的中文翻譯成為一種志業，可以說從《嚴譯天演論》開始。不過，很遺憾的，嚴復雖然煞費苦心譯著這本書，卻不是翻譯。他在譯例言中說：「儲能效實諸名，皆由我始，一名之立旬月躊躇，我罪我知，是存明哲。」如此用心，卻不能說是翻譯。以前崇拜過他，出國留學到了四十歲時的胡適說：「讀這書的人，很少能了解赫胥黎在科學史上和思想史上的貢獻。」

複雜的《進化與倫理》

赫胥黎這本書其實很複雜。如日本譯者上野景福（1910-1996），東京大學英語教授，表示：此書的內容涉及生物、思想、哲學等多種領域，翻譯的工作十分困難。

當代生物演化學者 Stephen Jay Gould（1941-2002），哈佛大學教授，也認為這本書不容易，至少牽涉到三大難題：

一、創造論還是演化論？

二、演化論可適用在人文社會科學嗎？

三、演化是緩慢累積、逐漸改變的，還是某段期間幾乎沒甚麼改變，可是等到環境劇變時，就會發生物種大改變的間歇平衡？

我們今天學界幾乎都一致接受演化論。然而，十九世

問

津

紀可不是這樣。創造論者反對演化論的，也是有相當的證據，如在埃及金字塔內的孔雀遺骸，年代遙遠，怎麼跟今天的幾乎一模一樣，連變異都沒有？又如發明理論溫度的熱力學泰斗 Lord Kelvin（1824-1907）用一張紙計算、證明從岩漿溫度降到今天地表溫度，約莫只經過六千多年。如此根本沒有演化論者所需要的累積變異、演化與形成化石的時間。當時創造論與演化論，兩邊陣營激辯。達爾文很少參與。他是紳士科學家，靠書信往來做研究。真正參與辯論，說服社會大眾好好思考演化論的可能性的是赫胥黎。他也就成為當時有名的「達爾文的鬥牛犬」。

此外，演化論可否適用在人文社會科學呢？有關此，達爾文與赫胥黎相當一致，他們都反對彼此相通。宗教是宗教，自然演化是自然演化。彼此分屬不同範疇，不相干。同樣的，自然演化是自然演化，人文倫理是人文倫理。兩者也不可混為一談。赫胥黎在牛津的演講論文的主旨也正是為了闡明此道理。馬克思與嚴復的英雄史賓賽，則持相反意見。他們認為自然與人文的道理相通。馬克思認為：《資本論》是人類社會的演化論。史賓賽則是當時最有名的社會達爾文主義者。

最後，有關自然演化是漸變的，還是有可能在某段時間鉅變？達爾文堅守如萊爾《地質論》的見解，逐漸累積變異的漸變。赫胥黎在此卻與達爾文相左，他認為演化論並不需要牢不可分的與漸變論掛勾，也可能是間歇平衡的（punctuated equilibrium）。漸變論雖然在證據上不見得很穩，可是因此堅持，鼓舞了大家不屈不撓尋找演化上的

missing link，功不可沒。

這三大爭議迄今還未完全止息。不可思議的是，我們如果只讀《嚴譯天演論》，幾乎會完全不知道這三大爭議與其研究綱領發展。胡適說「讀這書的人，很少能了解赫胥黎在科學史上和思想史上的貢獻」真是確論。

嚴復向內轉的翻譯風格

翻譯赫胥黎的論文，卻又對他在科學史上和思想史上的貢獻沒興趣，也對其相關研究綱領無感。那麼嚴復翻譯這本書，又究竟在忙些甚麼呢？

除了眾所皆知的，如嚴復研究名家史華慈（Benjamin Schwartz, 1916-1999）所說的，警醒國人追求富強之外，他還有個深沉綿亙的志願：鼓勵大家讀中國古書。他認為新學愈進則舊學益昌明，他山之石可以攻玉也。他想透過翻譯，琢磨吾古人所傳承下來的美玉，「轉於西學，得識古之用焉」。或如《清史稿》所說的：「以西文溝通中文。」他這輩子共翻譯了八部非常重要的英文經典，很自豪說「且彼中有數部要書，非僕為之，可決 30 年中無人可為者。」不過，這些努力到後來並沒形成一個新的研究綱領，或學術傳統，而似乎只是為了他晚年註解易經、老子與莊子做準備。

他在〈天演論序言〉中，也直白指出，易經與春秋是即物窮理之最要塗術。也就是說，只要回復易經與春秋的研究傳統，就足以掌握西方科學精神了。

今夫六藝之於中國也，所謂日月經天，江河行地者爾。而仲尼之於六藝也，《易》、《春秋》最嚴。司馬遷曰：「《易》本隱而之顯。《春秋》推見至隱。」此天下至精之言也。始吾以謂本隱之顯者，觀〈象〉〈繫辭〉以定吉凶而已；推見至隱者，誅意褒貶而已。及觀兩人名學，則見其於格物致知之事，有內籀之術焉，有外籀之術焉。內籀云者，察其曲而知其全者也，執其微以會其通者也。外籀云者，據公理以斷眾事者也，設定數以逆未然者也。乃推卷起曰：有是哉，是固吾《易》、《春秋》之學也。邊所謂本隱之顯者，外籀也；所謂推見至隱者，內籀也。其言若詔之矣。二者即物窮理之最要塗術也。

　　換言之，嚴復翻譯風格還是向內轉的（turning inwards），與乾嘉考據學派相差不多：沉迷在故紙堆中，以經解經，試圖釐清古代經典迷霧。嚴復兢兢業業，焚膏繼晷翻譯英文經典，也只是為了註解中文古書。此內向風格，依據普林斯頓大學宋史專家劉子健（1919-1993）的研究，源於北宋，因王安石變法失敗的悲劇影響，定型於南宋。此降，中國士大夫大體忙著讀書靜坐，至於像孔門弟子當大商人、用兵打仗、財稅會計甚至是縱橫陰謀的問題性逐漸淡出其視野。明末因西學東漸，氣象博大的格物學復興。只可惜明清易鼎，文字獄酷烈，為求避禍，士大夫向內轉入故紙堆中，以書為學，以書為生；而不是歐洲外向，否定書本權威，dare to know，轉而信賴自己感官知覺與理性推理，觀察、實驗甚至探險以追求知識之光。依據中國科學史名家 Nathan Sivin（1931-）的

研究，此向內轉的風格，轉向故紙堆，而不是研究大自然，也讓中國錯失了科學革命。因爲在十七世紀之前，中國博物學傳統的成就絲毫不亞於西方科學傳統的。

爲了向內轉，以西文溝通中文，嚴復的翻譯也就跟原著有很大的差距。原著書名是「進化與倫理」。嚴復本於中國古代經典天人合一的傳統，將其譯成「天演論」。原著認爲自然狀態與人文狀態之間是斷裂的，嚴復反之。原著就是上下篇。嚴復將其裁切成很像易經、或莊子內外體例的篇章。上篇改成從〈察變〉到〈新反〉十八篇導言。下篇改成從〈能實〉到〈進化〉十七篇論。

嚴復捨棄赫胥黎一開始，透過童話，「傑克的豌豆」，講生物演化樹的隱喻。他直白說：

赫胥黎獨處一室之中，在英倫之南，背山而面野，檻外諸境，歷歷如在机下。乃懸想二千年前，當羅馬大將愷徹未到時，此間有何景物。計惟有天造草昧，人功未施，其借徵人境者，不過幾處荒墳，散見坡陀起伏間，而灌木叢林，蒙茸山麓，未經刪治如今日者，則無疑也。怒生之草，交加之藤，勢如爭長相雄。各據一抔壞土，夏與畏日爭，冬與嚴霜爭，四時之內，飄風怒吹，或西發西洋，或東起北海，旁午交扇，無時而息。上有鳥獸之踐啄，下有蟻蝝之齧傷，憔悴孤虛，旋生旋滅，菀枯頃刻，莫可究詳。是離離者亦各盡天能，以自存種族而已。數畝之內，戰事熾然。彊者後亡，弱者先絕。年年歲歲，偏有留遺。未知始自何年，更不知止於何代。苟人事不施於其間，則芊芊榛榛，長此互相吞并，混逐蔓延而已，而詰之者誰耶？

問
津

卷首原文：

There is a delightful child's story, known by the title of
"Jack and the Bean-stalk," with which my contemporaries who
are present will be familiar. But so many of our grave and
reverend juniors have been brought up on severer intellectual
diet, and, perhaps, have become acquainted with fairyland
only through primers of comparative mythology, that it may
be needful to give an outline of the tale. It is a legend of a
bean-plant, which grows and grows until it reaches the high
heavens and there spreads out into a vast canopy of foliage.
The hero, being moved to climb the stalk, discovers that the
leafy expanse supports a world composed of the same
elements as that below, but yet strangely new; and his
adventures there, on which I may not dwell, must have
completely changed his views of the nature of things; though
the story, not having been composed by, or for, philosophers,
has nothing to say about views.

　　嚴復譯著的文字典雅秀麗，讀起來眞是賞心悅目，很
像莊子〈齊物論〉「南郭子綦隱机而坐，仰天而噓，荅焉似
喪其耦」。然而，這不僅不像翻譯文字，也很難比對原文
出處。因爲沒有人演講稿會以第三人稱來稱呼自己，放在
篇首的。而且，我們如果比對原文，也眞找不到嚴復所言
的依據？

　　嚴復刪掉了演化樹隱喻，刪掉赫胥黎有關演化論的自
然哲學史與文化史的考察與研究。他不知生命演化樹是達

爾文理論中非常重要的隱喻。

樹底部是最古老的物種。後代如植物成長茁壯般，逐漸演化。現有物種是頂端的 ABCD。我們可從演化樹開枝散葉的狀況知道其親緣差距。沒有字母的分支則表示該物種已經滅絕。此想法醞釀、不屈不撓發展了二十年後，達爾文在《物種原始》第四章說：

綠色冒芽的嫩枝可以表示現生的物種，那些過往老枝可以表示源遠流長且不復存在的祖先種……從這棵樹開始成長，歷經許多巨幹和大枝條枯萎、斷落，這些枯落的大小不等的枝條，可以代表那些沒有現生後代，只留下化石的全目、全科及全屬物種。……這巨大的生命之樹已枯落的枝條堆疊於地層，並以生生不息迷人的分枝構成其樹冠。

這想法對當時的維多利亞社會衝擊太大。所以有些基督徒，就往往把達爾文化成猴子來諷刺。赫胥黎也在此爭議中，與牛津大學 Samuel Wilberforce 展開世紀大辯論，成為當時最著名的演化論宣傳者，達爾文忠誠的看門鬥牛犬。

儘管如此，演化樹的概念並非無所本。一般科學史家認為，它脫胎於新柏拉圖主義思潮下的「存在的大鎖鍊」，認為所有物種之間都有點關係，分享某些屬性。所以，演化樹也非達爾文獨創。如德國動物學家 Ernst Haeckel 1866 年所畫的圖，也有類似概念。更重要的是，目前為止它還是我們借用來說明武漢肺炎病毒演化的重要工具。

換言之，赫胥黎用演化樹闡述達爾文理論，可以說慧

眼獨具。他說這童話故事，可以幫助大家伴隨著他進入另
一個世界當中。在此宇宙中建立人文世界（artificial
world）。在此人文世界中，人不管多脆弱，卻如巴斯卡
所說的一枝會思考的蘆葦。人追求自己的尊嚴，絕對不是
訴諸空間，而是訴諸對思想的掌控，就不再需要其他的
了。宇宙透過空間囊括了我，吞沒了我，使我猶如一個原
子。但透過思想，我囊括了整個宇宙。然後到下篇最後一
段，赫胥黎還是運用此隱喻講人類文明已經進步到比從魔
術師那裏取得的天性（cosmic nature）還高。人要有倫理
天性（ethical nature），與自然決裂，來抑制野蠻本能。
下篇這段話嚴復似乎也有類似的翻譯，只是很輕，又有點
不知所云。「夫以一子之微，忽而有根亥枝幹花葉果實，
非一曙之事也。」他晚年似乎有點理解這個生命樹隱喻
了，只是放在其《莊子評注》中，沒交代出處，而不是修
正他所譯著的《天演論》。他說：「一氣之轉，物自為變。
猿狙之便，來於山林。吾為弱草，貴能通靈。」只是天人
合一理論中的通靈，還是無法呈現赫胥黎談倫理學中，人
文狀態與自然狀態斷裂，建立人文倫理秩序，囊括整個宇
宙的氣魄。

　　簡之，嚴復一生的著述計畫還是內向的。他翻譯是為
了，如《清史稿》所說的，以西學溝通中學，註解易經、
老子與莊子等經典。他翻譯《天演論》的眼光，還是如乾
嘉考據學般面對故紙堆，而不是好奇、研究大自然的演化
原則；更不是好好理解赫胥黎原書中在自然哲學傳統中的
三大爭議及其關鍵性的演化樹隱喻。又因為受限於中文傳

統經典天人合一的氛圍，他無法理解契約論自然狀態與人文狀態斷裂的區別。就中文經典傳統而言，《嚴譯天演論》或許有些貢獻，如他闡釋易經本隱之顯、說明〈莊子齊物論〉中一氣之轉的道理。但是，如果我們要理解赫胥黎、或理解達爾文演化論，如胡適所評論的，長遠來講，這譯本還是浮濫而不能用的，無法忠實引介觀念物種，更說不上建立研究綱領或學術傳統了。

浮濫翻譯傳統下的《老人與海》

浮濫翻譯，終不可久。今天我們看到嚴復將描述地質時間物種變化的術語，當作個人志向的座右銘，『維適之安』，或許覺得可笑。看到民初作文試題，用嚴復系統性誤解所創設的術語來出題，如物競天擇、善群制私、拓都與么匯等等，或許可憫。他苦心孤詣所創設的翻譯術語，能實、新反、官品（有機物）、天演（演化或進化）、涅服（神經）、微塵（分子）、畢弗（拋物線）等等，大都被時代洪流沖刷殆盡。他的翻譯著作大都有系統性誤譯的問題，不足為據。然而，以圍棋大局做比喻，嚴復忙著註解中文經典的浮濫翻譯還可以說是棄子。他在科舉八股時代，懂英文的中國人可能不滿百的情況下，成功喚起翻譯事業的重要性，可以說功不可沒。

不過，到了第二次世界大戰後，尤其進入二十一世紀，幾乎所有識字的都懂點英文了。翻譯就該學李善蘭之翻譯《幾何原本》，好好研究所欲引入的觀念物種，以及

該物種背後的研究綱領與學術傳統，而不只是表面粗淺的理解原文。時至今日，還是文字典雅的浮濫翻譯為榮，以圍棋來說，那就不是棄子，而是廢子、愚形，甚至是自緊氣的惡手了。

只可惜，浮濫翻譯的傳統，並未隨著嚴復創設的翻譯術語遠去，還纏繞著台灣不放，如余光中所翻譯的《老人與海》。

翻譯是要研究的，文學也不例外。除作品本身之外，作者的生平，創作背景，時人評價，既有研究成果與其在文學史和思想史上的地位等等，都是翻譯者一般會關注的。余光中作為文學名家，得獎無數，在台港各大學擔任外文系、中文系教授和文學院院長，也留下許多知名的翻譯警語：「翻譯是一門近似的藝術」、「譯無全功」、「白以為常，文以應變」等等。閱讀余光中的作品，理應對海明威人格與風格及其貢獻，有很好的理解。但實際上，除了華麗、流暢的中文之外，所得有限。

余光中從 1952 年就開始關注海明威，一直到 2010 年還大費功夫，抖擻精神，修訂舊作，「每頁少則十處，多則二十多處，全書所改，當在一千處以上。」不可謂不用功。不過，他關注的似乎不是海明威或西洋文學傳統，而是中文文字本身。他在序言三分之一左右，闡述英文是尊卑有序、主客分明的語言。中文則不然，即使長句，也是由幾個身分相當的轉句串聯而成，前呼後應，主客不分。

海明威作品中所呈現的乾淨簡明的句法，也真適合中文表現。如有論者說：

走入余光中譯本，韻律優美的散文氣息漸漸飄散，撲面而來的是飽含詩人「自己味道」的「文」氣。文言的簡潔渾成、配以白話的清晰舒展，余光中將一張一弛、一緩一急的「彈性的多元文體」運用到了極致，一字一詞，在他手中，猶如音樂家指尖的音符，被自如運用、恰當調配，對仗工整、對照鮮明、富有節奏、張弛有度的譯文從譯者的筆下流淌出來。正是這瀰漫其間的「文」氣，爲「老漁夫粗獷的手上」，套上了一副頗爲儒雅的「白手套」。早已爲五十年前的譯者所覺察到的「文」氣，又固執地在五十年後的譯文中顯形了。看，迎面向我們走來的這位講話斯文、富有詩意的老漁人背後，分明藏著詩人的影子。余光中以詩人的筆觸、以其不落俗套的句式和高度凝練的語言，書寫出一首堪與原作媲美的抒情詩。

　　可惜的是，這種「文」氣，恐怕與嚴復翻譯天演論一樣，成爲系統性誤譯。因爲老人的手不僅沒戴手套，而且滿是老繭，破破爛爛的，只要簡單張開又合攏，就會像耶穌受釘刑，領受生命之慟。一如書中所說的：

"Ay," he said aloud. There is no translation for this word and perhaps it is just a noise such as a man might make, involuntarily, feeling the nail go through his hands and into the wood.

被余光中消音的宗教性

　　有關《老人與海》，幾乎很少人能對其宗教性視而不

問
津

見。

　如福克納（1897-1962）評論這本書說：那個老人一定要逮住那條魚，然後又失去他。那條魚，一定要被逮住然後又消失。那些鯊魚，一定要把魚從老人的手裡奪走。是他創造出這一切、愛這一切，又憐憫這一切。這一次，他找到了上帝。Joseph Waldmeir 也說這本小說聚焦的關鍵隱喻是基督形象（1999）：the figure of Christ as metaphor for the inevitable loss of the struggle as well as for the inevitable victory which is a result of the loss. 一般給中學生閱讀經典的文學導讀，如《sparknotes》網站，也以三大屬性來描述這本著作：一、宗教象徵。二、冰山理論。三、存在主義。還是以宗教性居首來介紹這本經典著作。維基百科追溯其創作緣由，說這是海明威一開始讀到老人與海的故事，聯想到聖經中的母與子，所以想藉此真人實事，改寫成《海洋版新約聖經》（The Sea Book，聖經一般被稱為 The Book。有關耶穌與聖母瑪利亞的故事，只見於《新約聖經》），讓人的哲學提升到宗教層次。

　詭異的是，這種宗教關懷在台灣諸多譯本中，卻幾乎被消音了。每位譯者用自己獨特的筆觸書寫出帶有自我烙印的《老人與海》。八十多家出版社、一百多位譯者、出版三百多個中文本幾乎都不約而同地效法余光中，將其宗教關懷消音。

　在宗教消音的天空下，譯作很快就陷入中文慣有的二元對立習性。

　嚴格來講，在上帝無限大尺度中，基督教世界沒有中

文地獄或如秦檜般遺臭萬年的大奸巨惡觀念。因為在基督教義中，人淪入煉獄，只是為了燒淨所犯的罪。最終每個人都會上天堂的。然後，人只要一死亡就不受罪惡控制。彼此平等。所以他們沒有也像西湖秦檜跪立像，那樣沒有專門控訴惡人的雕像。在基督教義中，善惡，正反，黑白，愛恨都在一線之間。人皆無知，要等神意（providence）彰顯，最後審判才知好壞。

如海明威自己透過老人口中所說的，在天主之愛中，殺戮並不代表仇恨，也不見得是罪惡：「你殺那條魚，並非僅僅為了養活自己，或者因為要靠賣魚換取食物。……你殺那條魚，還為了自己的驕傲，因為你是魚夫。他活著的時候，你愛他；他死了之後，你也愛他。如果你是愛他的，那麼殺死他就不是罪。」我大學時拜訪泰崗部落的獵人，甚至認為：在獵殺的過程中，我們才知道動物的恩情。我們應該只吃自己親手獵殺的生物的肉。無法親手殺牛、殺豬，那就不要想著吃牛肉與豬肉。

善惡二元對立，應非必然。只要真實存在的，就有其美感與宗教感動。如孔子所說的，詩三百，一言以蔽之，思無邪。

明清以降的中文傳統則不然。幾乎每個字詞都隱含價值判斷。如有次經濟學人描述馬英九執政「bumbler」。一般中文媒體逕直翻成笨伯，描述馬英九。余光中反之。他說 bumbler 其實有「拙」之意，有大智若愚、愚公移山的精神，「媒體的翻譯有問題」。此爭議也凸顯出中文，尤其是成語，往往很難呈現，暫緩判斷，靜待神意的審慎。

問津

　　語言決定世界。余光中酷愛用古典成語翻譯《老人與海》，也就頗有速斷、二元對立的毛病。他在 2010 版的序言說：人際關係只在岸上，存於老人與男孩之間。但是海上的關係卻在人獸之間，人與自然之間。老人與大海的關係，先是敵對，也就是獵人與獵物。但是大魚既被捕殺，綁在船邊，老人、小船、大魚就合為一體，以對抗來犯的鯊魚群。至於大海呢，則相當曖昧，可友可敵，亦有亦敵。對於漁夫這種討海人說來，大海提供了獵場，提供了現捕現吃的飛魚和鮪魚，還有灣流與貿易風，但是也潛藏了兇猛的鯊群，令人防不勝防。

　　我想，如果熟悉基督教神意觀念，就會發現余光中的理解是錯的。在神意下，表面的二元對立與衝突，最終都是可化解的。人與人，人與自然甚至人與非人之間，終究是一體的。彼此的關係，在神意眼光看來，都是朋友。

　　婆娑之洋，在漁夫眼光中，終究是善的，像極了愛情。如海明威說老人在連續八十四天捕不到一條魚時，夢見海，「夢見白色山峰在海面冉冉升起，夢見加那利群島的各處港灣和錨地。」「夢見一些地方和沙灘上的獅子。那些獅子在黃昏中像小貓一樣嬉戲，他喜愛他們如同他喜愛那男孩。」He always thought of the sea as la mar which is what people call her in Spanish when they love her. the old man always thought of her as feminie and as something that gave or withheld great favours, and if she did wild or wicked things it was because she could not help them. The moon affects her as it does a woman.

余光中譯本，本來書名爲《老人和大海》一貫以男性化大海，稱呼小說中的 the sea；又在序言中將老人與 the sea 對立起來，視老人爲「討海人」，總想著跨海征服。這眞頗有系統性誤譯之嫌。

此二元對立性，也浮現在譯本的代名詞使用上。或許爲了強調彼此都是朋友，各保尊嚴的緣故，原著稱呼馬林魚也好、鯊魚也罷，甚至是配角性質的鮪魚和鱙鰍等等，都用 he。可是在余光中的譯本中，就系統化變成它 it。只有人才配稱他。在余光中譯文下，人與非人之間的對立不言而喻。此誤譯讓海明威終其一生熱愛大自然、融入海天之際的風格，轉化成征服、挑戰的傲慢，戴著典雅中文白手套的武斷與粗暴。

這種粗暴也很明顯的表現在余光中譯本對表面看起來屬負面性格的鯊魚描述上。

原著描寫鯊魚也如世界地理雜誌拍攝鯊魚寫眞般眞實而優美。如他這麼說：

He was a very big Mako shark built to swim as fast as the fastest fish in the sea and everything about him was beautiful except his jaws. His back was as blue as a sword fish's and his belly was silver and his hide was smooth and handsome. He was built as a sword fish except ofr his huge jaws which were tight shut now as he swam fast, just under the surface with his high dorsal fin knifing through the water without wavering. Inside the closed double lip of his jaws all of his eight rows of teeth were slanted inwards. They were not the ordinary

問
津

pyramid-shaped teeth of most sharks. They were shaped like a man's fingers when they are crisped like claws. They were nearly as long as the fingers of the old man and they had razor-sharp cutting edge on both sides. This was a fish built to feed on all the fishes in the sea, that were so fast and strong and well armed that they had no other enemy. Now he speeded up as he smelled the fresher scent and his blue dorsal fin cut the water.

在海明威筆下，鯊魚之美壯，令人心醉神迷。

可是在余光中筆下的鯊魚就可憐了。Mako shark，dentuso 變成「牙利鬼」，「這種鯊魚毫無忌憚，一意孤行。」「它們都是可惡的鯊魚，臭氣逼人，好吃腐肉，又好殘殺，餓急了就連木槳和船舵都要咬的。」「它的來勢就像是一隻就槽的豬，那是說，如果有豬嘴巴大得可容一人的頭。」

在余光中譯文中，鯊魚就似乎化身為《表沃夫》傳說中那隻該死、殘暴的惡龍，或一頭骯髒的豬。它絲毫不值得尊敬。更不用說，如老人與之搏鬥時，欣賞到鯊魚之美。其實鯊魚是小鎮溫暖、共享精神的物質基礎。老人到老還眼神澄澈，因為他每天都會喝鯊魚魚肝油。那是在小鎮裡，大家都可享用，無償供給的。看不到鯊魚之美，也就看不到小鎮人際關係的美善。老人連續八十幾天捕不到魚，又無積蓄。日常生活所需，要靠小孩供給。小孩從哪裡取得物資呢？ 有些買、有些或許是偷來的（小說有提到小孩寧願去偷沙丁魚餌給老人），但大部分就是跟其他

漁夫要。古巴就像蘭嶼有部落分享精神，所以一直有免費的鯊魚肝油供大家。自己飽食，卻有人餓肚子，是部落精神所不容許的。當老人出海，三天三夜，村裡騷動，大家都忙著找他。海岸警衛隊和飛機都出動了。所以，老人累垮了，也還不忘交代小孩，將魚頭送給另一位漁夫（佩德里科）。

　　漁村文化中的人際關係，不是如余光中所言只存在於老人與小孩之間。除了海之外，古巴還有良善的人，才會讓海明威魂牽夢縈，愛慕不已。

　　簡之，真實就是美。用很多中文成語，急於價值判斷的余光中譯本中，我們只能看到海明威每天六點起床，聽莫札特，看哥雅的油畫，讀莎士比亞，將小說的最後一頁修改三十九遍的美。卻忘了正是他的憂鬱症、身體裡二二七塊彈片、兩次飛機失事、四次婚姻、十三次腦震盪、吸大麻與獵獅子等等，才能讓他描述真實，沒有發明（福克納對海明威的評語），也能帶給我們文學藝術之美的感動。

自外於海明威研究與台灣社會用語習慣的余光中

　　余光中在 1952 年就在《大華晚報》，翻譯連載《老人和大海》，讓華人注意到海明威，實功不可沒。不過，一直到 2010 年，有關海明威的研究，小說翻譯多如過江之鯽了，他似乎是充耳未聞。同時，他也對台灣慣用語法，輕

忽到令人難以想像。因爲他住最久的地方是台灣,所擁有的粉絲也最多(我輩五十幾歲以上的人,讀過高中的,幾乎都還能背誦其詩,鄉愁四韻),最後也埋骨台灣。

如海明威在本書中名言,幾乎各家版本都協同一致了。「人不是爲了失敗而生,一個人可以被毀滅,但不能被打敗。」余光中或許爲了避免讓中文出現被動式,還是很固執的說成:「可是人不能認輸。人可以毀滅,但不能屈服。」

就中文可讀性來說,余光中的譯本成就裴然。他一貫避開被動語態,力求簡潔短句,頗有古典文言文之風。不過,這地方他或許譯錯了。

認不認輸,還牽涉到語言與政治安排,哪邊贏、哪邊輸。如中華民國迄今不認輸,法理上還是與中華人民共和國處於內戰狀態。認不認輸,並非個人之事,而是有個認輸對象的群體之事。不過,在原文中("But man is not made for defeat," he said. "A man can be destroyed but not defeated.")比較是獨白、自言自語,透過海洋來認識自己。在海洋中,老人如少年那希瑟斯愛上自己的倒影,身分認同,而飽受折磨。老人不是文青,只能看報紙、聽廣播,他不懂得用各式各樣的說法,來表示同一意思。余光中譯文中,老人語彙豐富,出口成章,在此用了幾乎看起來不一樣的字眼,認輸、屈服來表示 defeat。中譯本真有必要將老漁夫文青化嗎?

又本書一開始,余老行文如下:

那老人獨駕輕舟,在墨西哥灣流裡捕魚,如今出海已

八十四天，仍是一魚不獲。開始四十天，有一個男孩跟他同去，可是過了四十天還捉不到魚，那男孩的父母對他說，那老頭子如今已是老定了，而衰老就是最糟的惡運。於是男孩聽了他們的話，到別一條船上去。第一個星期，那條船便捕到三尾好魚。他看見老人每日空船回來，覺得難過，每每下去幫他的忙，或拿繩圈，或拿魚鉤魚叉，以及捲在桅上的布帆。那帆用麵粉袋子補成一塊塊的，捲起來，就像是一面常敗之旗。……除了眼睛，他身上處處都顯得蒼老。可是他的眼睛像海水一樣顏色，活潑而堅定。

He was an old man who fished alone in a skiff in the Gulf Stream and he had gone eighty-four days now without taking a fish. In the first forty days a boy had been with him. But after forty days without a fish the boy's parents had told him that the old man was now definitely and finally salao, which is the worst form of unlucky, and the boy had gone at their orders in another boat which caught three good fish the first week. It made the boy sad to see the old man come in each day with his skiff empty and he always went down to help him carry either the coiled lines or the gaff and harpoon and the sail that was furled around the mast. The sail was patched with four sacks and, flurled, it looked like the flag of permanent defeat ......Everything about him was old except his eyes and they were the same color as the sea and were cheerful and undefeated.

多年來，台灣已經習慣將西班牙文 Sandiago，翻譯成

聖地牙哥。余老似乎爲求文雅化，去宗教化，改成桑地雅哥。這一更動反而讓原書中的宗教關懷消音。

出海已八十四天，反而讓人有《少年 Pi 的奇幻漂流》之感。實際上，老人每日回航，只是捕不到可到市場交易的魚。這些地方台灣諸多譯本，一般都小心翼翼的追隨張愛玲步伐，他是一個老頭子，一個人划著一隻小船在墨西哥灣大海裡打漁，而他已經有八十四天沒有捕到一條魚了。避開中文過度簡化，所造成的一個人在海上漂流多天的印象。

余光中用「捕魚」，取代台灣譯本慣用的打魚或釣魚，其實更不好。捕魚主要形容用魚網打魚。工具扮演非常重要的角色。但是整本書中我們沒看到魚網。工具所扮演的角色有限，老人主要還是用肉身、雙手、肩膀拚搏。余老或許爲了避免中文字重複，相對字眼 defeat, undefeated，翻譯成常敗之旗，活潑而堅定。常敗與堅定，在中文裡面，可以說沒甚麼關係。這也就讓原文情境，通篇大主軸：運氣讓老人常敗、可是老人眼神不敗，消失。

余老爲求中文簡淨、行雲流水，反而讓翻譯不像翻譯了。

此外，余老行文慣用語也自外於台灣社會。如紐約洋基隊，台灣已經行之有年，用得很普遍。可是余光中翻成紐約「北美隊」。食物有營養，也是台灣慣用語。余老反之，改成食物「補人」。保持魚肉滋潤，他說成保持「血分」。累到骨子裡，他說成「累在裡頭」。「我真希望有塊

石頭把刀磨一磨」，余老改譯爲「但願我有塊石頭來代替小刀」……。林林總總，古怪而陌生的中文，眞讓我以爲余光中不是住在台灣，而是住在火星。

整體而言，余光中在 2010 修訂出版的《老人與海》，還是沉迷在中文語調鏗鏘和行雲流水的節奏上，可是就翻譯的準確性與呈現當代對海明威研究的水準上，他還是無法超越張愛玲。這版本就大局，或就提振台灣對海明威的認識來講，有點累贅了。

浮濫翻譯的傳統過去了嗎？

中文翻譯素有浮濫之弊。本文以嚴復《天演論》和余光中《老人與海》爲例，來說明此問題。

在嚴復的案例中，他主要關懷不是輸入新觀念物種，而是用西學溝通中學，希望藉此讓易經、老子、莊子或荀子重獲新生。他後來也藉著翻譯心得，重新評註易經、老子和莊子。不過，這種向內轉的態度，反而讓他系統性誤解所引進的科學史和人文社會科學。如他不夠虛心，沒看到或不曾試圖理解西方科學史中非常重要的生命之樹的隱喻；也在傳統經典天人合一的框架內，無法認識契約論，如天人之際斷裂的《進化與倫理》。

就圍棋大局觀來看，今天談西方人文社會科學大體已經無人引用嚴復翻譯著作，他成爲棄子。可是這棄子喚醒了翻譯的重要性，情有可原。

在余光中的案例中，他主要關懷的是中文句法的簡鍊

與道地，如幾乎沒有被動式。可是過度拘泥於傳統所謂典雅的中文，反而陷入明清以降，粗糙標籤化、二元對立的窠臼中。在他譯本中所呈現出來的老人與海，是跨海征服的關係，而非小說主旨所呈現的「他創造出這一切、愛這一切，又憐憫這一切。這一次，他找到了上帝。」神意中，善與不善都是好的。終究，老人還是戰勝了，但他不是戰勝海洋，而是戰勝自己。在此苦難折磨中，他鑄造了生命意義與塑造了自己身為漁夫的身分與尊嚴。

余老貴為中山大學文學院院長，在 2010 年重新審定、翻譯這本小說時，本該將既有研究成果納入，並會通台灣諸多版本的優點。可惜的是，在中文典雅、文字不重複的制約下，他還是系統性誤譯，而且自外於台灣社會的慣用語。余老這譯本，還是比不上張愛玲的，還是浮濫而不可用的。就圍棋大局觀來看，這譯本實屬廢子、累贅，誤導比澄清的還多。

余老在謙虛翻譯之道上墮落了。

問題是，翻譯浮濫的文化過去了嗎？就算我們已經不內向，不凡事都乞靈於傳統經典，也已經習於中英文合併的語法。從 2019 年，台灣將奧斯卡金像獎最佳影片，《寄食者》翻譯成《寄生上流》來看，實在無法樂觀。

台灣翻譯很流利的呈現貧富不均的階級問題。如劇中原管家丈夫為了躲避債務，偷偷躲入社長家地下室。相對於金家積極向上攀附的野心，他顯得格外「知足」。十多年來，成日像蟑螂潛伏於地下室，沒有新鮮空氣，沒有人際交流。他竟覺得得其所哉，甚至十分感謝毫不知情的朴

社長「提供」他吃住。如此赤裸裸的對比，令人無限感慨，究竟過去經歷了甚麼，會讓一個人甘於被禁錮在黑暗與寂寥之中……。

可是如此華麗的翻譯，也遮掩了寄食關係不只出現在韓國階級差異上，還存在於親情倫理、世代之間與性別之間。因為金家兩老如果不想寄食於子女所爭取到的關係的話，不去當管家或司機的話，悲劇就不會發生。如果韓國性別平等的話，那麼金家死的也就不會是媽媽和姐姐，來成就金家父子之間的摩斯密碼通訊。此消音同時也讓國人錯失：透過此影片，反思普遍存在於台灣社會的親情、世代與性別之間的寄食關係的機會。

總之，翻譯是神聖而危險的。操弄翻譯咒語，如《幻想曲》中的小魔術師般，需要好好研究，謹小慎微，亦步亦趨，否則反而可能釀成大禍，如《天演論》在中國。

（本文原載於上報）

崇尚簡史的台灣史學教育

尊重過去，走出簡史，盡可能如實呈現過去繽紛燦爛的
五顏六色，或是喧囂吵雜的雄辯滔滔，是史學從業人員
的基本倫理。

課綱爭議又起。反對者如喪考妣，以為 108 歷史課綱
去中國化太甚，連三國與武則天都消失了。

此爭議再次提醒我們史學很難不涉入政治，雖然很少
史學從業人員像異議分子、記者一樣受到死亡威脅、被判
定為邪說異教，或直接被暗殺。可是，歷史總是在政治爭
議風暴中。

1851 年，著名的法國歷史普及作家 Jules Michelet
（1798-1874）被路易拿破崙褫奪其教職，因為他的學生
總咆嘯反政府口號。便衣警察當臥底，潛伏在其課堂上監

聽，並散布小道消息，詆毀其學術聲譽。同事們爲其教學開評鑑會議，認爲他不適任，因爲他拒絕宣誓效忠。雖然聘約沒滿，他還是丟了教職。

Michelet 的故事，讓我不得不聯想起這次歷史課綱主持人，政治大學金仕起教授的遭遇。以及之前飽受抨擊、諷刺的前清華大學教授張元教授、中興大學周樑楷教授和前教育部長杜正勝的故事。雖然他們有些是統派的，對中國傳統經典如數家珍，卻一樣被視爲台灣去中國化政策下的御用學者。這次爭議聚焦在東亞史，或多或少也是因爲風暴中的歷史學者專長在中國古代醫療史與社會史，「指桑樹罵槐樹，用官坊作醋坊。」

如果史學是深入脈絡的理解之學，爲什麼台灣會有那麼多人，爲了歷史教育，爲分爲域，彼此對立，互相指責，甚至讓彼此蒙受無妄之災呢？我們的基層歷史教育究竟出了甚麼問題？

這當然是大哉問。本文雖想涉入，卻也無力解決；只是希望以世界史教育爲案例，點出台灣崇尚簡史（abridged history）所造成的問題。無論在評鑑、教科書編寫和認知架構上，我們都草率的，將事實與詮釋的關係簡化，一分爲二，而在認知策略上，希望學生在不明究底的情況下，就堆棧式的累積很多歷史知識（其實只是年表資訊）。此崇簡、怕麻煩的，老想找捷徑的認知態度，卻也讓台灣公民史學素養深陷在迷霧森林中，遍地泥淖。

選擇題的泥淖

台灣基層歷史評鑑酷好有標準參考答案的選擇題。這當然有所本。主要是學美國，如全民英檢學托福試題一般，只是我們的還是比較破碎，比較多不知所云的細節。衡平而論，史學是一場永不止息的辯論。將其簡化成有標準答案的選擇題，來評鑑學生史學能力高下，真不是個好主意。

在素養考題盛行之前，美式歷史測驗選擇題大概長成這個樣子：

韓戰期間，主要由美國和南韓組成的聯合國部隊，對抗由哪一國與北韓所組成的部隊呢？（A）蘇聯（B）日本（C）中國（D）越南。

2010 年 NAEP 測驗中，這題學生答對率只有 22%，還比猴子隨機選的25%低。最多人選的，百分之三十八的人，是（A）。嚴格來講，多數人其實沒選錯。因為韓戰期間北韓陣營的每架米格飛機，都是由蘇聯飛行員在飛。金日成也是取得史達林認可，才下令北韓部隊進攻南韓。此命令甚至不曾知會毛澤東。北韓所使用的武器，幾乎都是蘇聯製造與供給的。蘇聯參與這場戰爭的飛行員、技術人員和砲兵人數高達七萬人之眾。

為什麼出題者會犯此錯誤，使得對韓戰脈絡更有理解的學生答錯了呢？或讓他們的表現比對韓戰只有粗略印象的學生差呢？

為了避免諸多類似的錯誤，NAEP 開始追求素養題，

測驗學生的歷史分析與詮釋能力，而非機械性的歷史記憶。幾番改革與修正，歷史測驗題目長成這樣：

本題幹敘述引自憲法第十四修正案：

所有在美國出生或長養的人……都是美國公民。任何國家（州）都不可立法侵犯美國公民的人權與豁免權，也就是未經正當法律程序，任何美國公民的生命權、自由權與財產權……都受法律的平等保障。

試問：此修正案之所以重要在於

（A）保障社群可以控制其學區內學校事務

（B）保障住在美國境內的外國人的人權

（C）保障美國公民的個體人權（rights of individual citizens）

（D）保障政府有關國家安全機密上的行政特權

然後，學生反應他們答對這題的主要原因是：題幹關注的是美國公民的人權。所以（B）選項，講外國人人權，不可能。（A）（D）也不可能，因為前者講社群權，後者講國家機密權。如此，只能選（C）。

結果，素養題雖然避開過度簡化史事、標籤化史實的陷阱，卻還是只能測驗學生的文字閱讀與透過關鍵字推理邏輯能力。真正對美國人權奮鬥史，違憲審查脈絡有豐厚歷史分析與詮釋的學生，還是找不到戰場。也就是說，大規模測驗學生、讓評鑑結果成常態分佈的選擇題題型並不允許學生展現其史學素養。從美國經驗來看，透過所謂的歷史素養選擇題，來檢測學生「釐清史料中的觀點、偏見與價值的能力」、「判斷歷史人物、事件與史料重要性的能

力」和「發展適當論點（sound generalization）並以令人信服的論證辯護該論點的能力」，都是不可行的。

美國其實也是考試領導教學。在觀課 1350 堂歷史課，看過 17163 名學生之後，芝加哥大學的 Goodlad 說，儘管老師堅持自己教學方法讓學生主動學習（active learning）並學會探究方法上，卓有成效。大部分的歷史課堂圖像，其實是這樣的：

聽老師講解今天的課程內容，使用教科書，並做個測驗。偶而會看場電影。有時候，學生會記得一些資訊，或閱讀相關事件與人物的故事。學生卻很少彼此合作，運用原始史料，撰寫專題報告，或是討論自己所研讀的有何重要性。……學生大部分的時間都浪擲在細節，大部分是無關緊要的，很多實際上不精準，而且幾乎所有的都與任何觀念、結構、認知策略與計畫八竿子打不著。

歷史課堂與評鑑當然是要測驗學生史學程度。學生無法發展史學能力，「釐清史料中的觀點、偏見與價值的能力」、「判斷歷史人物、事件與史料重要性的能力」和「發展適當論點（sound generalization）並以令人信服的論證辯護該論點的能力」。這有時是學生的問題，可是有時卻是課堂與評鑑方式出問題了。選擇題恐怕誤導的，遠比協助學生發展史學能力的多得多。

那麼用選擇題來評鑑學生的方式，又是怎麼來的呢？原來要上溯到 1917 年 J. Carleton Bell 和 David F. McCollum 所發展出來的。然後到了 1933 年密西根大學的自然科學老師發展出 Markograph。後來又以一萬五千美元賣給

IBM，成為今日幾乎舉世通用的電腦讀卡機器原型。

問題是，史學並不是像植物學者博學強記植物品種一樣的學科。彼此性質迥異。我們這時代，手機隨時可查考很多知道就知道、不知道就不知道的細節，也跟經濟大恐慌時代迥異。

以選擇題來評鑑學生史學能力，在今日得付出慘痛的代價。他們會誤以為史學就是收集破碎的訊息細節。選擇題彼此之間的關係支離破碎，幾乎渺不相干。如果你幾秒內無法回答的話，那明智的選擇就是趕快跳到下一題。在經濟大恐慌時代，每個人競逐當個線上作業員，如卓別林《摩登時代》所描述的單調反覆的機械性動作時，或許還有意義。在今日知識經濟時代，讓學生當記憶卡或破碎資訊堆棧，還有甚麼意思呢？當我們強迫學生記憶破碎資訊，當塗卡機器人，把選項塗黑的同時，恐怕也把學生的未來塗黑了。

歷史課本的貧瘠

瀏覽台灣歷史課本，一如歷史課堂，總深陷於交代很多、龐雜無序到近乎盲目的歷史事實焦慮中。

決定歷史事實當然是緊要的。青史成灰的話，政客的謊言或否認大屠殺存在過的話語也會被當真。如果歷史課本說的史實存在與否的爭議，總是存在的話，那麼社會大眾甚至對自己是誰都會沒信心，更不用說有很堅韌的歷史感與責任心了。

問
津

　不過，歷史事實不簡單。它可分成兩層。第一層是事實本身。第二層是詮釋。雖然為了討論方便，清楚區分這兩層。實際上，史實與詮釋彼此交纏。史實無詮釋，則破碎、無意義、盲目而不知所云；詮釋無法在事實基礎上讓人明瞭，則空洞無力。

　緣此特質，史學家對同樣的史實，往往有著各式各樣的見解。如以拿破崙為例。或許大家都會同意，他在1799年十一月掌權，並隨即成為第一執政（First Counsel），到後來成為皇帝。可是大家對於以下這些事實，就議論盈庭：那時政權特質如何，為什麼一個將軍可以當上皇帝？當拿破崙崛起時，他的真實意圖為何？他真的軍事獨裁嗎？為什麼他最後會失去權力？他是一個好將領嗎？拿破崙打很多勝仗，真的是因為其兵法有獨到之處，他有領袖魅力嗎？還只是運氣好？這些問題都無定論，端視你選擇那些事實，或是強調那些事實。

　詮釋的重大分歧，也讓大家不得不質疑是否真有所謂的歷史事實。如就算是鐵證如山的納粹屠殺猶太人，在厭惡以色列的伊斯蘭世界中，大多數人還是否認其存在。台灣部編版歷史課本的眼睛也被蒙蔽住，看不到所謂武昌革命底下，漢人對滿人的種族滅絕。看不到所謂左宗棠平定回疆底下，發生上千萬人的穆斯林大屠殺。人是系統性偏見的載體。以人的眼光來看大尺度，如銀河系的故事，或是恐龍的故事，可能客觀。可是用人的眼光來觀察人本身的故事，就有很多偏差，不得不需要相對的觀點校正。因為人對於自己的實際作為，總想盡辦法用故事和錯覺，自

我欺騙。維持一個帝國，需要主動且持續努力，虛構現況並且記錯過去。因此哥倫布的著作顯示當他心裡盤算是否有可能征服並奴役泰諾人時，堅定相信自己是在為耶穌辦事，傳播天主教信仰。

也因此，英國系統化摧毀上萬筆他們自己的殖民紀錄，整批用火燒掉，丟進海裡，努力抹去歷史，並創造出一種集體失憶。比利時把剛果盆地弄成慘絕人寰的奴工地獄，二十年間造成大約一千萬人死亡。諷刺的是，這一切還假藉著慈善的名義。本應是個博愛的人道團體，要將文明帶給剛果人民。結果，它實際是把全境變成廣大的橡膠園。如果無法達成生產目標，將被處罰致死，或將手、腳砍下或把鼻子割掉。比利時人要求士兵繳一定數目砍下的手，來證明他們已經殺了多少人。因此整簍砍下的人手就成了當地的某種貨幣。你可以砍死人的，也可砍活人的。自然而然，比利時稱這地方叫「剛果自由邦」。

準此，閱讀歷史對於簡易、平滑的敘事要特別小心。史實往往是協商建構出來的，充滿雜訊。無論是過去與現在永無休止的對話，或是在過去幾乎被消音的吵雜。如果我們尊重過去，就會發現：表面上穩固的事實，如水的沸點是一百度 C，水是 H_2O 等等，只是表象。一些歷史命題，往往只是像上帝創世物種恆、定不變那樣膚淺。等到我們好好考掘，進入地質時間尺度，就會發現物種不斷滅種與生成。

換言之，幾乎只要是簡化的、平滑的故事敘事，就不

可能呈現史學特質，更不用說年表化的史事整理了。

新版世界史年表

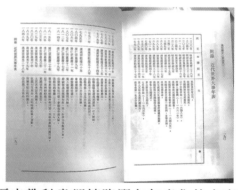

舊版世界史的年表

　　很遺憾的，台灣歷史教科書卻總陷溺在年表化的史事整理。如圖所示的新版課本與舊版課本。似乎把學生當成年表拷貝機。似乎不曾好好反思：年表可以固定下來其實是偏見標籤系統化的結果。在無可置疑的年表下，也就沒有永無止盡的對話的空間。科舉時代背誦康熙《御批通鑑綱目全書》的風氣，似乎還未消逝，只是改成熟悉國家頒訂的課本或課綱而已。

　　不過，現代史學與中國傳統史學有很大的差距。前者

只關心理解過去，用過去眼光看過去；後者關注的是濃厚的道德信念與正統觀，在沒有做原始材料的收集與裁定時，就忙著進行價值判斷、區分敵我、善惡陣營。

如 2000 年部編版的世界史，歷史第四冊第一頁說：

從整個世界歷史來看，人類創建的文化是不斷進步的，即是由野蠻而至文明，由簡單而至繁富。遠在西元前三、四千年間，當人類歷史時代揭幕的初期，世界上只有四個地區裡的人民，創造出較高的文化，而由野蠻步入文明。這四個地區，即是中國、印度、西亞和埃及。

這四個古文明地區的文化，在上古時代就好像四座明亮的燈塔，各自照亮了鄰近許多野蠻黑暗的民族，將他們帶進文明之域……中國文化向東傳至朝鮮、日本，向西傳至中亞，向南傳至越南等地。這一廣大地區被人稱為中國文化區域或漢文化圈。

首先就形式來看，這敘事是反史學的，因為沒交代史料、出處或立論依據。然後，也是反教育的，因為沒有學生參與對話的空間。它傳達給我的訊息是：我是課本，我說的就是真理。

就實質內容來看。歷史總是與背後所預設的時間觀念有關。視歷史為不斷進步的歷程（projecting progress），線性史觀，或許只是十九世紀中葉到 1960 年代間的流行見解。在此之前，讀史關注的幾乎都是無時間相的（timeless）案例探討，如《資治通鑑》，或是唐太宗所說的讀史可以知興替。歐陸在十九世紀前，知識菁英也要讀一大堆希臘羅馬時期大演說家、政治家和軍事家的行誼事

蹟。以人爲學來塑造政治、軍事楷模。他們認爲讀史讓人明智，因爲人有想像力，跨越時空，認同古人，效法學習。如柯林頓三不五時還會背誦羅馬皇帝 Marcus Aurelius（161-80 統治羅馬）的名言，如「To the wise, life is a problem. To the fool, a solution.」來呈現人類亙古難解的問題。

或許從十九世紀中到二十世紀中葉，將歷史視爲不斷進步的歷程才得以興起。此際，黃金時代的沒落，或是無止盡的興衰起伏，才逐漸淡出線性史觀者的視野。結果，過去是要克服、甚至是排斥的，而非提供我們當代很好的借鏡。線性史觀學者認爲現代比過去優秀。西方文化更是優於其他地方。科學、理性的西方發展出賽先生、德先生，發展出現代性，是整個世界的明燈、代表人類的未來。

以西方爲標準的線性史觀，從兩次大戰、冷戰與核子冬天之後，就很難自圓其說。尤其是後殖民研究發現，所謂文明往往是殺戮，所謂發展其實是視未來世代如無物的慘酷殖民，讓未來世代失去希望，讓環境陷入萬劫不復的慘劇。在此反思之下，1960 年代興起全球史研究。此研究不只是關注所有地球人，也關心非人。不只是看到各個行動者，更是注意彼此之間的網絡。

在此反思下，史家對過去有著與西方中心史論截然不同的見解。如 1991 年，拉圖出版《我們從未現代過》一書，挑戰西方與非西方、現代與非現代甚至是人與非人，做爲行動者時，在建構行動者網絡的關鍵時刻的差別。賈

德戴蒙 1991 年寫出《第三種猩猩》一書，挑戰人與猿猴的物種差異，也重構了南島語系在人類文化史上的重要地位。諷刺的是，台灣作為南島語系發源地，在自己土地上的中學歷史課程討論世界史，卻完全抹煞其過去（silencing the past）。

然後，從 1960 年代以降，被歷史反思所打破的，如事實與詮釋，野蠻與文明，西方與東方……等等二元分立，卻在台灣歷史教科書中，不斷強化與繁衍。在此二元分立，如阿基米德空間中標定簡化過去的歷史敘事中，課本中總出現林林總總、很難與當代學術研究對話的陳述（statements）。如有關明治維新，他說：日本在明治維新之前，無論在哪一方面來說，都比不上我國；但是只經過了二十年的維新，就迅速地超過了當時因循不振的我國。以二分法將明治維新前後的日本，視為兩個截然不同的文化體。認為在此之前，日本各方面都遠不如中國。近代中國問題只是因為因循不振。這些論點恐怕都是速斷，很難找到認真的日本史學界背書。如有關現代民主生活方式的起源，他歸諸於國王與國會的衝突，擁護國王的只有少數封建貴族，稱為騎士黨。擁護國會的多為中產階級，稱為圓顱黨。查理一世……被國會判處死刑，王權遭受一大打擊。似乎擁護王權、有國王，就不是民主的生活方式。似乎英國內戰是兩群截然不同的人爭執廝殺。似乎那時大多數英國人都對國王被斬首，額首稱慶。這些論點就我所知的，從 1980 年代以來的英國十七世紀政治史專著或論文中，如 1985 年的《利維坦與空氣幫浦》，都很難找到支

持。如有關工業革命，他說：英國因居工業革命之先，新式工業首先發達，在十九世紀成爲世界工廠，也就成爲世界上最富強的國家。 此描述就幾乎武斷粗魯到與毛澤東認爲煤鐵產量高，煙囪多，國家就富強一樣可笑了。

在歷史課堂上，當然也可討論這些二元分立、充滿價值判斷的歷史敘事。史學好玩的是，就算是討論錯誤的陳述，也會讓我們對其歷史脈絡有更好的理解，磨練我們的史學能力。問題是，整本課本的就是我知道一切，我說的就是無可質疑的事實的口吻，沒有任何史料，也從不交代立論依據。他視學生心靈如無主大地，過去是什麼，課本說了算：學生幼稚，背多分，沒有必要讓其參與史學知識生產，一場永不止息的辯論。

簡之，史學是建構之學，是場永不止息的對話與辯論。台灣或許受限於中國傳統正史，蓋棺論定，總是尋求簡化再簡化的歷史敘事，而陷入二元分立、輕率價值判斷的過去之井中。有關過去，中學歷史課本誤以爲事實與詮釋可截然二分，然後致力於讓學生背誦諸多可表格化的史實。這書表面上看起來很豐富，幾乎無所不包，其實很貧脊，因爲他只是交代堆棧式的、似是而非的資訊而已。

認知架構的迷失

爲什麼台灣基層歷史教學總崇尚簡史、總致力於讓學生記得海量、堆棧式的「歷史事實」呢？此認知策略或架構有何迷思？愚意，效法過時的自然科學方法論，如仿效

認識植物般採用選擇題來評鑑，實難辭其咎。

隨著科學取得重大進展，十九世紀末以來，學者們致力於區分甚麼是科學、甚麼不是科學？科學的特質為何？如1920年代以來的維也納學派認為：「科學是基於固定的系統性實驗方法的一個穩定的、累積的知識採集」。科學是進步的，因為隨著時代進展，我們可以累積愈來愈多，透過實驗證實，其真值不偽的知識：如所有烏鴉都是黑的、熱從溫度高流向溫度低的，水是 H_2O……等等。簡史化的台灣部編版課本，同樣也羅列年表告訴我們一些歷史事實：如瓦特發明蒸汽機、馬可尼發明無線電通訊，芙萊明發現抗生素……等等。

如此為學、教育之道，也就是要厚植金字塔底層的基礎知識，如胡適說，為學如造金字塔，又要博厚又要高。著名的布魯姆教育金字塔理論，也就是從金字塔底層的知識厚植，協助學生依序發展有關該學科的認知、情意與技能。

布魯姆認知結構金字塔在教育界影響，無與倫比。它幾乎被翻譯成各國語言，普遍存於各式各樣的教育實作中。如今天台灣的社會科課綱和觀課紀錄表，還是依循布魯姆的分類範疇。

台灣 108 課綱還是依據布魯姆認知架構來區分，認知、情意與技能，逐級而上。

不過，就我個人當過理化老師與歷史老師的經驗來說。此認知架構在自然科學或許還可勉強湊合著用，可是在歷史教學就完全不貼切。可能要翻轉過來，在歷史教學

上，才比較可靠。也就是說，從技能開始，培養學生溯源、參校與脈絡化思考的能力，才能奔向歷史事實或知識；或甚至是要徹底換過改成「道問學」，問、學如雙螺旋般交互纏繞主體關懷，氣魄與信仰。千絲萬縷的問學交纏而上。

以學冶金熱力學的經驗來說，我個人總要有點熱力學知識，才方便欣賞高鎳合金的美，和知道如何操作實驗技術來解決工程問題。這流程確實很像布魯姆所設想的知識分類架構。

不過就史學來講，就很不一樣。首先，史學，一場永無止盡的辯論。它幾乎沒甚麼穩固的知識。文藝復興、科學革命、法國大革命……是否真實存在，都有人質疑。目前歷史課本所說的世界史，往往有點荒謬或過時之感。如蒸汽機的關鍵專利有三，瓦特雙汽缸，一進氣、一排，只佔其一。他還不授權給其他人生產引擎，使得該技術推展不易。要等到瓦特專利期過了之後，引擎使用才大爆發，才有火車與輪船。所以，我們說瓦特阻撓工業革命的發展，也言之成理。又馬可尼所使用的無線電通訊，是長波。長波能量低，但不容易被水吸收，所以用馬可尼無線電通訊可以橫跨大西洋。可是，實用的、也是我們今天用的無線電通訊是能量高的短波，直接打到太空，反射到地表來。這如何說，馬可尼發明無線電呢？芙萊明無意間發現抗生素可用來治療外傷，眼睛被玫瑰刺弄傷，可是其藥效會被血稀釋，所以在醫療上用途不大。他自己就放棄了。我們今天使用抗生素，藥力顯赫，主要是靜脈注射。

那是芙萊明想都沒想過的。那如何說芙萊明發現抗生素呢？為什麼不說埃及人用發霉的麵包敷傷口，發現抗生素呢？歷史課本介紹達爾文演化論，卻沒有演化叢林與地質時間概念，也不說明維多利亞時代小政府自由放任政策的氛圍。可以說牛頭不對馬嘴。

同理，我覺得穩固的歷史知識，在其他專家看來，可能也覺得很可笑。如明史專家看到大考中心有關明史的選擇題，總覺得答案有問題一般。或有些人可能會覺得我講埃及文化，怎麼一直繞著金字塔與圖坦卡門轉，卻不講如何破解羅賽塔石碑，講授埃及的神話傳說、啤酒與酗酒文化一樣荒謬呢？

然後，就算有點知識，硬生生模仿科學的歷史敘事，要協助學生進入情意、技能，恐怕也有限。因為受限於篇幅，台灣中學歷史課本一般都沒有原始史料，也不交代歷史事實如何爭辯、協商出來的。讀台灣中學歷史課本，跟寫大考歷史考古題一樣，要培養學生技能，「釐清史料中的觀點、偏見與價值的能力」、「判斷歷史人物、事件與史料重要性的能力」和「發展適當論點（sound generalization）並以令人信服的論證辯護該論點的能力」幾乎是不可能的。如我想問，課本有關西方為什麼興起的故事中，為何性別失衡如此嚴重？為什麼那麼欠缺如《利維坦與空氣幫浦》那種人與非人的網絡故事？海地在全球後殖民史中所扮演的角色為何？等等。

如此，就算我把課本所推薦的書目都讀完，也沒甚麼幫助。因為我的問題溢出課本分類範疇。我要知道多一

點，得靠自己動手動腳找材料才行，也才可能生產出一點
點知識來。如果有點疑惑，跟學術社群溝通，提問、自己
動手找資料解決問題，可以算是史學技能。那麼依此實
作，技能反而是知識的基礎。布魯姆的知識分類範疇要翻
轉過來說才行。也就是歷史教育的關鍵不在於教甚麼實質
內容，而是讓學生學會如何提問、探索並進而生產歷史知
識的技能。

　　換言之，沒有問題意識，沒有真誠感動，也就不會大
費周章去追逐知識，解決問題了。如此，認知、情意與技
能的範疇區分，就顯得模糊而混亂。分也分不清楚。就是
有點混沌的追逐知識罷了。既然是混沌，那麼課本說的，
知道與不知道也沒那麼重要。不知道也不會妨礙日後的追
逐。如賈德戴蒙有本書，《昨日世界》，主旨正是面對當
代困境，南島語系的部落社會能教我們甚麼？裡面有些大
大小小的歷史故事，幾乎完全是西方為什麼興起的世界史
課本所不曾提起，也不曾關懷過的。也就是說，假設你是
賈德戴蒙要寫那本書，問題意識跟既有課本截然不同的。
真的知道或不知道某些特定知識，沒什麼了不起。

　　問題導向的認知取向複雜而混沌，會打破從自然科學
而來的知識範疇。不管是把金字塔翻轉或是所有疆界線會
被打破。譬如說，歷史專業從業人員或許可以反思：我真
的相信，有意義的探究不是從價值判斷開始的嗎？如史蒂
芬史匹柏就是覺得納粹種族滅絕行為不對，才會鉤沉出此
故事，拍出《辛德勒的名單》，讓大家知道。

　　準此，史學者也可以去質問其他學門，你們真的相

信，大家所謂的知識是穩當的嗎？ 長遠來看，大家真的沒有習以為常，視以為理所當然的偏見嗎？如有人認為，水是分子，由氫二氧一構成。可以，我們真的數過嗎？又要怎麼數原子有多少個？歷史上，過去的水分子式，也曾經寫成氫一氧一的。又如果水真是分子的話，電解水，電解某一分子之後，氫、氧應在同一分子中分開的。那為什麼陰極、陽極距離很遠時，還是可以各自收集到氧氣與氫氣呢？而且是同時收集到。那麼被分解的水，究竟得位在哪裡？怎麼被電解時，會同時在兩個不同的地方出現？為了水的性質探討的科學史，陽明大學的科學哲學家傅大為就寫過一篇論文，〈H_2O 的一個不可共量史——重論「不可共量性」及其與意義理論之爭〉，討論這段爭議演化。劍橋科學哲學家 Hasok Chang 則為此寫了厚厚的一本書，《Is Water H_2O ? Evidence, Realism, and Pluralism》。孔恩的科學史名著，《科學革命的結構》，也是透過史學打開科學典範的黑盒子，提醒我們科學的武斷性，以及知識的不可共量性與不穩定性。

換言之，史學沒有穩固的知識，很難塞進知識分類架構中。這是她的弱點，也可以說是她最可貴的地方：提醒大家系統性的偏見與無知。如果要扮演此角色，反思本身的系統性偏見與無知，史學就很難是簡史 （abridged history）。簡史之所以簡，往往是透過將視野簡化，如讓史學成為《資治通鑑》，站在統治者那邊。或是透過標籤化，如蠻夷戎狄的區分，而非真誠的理解與溝通。

簡之，史學特質在於提醒我們無知，而不是強不知以

爲知。很遺憾的，台灣基層史學教育一方面受限於傳統中文二分法，將事實與歷史詮釋一分爲二；另一方面又受限布魯姆的金字塔認知架構迷失，還是忙著灌輸學生許許多多簡化的表格知識，種種實際仔細探究就會動搖的「知識」。如此，我們的歷史課還停留在二十世紀初年，梁啟超時代的，牢記人名、事件與年代的風格，卻又少了傳統經典教育，讀史使人明智的典範陶冶。

展望未來

在諸多有關歷史課綱爭議聲中，我們有必要靜下心來想想，爲什麼要有必修歷史敍事？爲什麼有些敍事一定得學習？這些認定會牽涉到：

那些故事是我們所有人所共同經歷過的悲劇？我們分享悲愴，讓我們凝聚成爲一個共同體。

甚麼是我們祖先的偉大成就？我們應該持續爲此感到驕傲。

那些事件對後來有很重大的影響？如果我們不知道，那麼我們就無法理解今日許多的體制與理念。

那些人所作所爲勇敢良善？我們應該永久紀念他們。我們的子孫也應效法這些勇敢良善的行爲。

那些是是可怕的錯誤和不正義？後代應該確保類似的事情，永不再發生。

那些人在過去做出很大的犧牲？我們從此犧牲獲益，所以我們應該紀念他們，並永久尊敬他們的行爲。

在多元社會中，這些認定勢必是複雜，而充滿雜音的。所以，如果我們奉行歷史學的基本倫理，尊重過去，的話，那麼歷史教學勢必也無法簡化，而是充滿各式各樣吵雜的聲音。

這次108課綱，預留了不少空間給專題探討或探究與實作，正是謙遜地接受史學作為一場永不止息的辯論的特質。讓課綱委員或教科書作者所沒設想到的聲音，依舊可以迴盪在歷史課堂上。準此，新課綱並未如異議者所說的，去中國化，刪除三國與武則天。如果師生對此議題有興趣，自然可以一起探索三國時代，探討關公或司馬懿值不值得尊敬？關帝信仰是如何興起的？曹操真是大花臉嗎？……或是武則天何以可以成為中國秦漢史以降的奇異點，唯一的女皇帝？她真的推動一場社會革命嗎？以科舉選材來抽換掉唐初的關隴統治集團和山東豪傑的貴族統治嗎？

只可惜的是，這次新課綱幾乎全盤接受了從十九世紀以來的直線進步史敘事，忘了傳統史學經典教育；在世界史上幾乎以西方為中心，對於 1960 年代以降涵蓋所有地球人與非人的關係網絡史著墨不多。對於現代體制所造成的災難與對未來世代的殖民掠奪，也少反思。

傳統史學經典教育，有其深厚的力量。如司馬遷在遭受腐刑所說的：「夫詩書隱約者，欲遂其志之思也。昔西伯拘羑里，演周易；孔子厄陳蔡，作春秋；屈原放逐，著離騷；左丘失明，厥有國語；孫子臏腳，而論兵法；不韋遷蜀，世傳呂覽；韓非囚秦，說難、孤憤；詩三百篇，大

抵賢聖發憤之所爲作也。此人皆意有所郁結,不得通其道也,故述往事,思來者。」正是司馬遷在傳統經典教育下,所熟知的生命教育典範,讓他可以鼓起勇氣,安身立命,發憤寫下史記。

在極端氣候、瘟疫、戰爭、貧富不均、塑膠渦流與核子冬天威脅下,展望未來,我們也眞的亟需像《第三種猩猩》的大敍事,或如《寂靜春天》的個案研究,分析問題的來龍去脈。如何培養學生足夠的氣魄,推開或甚至敲開大門,解決問題,實立志百年樹人,涵養人類文明山林之氣者,責無旁貸,捨我其誰之志業。

總之,無論我們選擇走上哪一條路,尊重過去,走出簡史,盡可能如實呈現過去繽紛燦爛的五顏六色,或是喧囂吵雜的雄辯滔滔,都是我們史學從業人員的基本倫理。

(本文原載於上報)

後師說

　　有次跟高中生聊天，問他最討厭哪篇文章？令我訝異的是，他竟然說韓愈的〈師說〉。他說，這篇文章沉腐而無趣，不如選〈祭鱷魚文〉，有趣。感覺上，他還尊敬韓愈，認為他有其趣味，只是師說這篇文章今天看起來太八股了。弔詭的是，我問高中老師，高中國文課本中哪篇文章還記得，可以背誦一兩句的。竟然也是〈師說〉：「師者，所以傳道授業解惑也。」韓愈這句話，似乎成為台灣選擇以老師為志業者的座右銘或南針。

　　台灣演化，國文崩壞中，有關師說的評價也浮動著。當我們以公民之姿，邁向嶄新的想像共同體之際，我們該如何看待韓愈，如何重新估定以師為中心的道學價值觀？這篇文章只是一個起點，探索學生為什麼會覺得師說酸腐，並藉此摸索台灣教育的未來。

一、有關闢佛：令人心有戚戚焉的韓愈

　　除高倡師說外，唐憲宗元和年間，韓愈以闢佛聞名，也為此付出慘重的代價：

　　一封朝奏九重天，夕貶潮州路八千。欲為聖明除弊事，敢將衰朽惜殘年。雲橫秦嶺家何在？雪擁藍關馬不前；知汝此來應有意，好收吾骨瘴江邊。

　　就算英雄氣概如韓愈，被貶後生活方式驟變，他也不

問津

得不忍耐。如謝金魚說：「浮浮沉沉，誰都不得不學會忍
耐，學會把嚥不下喉的吞入腹中，即便是韓愈，即便是柳
中元，即便是今日的你，今日的我。」韓愈安時，順應各
地飲食文化，令人心有戚戚焉。其闢佛，在台灣處處佛
寺，佛門、錢門神通廣大之際，也令人頗有同感。

佛陀倡言眾生平等，頗契合於今日彼此平等的公民社
會。不過，現存佛經染著印度種性制度甚深，強調因果報
應之故，既有的性別歧視、種性制度，地獄般的階級制度
是合理的。盡信書，不如無書。來歷甚可疑，偽造居多的
佛經讀愈多，愈無同理心，離佛陀眾生平等之妙締愈遠，
甚至頗有以冷漠之姿，認可社會不公不義之嫌。

如《三世因果經》說：

今生短命爲何因？前世殺人太狠心。……
今生瞎眼爲何因？故指錯路作弄人。
今生聲啞爲何因？前世惡語咒雙親。
今生跛腳爲何因？攔路打劫太殘忍。

這些根本是渾話。短命、瞎眼、聾啞和跛腳缺的是足
夠的科技與社會福利網絡支持與同理心，讓像海倫凱勒失
能、貝多芬失聰和霍金斯漸凍，都得以走出來，發光發
熱，而不是像這佛經中所說的漫無根據的控訴與裁判。

又從佛陀本身事蹟觀之，他也只是自了漢。人土不二
身。有血性的人，總思如何捍衛自己鄉土。佛陀不思不
爲，任人將自己桑梓之邦滅了，實不足取。至於他所處的
種性社會中，怵目驚心之惡，他也是視若無睹，一切隨
緣。這種狠心與冷漠，如德雷莎修女所說的，其實是愛的

反面，與公民社會的價值觀格格不入。今日台灣恐怕也需有人，能如韓愈闢佛、諫迎佛骨，重新估定佛學的價值。

二、師說有其歷史脈絡下的合理性

不少基層老師終身頌韓愈之說，「師者所以傳道授業解惑也」以自況。這恐是自作多情。中國科舉時代的師，其實沒甚麼啟蒙老師的地位。如韓愈本身所說的，「彼童子之師，授之書而習其句讀者也，非吾所謂傳其道解其惑者也。」啟蒙師，基層老師，並不是他所討論的範圍。

中國古代的老師，通常只侷限在座師，賞識自己，讓自己科舉中第，金榜題名的人。如史可法的老師指的是在他參加科舉考試時，隨卽面署第一的左光斗，而不是辛辛苦苦教他句讀，培養他如何爬上成功階梯的生活與學習慣行的基層老師。

科舉中第，鯉躍龍門。賞識考生的座師，主其榮枯，恩同再造，也就情同父子。所以座師有時又稱座主，等同於考生的主子。魏忠賢權勢宣天時，不少士大夫就忙著找門路、攀關係，讓自己成為魏的義子或門生，所謂五虎、五彪、十狗、十孩兒、四十孫等等。自內閣、六部至四方總督、巡撫等等，大大小小官吏阿諛奉承，不僅自居為其門生，紛紛為魏忠賢設立生祠。

權臣之門生故吏遍天下，威脅皇權，自是英明有為之君主所不能忍。唐憲宗在位期間曾終結藩鎮割據，史稱「元合中興」，自不是省油的燈。士大夫之族，忌憚皇

權,自不敢以門生弟子關係自居。這也就造成韓愈所說
的:『曰師曰弟子云者,則群聚而笑之。問之,則曰:
「彼與彼年相若也,道相似也。」位卑則足羞,官盛則近
諛。』

　　韓愈文章寫得很好。不過他對權力的敏感度甚低,像
政治白癡一樣。皇帝喜迎佛骨,求長生;他卻闢佛,說信
佛會膨肚短命。皇帝力行中央集權,連對手握兵馬大權、
天高皇帝遠的藩鎮,都「以法度裁製」了。韓愈在此英明
天子腳下當京官,卻高倡師道,以爲人師表自居,眞不是
普通的白目。不過,韓愈的白目也是有限度的。他的師
說,悄悄從權力網絡連結與鞏固,轉移到聞道先後、術業
專攻的平等基礎上,所謂「無貴無賤,無長無少,道之所
存,師之所存。」此轉移,今日看來,仍有其合理性。韓
愈眞是先知。難怪蘇東坡說他:「文起八代之衰,道濟天
下之溺。忠犯人主之怒,而勇奪三軍之師。」

三、爲什麼師說,今天看起來還是酸腐難聞

　　先知總是寂寞的。韓愈的歷史地位,大概要到宋明理
學興起之後,才得以確立。如錢穆所說的,韓愈「排釋老
而返之儒,倡言師道,確立道統,則皆宋儒之所濫觴也。
嘗試論之,唐之學者,治詩賦取進士第,得高官,卑者漁
獵富貴,上者建樹功名,是謂入世之士。其遯跡山林、棲
心玄寂,求神仙,溺虛無,歸依釋老,則爲出世之士……
獨昌黎韓愈氏,進不願爲富貴功名,退不願爲神仙虛無,

而倡言乎古之道……此皆宋學精神也，治宋學者首昌黎，則可不昧乎其所入矣。」

不過，韓愈歷史地位之成也宋學，敗也宋學。師說之酸腐，也是因為一聞，就有很濃烈的道學家頭巾氣。

不真誠

林奕含除了小說，《房思琪的初戀樂園》，抨擊名師之不真誠與邪惡，以誘姦未成年少女為樂。還有一篇短文，作為小說的導論，用的就是韓愈名篇〈進學解〉。樂園其實比十八層地獄還恐怖。不真誠。道學意味的進學，其實也就是描述社會習慣吃人，誘姦少女的〈狂人日記〉。

韓愈會給人虛偽的感覺，其來有自。他闢佛，「人其人，火其書，廬其居」，說得震天尬響，可是一被貶，隨即上表請求原諒，語氣卑屈、諂媚到令人難以想像。「臣以狂妄戇愚，不識禮度，陳佛骨事，言涉不恭，正名定罪，萬死莫塞。陛下哀臣愚忠，恕臣狂直，謂言雖可罪，心亦無它，特屈刑章，以臣為潮州刺史。既免刑誅，又獲祿食，聖恩寬大，天地莫量，破腦刳心，豈足為謝！」

韓愈對潮州的印象也是雙面的。他到潮州，傳說用心治學，還寫祭鱷魚文，把鱷魚驅趕光光。這傳說當然是扯爛污。因為，鱷魚當然不會因為人鱷之間無法溝通的一篇文章就遠離其棲息地。唐代後來的潮州刺史一般也都還跟鱷魚為伍。韓愈吃潮州食物，歌詠潮州，治理潮州，為

此，潮州人還爲韓愈立廟祭祀。不過，我們看他寫給皇帝
求饒的表，說自己在潮州與鬼魅同群。

「臣所領州，在廣府極東，過海口，下惡水，濤瀧壯
猛，難計期程，颶風鱷魚，患禍不測。州南近界，漲海連
天，毒霧瘴氛，日夕發作。臣少多病，年纔五十，髮白齒
落，理不久長。加以罪犯至重，所處遠惡，憂惶慚悸，死
亡無日。單立一身，朝無親黨，居蠻夷之地，與魑魅同群，
苟非陛下哀而念之，誰肯爲臣言者？」

颶風鱷魚有那麼恐怖嗎？潮州人待韓愈不薄。他卻把
潮州描述成毒霧瘴氛，日夕發作的所在。面對此雙面人，
潮州人你如何能不生氣？

他自栩文以載道，道濟天下之溺。實際上，他文集中
最多的卻是「諛墓」文。「好悅人以銘志，而受其金」。這
種虛僞，讓周作人不得不罵：「講到韓文我壓根兒不能懂
得他的好處」，「總是有舊戲似的印象」，「但見其裝腔作
勢，搔首弄姿而已」。「假如我們不贊成統治思想，不贊
成青年寫新八股，則韓退之暫時不能不挨罵，蓋竊以爲韓
公實系該運動的祖師，其勢力至今尚瀰漫於全國上下
也」、「如有人願學濫調古文，韓文自是上選」。韓愈爲文
之虛僞，自然也逃不出饒富批判精神的朱熹法眼，說他虛
僞，「裂道與文以爲兩物」。

世傳韓愈畫像，一如美髯公，也是假的。眞實韓愈肥
胖寡髯，髮蒼蒼，視茫茫，齒牙動搖的糟老頭一個。目前
流傳下來的韓愈像，只要換個髮型，或左右換邊，就會變
成韓熙載、諸葛亮、王莽或曹操。台灣文史課本，慣於以

訛傳訛，幾乎很難比得上課本上那些來源無可考，卻又實質上長得幾乎一模一樣的偉人畫像了。

宋學崇拜這麼一個「裂道與文爲兩物」的虛僞文人，然後逐步走向說得冠冕堂皇，實際上卻禮教殺人的死胡同，實不足爲奇。

身分倫理不符合現代公民社會

韓愈對儒家倫理貢獻頗鉅，如他確立孟子的崇拜，而且〈師說〉一文，所提倡的師道之尊，後來得以跟天帝君親並立，成爲讀書人早晚三炷香膜拜的對象。

儒家倫理觀在皇權科舉時代，被視爲天經地義。男尊女卑。君君臣臣父父子子。天子以孝治天下。君子素其位而行，不願乎其外。自天子以至於庶人，一是皆以修身爲本等等倫理觀念。這些迄今還是頗受新加坡李氏王朝，台積電張忠謀青睞，襄贊推廣。

此倫理觀，一言以蔽之，大意是：每個人都要根據其身分地位，受禮法的規範，在階層化權力架構中扮演其相應的角色。君要臣死，臣不得不死。父要子死，子不得不死。父母教子，不小心打死，法律上無罪。子訴父，就算有理，大逆當斬。丈夫畜妾，召妓，理所當然。老婆外遇有情人，就當浸豬籠了。老師打罵學生，合理的是管教，不合理的是磨練。學生反抗，那就是忤逆師長，違背倫理的大罪了。

不過人總是相對的。只有單向的上剋下，終是難以天

問
津

長地久。此鑲崁在階層化權力結構中的身分倫理秩序，一直發展到明末，也就漏洞百出，難以維繫了，雖然帝國子民每個人還是力爭上游，努力爬上成功階梯。如黃仁宇《萬曆十五年》所描述的，金字塔倒過來了。此階層化權力結構會翻轉。居於層峰的皇帝，反而得承受整個社會結構的矛盾與衝突，無法當一個有血有肉、真誠的人。皇帝都如此，誰能例外呢？在此結構下，每個位置，每種身分，每個人都極度扭曲變形，過著非常不人性的生活。而且，不管你怎麼奮鬥，總是徒勞，都難以挽回整個結構的土崩魚爛之局。

儘管如此，這結構在今日神州大陸或鬼島還是如幽靈般揮之不去。名數學家張益唐，未成名前，寧願在美國超商打工，養家活口，也不願意回北京清華大學當數學系系主任。因為儘管是打工，在美國那種契約社會中，每個人是平等的，彼此分工合作，各有其尊嚴，沒有人會嘲笑張益唐。在中國那種以身分為主，地位不同，尊嚴就有差的階層化權力結構的社會中，就算貴為一流大學系主任，還是會過得很憋曲，看人臉色過日，承受莫名其妙的壓力。

階層化權力結構，就是但丁神曲所描述的地獄。身處其中，下面的人表面上笑臉待你，奉承你，實際上卻老是想拉你下來。左右兩側的，好像是比肩併行的好兄弟，其實總是排擠、掣肘，巴不得你掉下去。往上瞻望，怎麼看也都只能望著上面的人的屁股。怎麼努力，也都難逃上面的人屁股壓制之苦。

從張益唐的選擇，傳統階層化權力結構下的身份倫理

之不符合現代公民社會，可見一斑。我們甚至可以說，從傳統到現代的法律關係，就是從身份倫理走向契約關係。

講身分，自然就會論關係，有關係就沒關係，沒關係就有關係。講身分，自然會談位階。每個人要往高處爬，處於金字塔頂端，因為天地君親師，在頂端就可以成為天地之外，最值得尊敬的君了。部屬聽老闆的話，也遠比其職業倫理來得重要。

講契約則不然。我們彼此訂立契約，各有其相對的權利義務，也各有其尊嚴。就算彼此關係再好，要違背職業倫理，或進入此行業的契約，當個造假的會記師，或是虛偽證言的律師等等，也是不可能的。

台灣有些問題，無法建立彼此平等，各有尊嚴，彼此分工合作的現代社會，是太重視身分。如當醫生的，自視為老闆部屬，怕讓醫院麻煩，所以面對貧苦的邱小妹，不是依據醫師倫理想到馬上急救，而是設法將其轉院，讓其他醫院扛此燙手山芋。食安問題也是如此，食人之祿，忠君之事。老闆為了讓利潤極大化，用地溝油當原料，工程師因礙於身分認定，也就罔顧其職業倫理，當初入行時與社會訂立的契約，不僅不敢當吹哨者，甚至還當幫兇，讓地溝油網絡愈形壯大。

學術風氣敗壞，論文造假也是。他是老師的老師，竊盜了學生的論文，從身份來看，就好像是主管拿了部屬的功勞般，顯得理所當然。可是從契約或職業倫理來看，就不可能這樣了。不管計畫主持人可以對小研究員日後生涯進路有多少好處，要小研究員為此違背職業倫理，數據造

假，甚至造假，那是不可思議的。台灣有多少研究助理，
竟願意為了區區幾千元的助理費，為計畫主持人報假帳，
犯法，真是瘋了。多少會記師，明目張膽，為了聘請或給
自己薪酬的人，用兩本帳本紀錄公司財務，報假帳，冒著
犯法坐牢被關的風險，也是畸形。

　　台灣演化中，往人人平等，彼此分工合作，彼此有尊
嚴的現代公民社會邁進。在此演化歷程中，我們的語文教
育如果還選了一大堆鞏固身份倫理關係的文言文，又輕率
貼標籤說：「讀《出師表》不哭者不忠，讀《陳情表》不哭者
不孝，讀《祭十二郎文》不哭者不慈」。然後在實作上，又
不好好引導學生反思或討論甚麼是正義、環境倫理、轉型
正義與職業倫理等等。教育是一種政治行動。那種頑固不
化，只有洗腦沒有思辨深度的語文教育，就讓他停留在大
明王朝吧！

看不到學生

　　中國傳統與其說有教育制度，倒不如說只有科舉制
度。科舉是權力分配的機制。所以依附在科舉制度下的師
生關係，其實也跟教育春風化雨關係不大，而是權力網絡
的分潤與鞏固。慈禧本不識字，文化程度不高。碩學鴻儒
張之洞卻一輩子以慈禧門生自居、自栩，因為他是慈禧第
一次主持殿試時，所挑選出來的高級文官。從學術倫理來
看，張之洞之諂媚慈禧，跟明末閣臣、地方督撫逢迎魏忠
賢如出一轍。

科舉制度下，只挑選要的人才，老師或考選官基本上看不到考生面目。他們看不到學生，自然不會想到如何輔助學生，自我發展，成長茁壯了。準此，明白晚唐也是沒有教育制度，只有科舉之後，還認為韓愈的〈師說〉，宗旨在講教育，培養社會人才，那就是範疇錯亂了。許多基層老師，甚至將此文視為教育學上的天經地義來教，那就難怪學生認為此文酸腐不堪了。因為只看到老師，沒有學生，甚麼都老師說了算，絕非教育之道。

迄今，台灣學校受中國科舉制度影響，誤認科舉為教育，尊重老師卻看不到學生的，比比皆是。

台灣只有科舉，沒有教育。只會考試，不懂人生。

（攝影：李昆翰）

又如從學校官方網頁上，也可見一斑。台中一中出現的是宏偉的校門，官方挑選人才的品德要求，「公誠勤樸」四個字，然後是自滿的口號宣示，「吾台人初無中學，有則自本校始」、「菁英典範，精緻卓越」。自以為人中龍鳳，自滿的傳統科舉酸腐味，撲鼻而來。

相對的，我們看英國的 Gordonstoun。首頁是一雙沾滿泥巴，破破爛爛的舊鞋子。然後說：

It's not just a pair of boots. It's standing on your own two feet. It's taking everything life throws at you in your stride. And it's leading the way, while offering a helpful hand to those around you.

言下之意，這所學校像登山靴一樣，引領學生站穩腳跟，大步前進，開拓經驗，邁向廣闊的心靈。

兩相比較，台灣只有科舉，沒有教育。只會考試，不懂人生。只有爺們權力競逐，沒看到學生的問題。這也是台灣浪擲許多教育資源，拼了好多奧林匹亞金牌，最終還是大敗的原因。我們迄今很難自己站穩，如有關這塊土地上的土石流、汙染問題、食安問題等等都不得解決。有關轉型正義、世代正義與環境倫理等等，都無法伸張。

須知累積小勝，反而會導致大敗的。如第一次世界大戰，德國雖陷於壕溝戰，可是自始至終，任何戰役都未嚐敗績。他投降時，所有部隊都還屬佔領他國領土的狀態下，如西線靠近法國巴黎。終究，他還是輸了。因為沒有糧食，仗就打不下去，不管你累積了多少小戰役的勝利都無濟於事。換言之，如果對戰爭結構認識不清，積小勝終為大敗。

台灣教育也是如此。各級行政官僚都強調績效管理，自己在小細節上改善了多少，卻看不到學生，當然也就逐步走向積小勝而為大敗的格局了。

如以歷史科教育來說，每個學生從小到大，扎實的累

積了不少破碎的知識點或歷史年表式，然後愈來愈會寫選擇題。教育當局希望學生記住甚麼，他們就會記住甚麼。然而，這怎個教育卻沒有學生，不在乎學生的個別經驗，也不管學生怎麼想，需要甚麼樣的行動資源配備。

學生學了很多冷知識，可有可無的史實；卻絲毫沒有歷史感與責任心。甚至老師和研究人員也是如此。有些人擅長說故事。卻不敢談論當代史，不敢用論述與行動來改變世界。所學的淨是些可有可無，無關痛癢的。有些人著迷於像史家一般閱讀，不過這說穿了，就是溯源、脈絡化與參校，乾嘉考據學者所擅長的本領而已。它們也像蠹魚般，進進出出於文本閱讀，卻看不到自己腳跟底下的大事。台灣學生，與世界各國相較，投入歷史學習的時間並不少。長遠來看，他們對於歷史學的結構性認識，對世運興衰的關懷與行動，卻非常貧脊。

積小勝，終為大敗。只知吟誦〈師說〉，會看不到學生，也會看不到台灣的未來。因為這樣的教育畢竟只是爺們權力競逐的遊戲場而已，一如中國傳統科舉制度般。

總之，韓愈的〈師說〉，如其闢佛，回到歷史脈絡中，有其偉烈、合理之處。不過，今天高中生普遍認為這篇文章讀起來酸腐不堪。因為他不真誠，如朱熹所評論的，虛偽，「裂道與文為兩物」。高中生不喜歡〈師說〉，一如林奕含譏評〈進學解〉般，都是因為它們無法真誠面對官場爺們的獸性。再者，它所架構秩序，鑲崁在階層化權力結構中的身分倫理。有關係，就沒關係。沒關係，就有關係。已經與現代公民社會的契約倫理，各行各業，各

問
津

有其尊嚴，各有其不可爲權勢動搖的職業倫理，漸行漸遠。老師自己活在過去，活在大明王朝，不打緊。要求學生，口誦心維師說，天地君親師、君君臣臣父父子子那套，顯然已經過時。師說，有其不可磨滅的中國文學史上或思想史上價值。但它談的，已經不是眞理，而且它所標榜的尊師重道，卻看不到學生的主張，反而可能把台灣教育導向積小勝而終致大敗的死胡同。

　　（本文原載於上報）

荒謬的文白之爭

　　有關台灣國文課綱所規範的文言文比例爭，愈演愈烈。高中組課審委員林致宇說過去選文儼然「造神運動」，文章中傳遞的思想也並非現代社會所需，更有些傳遞封建、保守的思想。為此國民黨前主席洪秀柱跳出來批判，說台灣當局以多元外衣糟蹋歷史。學者洪蘭也將此爭議，扯入統獨爭議，說讀文言文，「讓他覺得做一個中國人是值得驕傲的事」。中國媒體隔海叫囂，學生委員林致宇還接到恐嚇電話：「我會揍你，你小心點」、「整個竹聯都在找你我跟你講」、「要讓你死」等等。

　　文言文與白話文比例之爭，轉成中國文學與台灣文學之爭，又轉成統獨口水戰、威脅恐嚇的泥淖，實屬失焦。本文試圖將爭執拉回公民素養，以方苞的〈左忠毅公軼事〉一文為例，說明過去有些選文確實不妥，實非現代社會所需，難怪造成學生的反彈。

一、那是無稽之談

　　這篇軼事，依據方苞自己的說法是：「余宗老塗山，左公甥也，與先君子善，謂獄中語乃親得之於史公云。」也就是方苞聽到，他已經過世的父親轉述，左忠毅公的外甥左塗山，轉述史可法的說法。

　　換言之，那是個轉述再轉述的口耳相傳故事，而且死

無對證。一般而言，那就是所謂的無稽之談，不值得花那麼多時間探討。不過，這篇文章從我讀高中時，就一路爲台灣國文課本普遍採用至今。難怪，有些青年學子會認爲這是造神。

可靠的資訊是公民社會的基礎，就好像是乾淨的水、空氣與食物是公共衛生的基礎一般。國文課文三十年來一直選這種無稽之談，要學生讀經般背誦，牢記所有註釋。這眞是很糟糕的示範。

如何讓公民鑑別、取用可靠的資訊，在後臉書時代，會愈來愈重要。上次美國總統大選，川普獲勝，有不少建立在不可靠資訊上，如臉書上有訊息說，教宗支持川普之類的假新聞上。台灣國文課本，懲於前車之鑑，在處理非虛構文類上，當更審愼，不應該耗費青年學子寶貴時光，苦讀像〈左忠毅公軼事〉那樣的文章。

二、此文歌頌不公平，不符合現代公民社會的需求

此文一開頭說：先君子嘗言，鄉先輩左忠毅公視學京畿。一日，風雪嚴寒，從數騎出，微行，入古寺。廡下一生伏案臥，文方成草。公閱畢，即解貂覆生，爲掩戶，叩之寺僧，則史公可法也。及試，吏呼名，至史公，公瞿然注視。呈卷，即面署第一；召入，使拜夫人，曰：「吾諸兒碌碌，他日繼吾志事，惟此生耳。」

風雪嚴寒之際，看到廡生伏案臥，不忍心叫醒他，於

是解下自己的貂皮大衣覆蓋考生。這真是細心體貼又慷慨的行為。問題是，考官大人並非基於人道同情，而是看到他文章寫得很好。憑藉此本領，這考生日後可能當大官，所以左公要特別恩寵他，並且問清楚那個考生姓名。

反言之，如果考生寫不好文章，未來無可預期，那也就是可有可無，左公可裝作沒看到有任何人受寒一般。這不是很勢利嗎？左公之恩寵，與范進中舉故事中那個岳父大人胡屠，有何不同？其勢利、虛偽與前後不一，似乎沒有太大的區別。

又等到考試交卷時，左公聽到史可法這個名字，連看都不看，馬上在考生面前，說他是這次筆試第一名。這看在其他考生眼中，不是作威作福，把國家公器當作私人籌碼，市寵鬻恩嗎？這對於其他十年寒窗苦讀，卻換得跑龍套的人公平嗎？因第一名早就在左公心中內定了。

史可法真是百年難得一見奇才嗎？《明遺民錄》說他：「史公好賢而不能擇，用人而不能任，外無良將，內無智士，是豈撥亂才耶？」他之為明末狀元，是撥亂才，還只是極權政體下特有的，為曾樸《孽海花》所諷刺的酸腐：「我想列位國民，沒有看過登科記，不曉得狀元出色的價值，這是地球各國，只有獨一無二之中國方始有的，而且積三年出一個，要累代陰功積德，一生見色不亂，京中人情熟透，文章頌揚得體，方纔合配。這叫做群仙領袖，天子門生，一種富貴聰明連李太白、蘇東坡還要退避三舍，何況是英國的倍根，法國的盧騷呢？」

就領兵打仗來看,史可法實弗如當時死守江陰的不入流小官,小小典史閻應元。閻守江陰,無餉,兵不滿千,卻得以對抗十萬清兵八十一天。相對的,史可法在《維基百科》的評價就不高了。經營一年有餘的揚州城,只一天時間便被清軍攻破。

如顧誠等現代學者在肯定史可法民族氣節與個人操守的前提下,批評其在軍事戰略、戰術上昏瞶無能、誤國誤民:幕僚曾勸他「渡河復山東,不聽;勸之西征復河南,又不聽;勸之稍留徐州為河北望,又不聽」,「一以退保揚州為上策」。以史氏為首的弘光朝廷文臣還幻想聯合清軍剿滅農民軍(聯虜平寇),為清軍長驅直入大開方便之門。其後清軍兵分三路,揮師南下時,史可法竟朝令夕改,可謂進退失據、戰守皆廢。

左光斗單是透過作文識人,實屬不明;又將國家名器,當作私人籌碼,市寵鬻恩,實不公平,不足為訓。

三、此文鼓勵賄賂,而且所述違反自然原理

及左公下廠獄,史朝夕窺獄門外。逆閹防伺甚嚴,雖家僕不得近。久之,聞左公被炮烙,旦夕且死,持五十金,涕泣謀於禁卒,卒感焉。一日使史公更敝衣草屨,背筐,手長鑱,為除不潔者,引入,微指左公處,則席地倚牆而坐,面額焦爛不可辨,左膝以下,筋骨盡脫矣。史前跪,抱公膝而嗚咽。公辨其聲,而目不可開,乃奮臂以指撥眥,目光如炬。怒曰:「庸奴!此何地也,而汝前來!國家之事,

糜爛至此。老夫已矣，汝復輕身而昧大義，天下事誰可支拄者！不速去，無俟姦人構陷，吾今即撲殺汝！」因摸地上刑械，作投擲勢。史噤不敢發聲，趨而出。後常流涕述其事以語人曰：「吾師肺肝，皆鐵石所鑄造也！」

史可法聽說賞識他的恩師左光斗，受炮烙酷刑，於是賄賂獄卒，終於可以在偽裝成清潔人員的情況下，看恩師最後一面。我真不知道，高中國文課究竟基於甚麼理由，三、四十年來，非得選這篇賄賂司法人員，取得法外方便的文章的理由為何？鼓勵國家未來主人翁，把司法體制搞爛搞臭嗎？

又這篇文章說，左光斗受炮烙之刑，慘酷到面額焦爛不可辨。須知人的眼睛像顆雞蛋，陽光曬一曬都會受傷，紫外線暴露久了都會被煮熟得白內障。所以在高溫炮烙之刑，皮膚焦爛下，左光斗的眼球應該早就化為水。當左公不怕痛，用自己手指頭扯開焦爛的臉部肌肉後，史可法那時看到的，應該如廣島核災災民一般，空洞的眼窩而已，怎麼可能還保有目光如炬的威猛呢？又慘遭炮烙之刑的左公，左膝以下，筋骨盡脫。他膝蓋的痛覺神經，應該還在。史可法怎麼跑去抱住左公的膝蓋呢？那不是要左公痛死嗎？

如果這段描述為真，那麼左公不只是肺肝為鐵石所鑄，他還是攻殼機械人或賽博格才是。

問津

四、史可法令人匪夷所思的睡眠習慣

　　崇禎末，流賊張獻忠出沒蘄、黃、潛、桐間，史公以鳳廬道奉檄守禦，每有警，輒數月不就寢，使將士更休，而自坐幄幕外，擇健卒十人，令二人蹲踞，而背倚之，漏鼓移，則番代。每寒夜起立，振衣裳，甲上冰霜迸落，鏗然有聲。或勸以少休，公曰：「吾上恐負朝廷，下恐愧吾師也。」

　　依此記載，每當戰事吃緊時，史可法就好幾個月不睡覺。問題是，睡覺是生命所必需的。被長期剝奪睡眠的動物會產生休克的現象，更嚴重的會因睡眠不足而累死。我們人的身體中多達 15% 的基因都與睡覺或晝夜節律相關。睡覺可以，提高大腦的信息處理能力，以及鞏固一整天記憶，讓大腦來總結一天的結束。睡眠不足的人在接觸新工作時會表現很差，同時在處理新信息時也會很沒效率，鑑於充足的睡眠能讓我們的大腦工具創造力，那麼即使出現從來沒有遇見的問題，我們也能想出解決辦法。

　　史可法貴為兵部尚書，卻一直不睡覺，難怪他在戰場上，朝令夕改，進退失據、戰守皆廢。又他不睡覺，卻不得不休息，所耗費的人力也很可觀，每天晚上要十幾個健卒伺候。兩個人蹲踞，讓史可法可以背靠著休息。問題是，蹲踞動作對膝蓋的壓力極大，約為體重的 8-15 倍，遠高於跑步，約為體重的 3-4 倍。史可法要兩個阿兵哥深蹲兩個小時，騰出背來，供他休息，那不是糟蹋人嗎？沒多久那些負責協助史可法休息的阿兵哥膝蓋就多廢了，

戰力歸零。

　　我們國文課，一直堅持教這種讓自己崩潰，侍衛兵廢掉的蠢資訊，究竟爲何？

五、原來選這篇文章是要鞏固科舉體制下老師的既得利益

　　「史公治兵，往來桐城，必躬造左公第，候太公、太母起居，拜夫人於堂上。」據此，史可法眞是尊師重道的人。在戰事繁忙之際，往來桐城，還會抽空出來照顧老師親屬。難道伺候老師父母親生活起居、禮拜師母大人事大，兵馬國家大事事小？

　　或許有些讀者會認爲，高中國文課本選到方苞這篇文章，只是 101 課綱的選文，或許襲自《古文觀止》，或是科舉時代的姚鼐《桐城古文選》、《古文辭類纂》。它試圖培養的是當個忠臣孝子的士大夫，而非二十一世紀的世界公民。裡面文言文的所有作者都是大漢沙文主義的士大夫階級男性，而且除了講「鴉片有益論」的連橫之外，沒一個土生土長的台灣人，也很少談有關台灣的事務。十二年國教課綱所選的文言文二十篇，也只是多加一位開台進士鄭用錫。這似乎跟二戰前，要求印度人熟知只選錄盎格魯撒克遜人所寫的《英國文學史》，才能當帝國馬前卒的殖民文學，差異不大。難怪台灣中學生覺得遙遠而陌生，深以爲苦。

　　遙想、追憶殖民母國，眞會比台灣主體重要嗎？如果

問
津

我們在文言文選文上，不好好釐清，排除那些自說自話
的、自認為忠孝節義的中二論述，淘汰那些傳遞封建、保
守思想的巧言令色；那麼台灣人的公民素養與文學素養，
恐如秋風起、霜降天高之際，蕭蕭復蕭蕭驀地吹墜的紅
葉。

　　（本文原載於上報）

逼孩子學當岳不群的
高中作文教育

　　有關高中國文課綱的文言文選文，已經告一段落。雖然學生爭議的〈諫逐客書〉、〈師說〉和〈勸和論〉依舊在列，可是趁此機會，我們有機會重新審視這些文章的時代意義。本文想在此基礎上，進一步釐清高中國文作文的特質。

　　我問過高中生寫作議論文作文的經驗。普遍的印象是要寫很多，篇幅要夠，平均每三、四秒得寫一個字能拿高分。此外，要很敏感知道出題老師喜好，或預設的立場或答案，上下交相賊，不能說自己心裡的話。

　　譬如說，這屆公費留學考作文：「博學以致用」。考生一定不能寫，專業時代，博學一點屁用也沒有。也不能說，我想學作白日夢，學些無用很廢的東西。李國華考房思琪的第一篇作文，〈論誠實〉。就是要講作人一定要誠實。誠實的社會風氣多好多棒棒。不誠實會衍生很多問題等等。萬萬不能學太宰治說，動物沒祕密，人要不誠實有祕密，才能像耶穌愛人一般行於豺狼遍佈的社會。更不能學哲學家追問、釐清，什麼是誠實？

　　人為什麼要誠實？如在賽局理論下，誠實有何限制？或像《第三種猩猩》所說的，人類社會得以摶成，千萬人群居，實因女性擅於保密，隱藏發情期，已避免過度的性

擇競爭。如果寫今年指考題目，〈在人際互動中找到自己〉。那就一定得肯定人際互動，得肯定有一個本質性的自己有待發掘。萬萬不能學佛陀苦行說，人際互動是假象，當隱修苦行，「晝便入林中。夜便露坐……至冢間。取彼死人之衣。而覆形體……日食一麻一米。形體劣弱。骸骨相連。頂上生瘡。皮肉自墮。猶如敗壞瓠盧」。

換言之，高中國文作文就是比誰寫字快，誰能當岳不群，不思不想，講出來的話就四平八穩，情緒正確，政治正確，而且充滿正能量。寫這種作文，大概就像李斯寫〈諫逐客書〉一般，關鍵是對秦始皇想什麼非常敏覺，投其所好，作球給掌權者打，將其既定政策粉飾得富麗堂皇。至於文章所說的，是不是出自自己肺腑，是不是真實，禁得起考驗，那就一點也不重要。

台灣國文作文就是假，鼓勵大家當偽君子，尤其是議論文，一如顧炎武所批評的，率人以偽。

問題是除了這種奉李國華為大師，追求贗品中的贗品的作文之外，就沒有其它甄選方式了嗎？實則不然。如以法國來講，她們沒有國文，也沒有作文。她們用哲學會考，花四小時的時間，好好思考，寫出心中所思所感，探討：少工作是否能活得更好？知識應該要證明才算知識嗎？哲學會考的題目也不長，然而，我們很難從題目中看出出題者的預設立場。大體而言，就是開放的，沒有定見的，考生向左走，向右走都可以。

台灣人才濟濟，在文學、思想與明事理的教育上，真的無法出那種給學生餘裕，從容的好好想清楚，說明白的

測驗形式嗎？百年來，華人作文典範教材就是《桐城古文選》或是《古文觀止》。那些文章在君君臣臣父父子子的時代，就如顧炎武所批評的，漏洞百出。走到今天，崇尚超越，重新估定一切價值的時代，更是顯得不合時宜。

如我們國文課提倡師說，師者，所以傳道、授業、解惑也，那種老師說了算，以老師為中心的教材教法；那我們到底要不要提倡教育改革呢？作為政府官員，面對族群分化與鬥爭，還要像鄭用錫那樣，苦口婆心，唇焦舌弊，勸大家以和為貴？還是要重新審視既有的基礎架構、法律體制、市場機制和風俗習慣是否能賦權給人民，促進和平呢？像台灣清領時期，屬公部門範疇的水利設施，物權法定，廉能的法律體制都不好好做，卻偏好作文治天下，口號治國，那真是我們該學習的嗎？

台灣從草民科舉社會走向公民社會，我們真的還要口頌心維李斯、韓非們的文章嗎？培養青年學子揣摩、服膺掌權者所欲所向（李斯），伏首聽命有錢大爺的號令嗎？（韓愈所留下的文章，往往都是收豐厚潤筆的祭文，或如師說這篇，聽從有錢大爺的指示的。）

台灣轉變中，我們真還要這種熟讀古文觀止就可拿高分的作文教育嗎？

（本文原載於上報）

論語反命題

「溫暖的是體液，良莠的是體力，恭喜的是初血，儉
省的是保險套，讓步的是人生。」

「他發現整整有半個世界為他打開雙腿。他過去過的
是多無知的日子啊！……太太鬆弛的陰道是多狹隘，而小
女學生們逼仄的小穴是多麼遼闊！溫良恭儉讓。」

——林奕含，《房思琪的初戀樂園》

為什麼描述孔子人格特質的文字，在《房思琪的初戀
樂園》中，成為最淫猥的意象？

為什麼論語中歷史上諸多文人口誦心維的聖人言語，
會成為高中口中無效、無聊幹話？這部書又是有宋以降，
歷代讀書人珍惜萬分的。遠的不說，錢穆自述，他花最大
心血在於寫《論語新解》。余英時贈人圖書，深情厚意
的，往往也是送人論語，書上還密密麻麻寫著他的眉批心
得。

為什麼學術上的，跟教學現場上的論語差那麼多？

一、破碎的、強不知以為知的論語教學

考試領導教學。在台灣，大概瀏覽一下評鑑試題，就
可約略知道教材教法的實作特質。為此，我們先看一下普

通名校段考試題。

　　很典型的，通常第一題到第三題考的是字音、字形與字義：如下列字音何者錯誤？下列字形何者錯誤？下列「」之字詞義，何者正確？很遺憾的，如果我們認真溯源的話，這種題目其實在選項中都找不到答案的。《論語》編輯成書的年代，所使用的文字，恐怕還是大篆、小篆，或甚至是甲骨文。其字音、字形與字義，跟我們今日慣用的國語，1912 年之後由中華民國教育部所制定的，恐怕天差地別。時下的教材教法，恐怕強不知以為知了，一如大航海時代之前所繪製的世界地圖般，說明密密麻麻，以為自己甚麼都知道。可是到大航海時代，好好探勘過之後，才發現自己無知，反而留白，留待後人探索。

　　古典研究，大體要虛心。太相信流俗或表面的文字記載，恐陷入以訛傳訛之失。1912 年才開始制定的國語，就只是當代流俗。我們憑藉它來研究古籍，真該小心。國語並不是唯一。有關論語的字音、字義，現存的至少有四大傳統。韓國的，以近乎明代官話訓讀。日本的，以近乎唐代語音訓之。河洛人的古漢語，在形式上的抑揚頓挫，又遠勝於今之國語或普通話。

　　有德國友人學南管。一開始老師教他用當代五線譜，教他曲調，以便跟他在德國所受的音樂訓練銜接。然而，他卻要求學純粹的，學工尺譜，中華傳統的記譜方式。他後來很慶幸自己學的是，目前所知最古典純粹的。因為兩大體系之間，有其不可化約，不可共量的音樂風味在。不懂工尺譜，就很難真正進入南管堂奧。

問津

同理，我們學中華古典，也該文藝復興，仿效德國友人學南管的精神，回復到目前所知最能純粹表現的形式，如以反切方式訓讀，而不是用國語注音。而且該訓讀，最好還要在所謂「五胡亂華」，語音散亂之前的。如用《爾雅》的、許慎《說文解字》的，而不是用朱熹的、《康熙字典》或《廣韻》的讀法。師生都一知半解也無妨。求真崇實，探險摸索，才能杜絕像李國華那樣的贗品橫行。知道自己無知，總比強不知以為知好。

目前台灣慣用的國語，大體承襲元代官話。此官話破壞中文甚鉅。宋遺民胡三省為此透過註解《資治通鑑》，幾乎無音不注，無字不解。如中文也跟英文字首、字根類似，以聲母、韻母，構成語義網絡。如「狂」字，苦浪反。此反切音注，說明狂之為狂，有其苦澀艱難之處，又如浪潮來襲，一波波起伏。當我們只看中文字，犬，王，就很難理解。用 1910 年代，喪失民族自信，東施效顰下所創設的注音符號，就更難追溯中文字的意義網絡了。

二、穿鑿附會的詮釋

在素養導向下，這份評鑑試題或多或少要學生能活學活用。問題是，如此這般的活學活用，有點穿鑿附會了。

如他在題幹引用天下雜誌對李瑞華的採訪：

我專門研究人力資源管理，現在企業都認為二十一世紀最重要的課題是人才。不過，什麼是人才？企業想到人才，不外乎他的學識經歷，他知道什麼、能做什麼，然後

用筆試、口試測驗出來。但是，這些標準是不是有問題，找了很多不能用的人？……孔子認爲選人不能只從智力商數 IQ 的角度看，還要看他的情緒商數 EQ 和逆境商數 AQ。一個 AQ 高的人不怕逆境，遇到逆境會積極正面應對。什麼 AQ 高的人？就是發憤忘食、樂以忘憂、不知老之將至，這是敬業樂業的最高境界，企業找人、提拔人，就是要找這種人。

孔子還說「乙」……主管在考慮升遷時，一定要提拔對的人，這會讓大家服氣，並且對的人會幫助不對的人變成對的人。更積極的意義是，「乙」能夠使組織產生動力，形成一種積極進取的正向文化，最後爲公司創造長遠的利益。彼得・杜拉克所講的組織文化，核心價值也和孔子相同。

然後，命題老師要學生猜中，甲要塡「知之者，不如好之者。好之者，不如樂之者。」乙塡，「舉直錯諸枉，能使枉者直。」

衡情而論，命題老師爲了激化學生讀論語的樂趣，煞費苦心。讓學生所閱讀論語的篇章，能與當下流行的管理學相契合。這種研究方法，或許可稱爲「鉤沉」。在茫茫《論語》池塘中，像釣魚般，鉤釣出跟今日管理學原理相契合的字句來。如此，竟然也可洋洋灑灑建立一門《論語》中的亞洲管理學。

李瑞華鉤沉《論語》的管理學，似乎也有其歷史理據。相傳北宋宰相趙普，三拜相，所憑藉的是「半部論語治天下」。熟讀《論語》既然可以定天下，平天下，當然也

問
津

可用來管理公司。

　　問題是，現代管理學關切的是現代脈絡，民主自由的平等生活方式；不是古代，君尊臣卑，草民如豬羊的威權科層。又，此傳說可追溯到最早的年代，其實不是宋代，而是元代。那是在九儒十丐的氛圍中，皇權用功名話術蠱惑讀書人，自我標榜，自我麻醉，自欺欺人的工具。宋代的趙普恐怕沒說過這句話。就算此傳說為真，趙普也不是一個君子。王夫之在《宋論》卷二《太宗》說趙普之奸：「唐亡以後，鄙夫以成奸之習氣，薰灼天下而不可浣。」我們今天真有必要讓每個高中生或高級文官，好好學習趙普當個奸官的智慧嗎？ 又，IQ EQ AQ 理論源自美國海軍，將人簡化成數字來衡量，真那麼值得學習嗎？以軍隊管理的方式，來規訓台灣高中生，讓他們整齊劃一，一個口令一個動作。到今天台灣民主化了，還那麼重要嗎？用 IQ EQ AQ，數字化衡量人的理論，來詮釋《論語》有關學習境界的描述，知之，好之，樂之。這種穿鑿附會真能提升《論語》的價值嗎？ 或真能藉此開發出東亞特色的管理學？還是更造成兩造皆輸，現代管理學的探索與《論語》研究都做得四不像？為什麼我們不能讓《論語》與現代學問之間各保有其範疇與尊嚴呢？為什麼我們非得抽開兩造間實際隔著的鉅大鴻溝或桌子，讓彼此差異憑空消失的方式，來讀書論學呢？

三、四書集註本身的限制

制藝《四書》之惑亂天下，恐怕不亞於其教化之功。

朱子編《四書集註》，方便小學啟蒙，從《論語》、《孟子》到《大學》、《中庸》。如果我們依序讀來，還真像是有關孔子之後的諸夏思想史的基本文獻探討。《大學》《中庸》強調「今天下車同軌、書同文」；強調階層化權力結構與大一統秩序，絕非先秦文獻。朱子將其置於《論語》《孟子》之後，實屬卓識。元代將小學書，當成是士大夫選拔的考試用書，又將此書秩序逆轉：從《大學》、《中庸》，到《論語》、《孟子》。以大一統秩序來重新詮釋《論語》《孟子》。此次序更動，從分類先後順序來看，恐怕是以大一統邪說來扭曲諸夏文化了。

元代愚民政策下，將小學啟蒙用書的論語捧得好高，說半部論語治天下。實際上，宋初趙普未曾有此言。而且，在漢唐也只是跟《爾雅》同列的啟蒙、小學書籍。《論語》並非聖人言語，而是小人儒如子夏、曾子、有子弟子等等，對孔子課堂討論的追溯。

此追溯有其卓絕之處。如從學而時習開始，終於不知命無以為君子。為學當為君子之學。君子之學當懂得如何活出生命意義，自我發展；更進一步引領眾人，改造命運共同體，為天地立心、為生民立命，為往聖繼絕學，為萬世開太平。

不過也有不少可疑之處，如過度吹捧顏淵。他那種感覺上不是很真誠。他的不違如愚恐怕是很善於拍老師馬

屁。然後，朱子編《四書集註》，也是方便小學啟蒙用。小學畢竟是小學，無法與君子之學，六藝相提並論。所以黑格爾說：「《論語》沒有深度哲學，論述迂闊平凡，不過是市井尋常的道德主張。」韋伯說《論語》，有如美國印地安老酋長向部落子弟倚老賣老，毫無價值。

《論語》應是孔子死後數百年的漢代、經由眾人合力編纂才完成的。許多研究者指出，《論語》出現太多「孔子那個時代不可能有的想法或遣詞用字」。又《論語》有《古論》、《齊論》、《魯論》三種版本，合計高達數百篇。然後除了中國版的《論語》之外，還有海外版的。如江戶時代，日本學者伊藤仁齋根據漢代王充的《論衡・正說篇》與皇侃的《論語義疏》進行考證，整理出上論十篇與下論十篇，合計二十篇的《論語》。我們今天讀《論語》，究竟要以哪個版本為主，會比較貼近孔子所言？日本的，還是中國的？

日本讀《論語》和中國受大一統宰制下的，還有一項明顯差異。那就是中國喜歡大一統，日本則重視多元、存異求同。譬如，有關「仁義」如何解釋，日本會有「反命題」（Antithese）。如，伊達政宗「家訓」強調，「過仁則弱，過義則固，過禮則諂，過智則偽，過信則損」，呈現和中國人完全不同的倫理觀。三島由紀夫的《不道德教育講座》，其實也是透過反命題來討論當代社會的倫理觀。我們今天讀論語，究竟要以哪種心態來進行？不容質疑與討論的？大一統宰制下中國的？還是開放辯論、有許多反命題的？日本多元風格的？

一般而言，有關人群倫理討論，還是以多元、存異為上。因為道可道，非常道。而德者得也，自得於心，冷暖自知。因為人總是會陷於傳播、擴張自己偏見的陷阱之中。如果說道理，說到不容質疑，就很容易陷入假道學、偽君子的陷阱中。如此，用《論語》，尤其是科舉制度下，連說道理也要比高低的口吻，來復興華夏文化，那真往往愈幫愈忙，不進反退了。

　　在科舉制度下，讀《論語》講天經地義的道理講到天花亂墜，不容質疑；實際上卻很難真誠面對自己的不足與缺陷，而獨獨少了自己的良心。難怪柏楊說，華人受儒家文化影響，仁義道德只在書上，非常醜陋。

　　學中文的往往說，文如其人，講道理講得好的，作文好的，做人也好。但此論斷其實是靠不住的。如我們讀汪精衛的詩詞：

　　別後平安否？便相逢、淒涼萬事，不堪回首。國破家亡無窮恨，禁得此生消受。又添了、離愁萬斗。眼底心頭如昨日，訴心期、夜夜常攜手。一腔血，為君剖。淚痕料漬雲箋透。倚寒衾、循環細讀，殘燈如豆。留此餘生成底事？空令故人偶愯。愧戴卻、頭顱如舊。跋涉關河知不易，願孤魂、繚護車前後。腸已斷，歌難又。心宇將滅萬事休，天涯無處不怨尤。縱有先輩嘗炎涼，諒無後人續春秋。

　　迷信詞為心聲的我們，就會相信汪精衛滿腔熱血、忠誠愛國。他為社稷民生，連身後之名都可拋棄。誰知道他的文字、詩詞，其實只是可笑又可惡的、合理化自己懦弱賣國行為的道德文章。

問津

　　學歷史的往往說，不信青史盡成灰，留得丹青照汗青。實際上，正史記載不可信者頗多。如現存考古資料中，最早出現孔子像與論語竹簡的漢廢帝，西漢海昏侯劉賀的圖像。史書說他，囂頑放廢，天之所棄，「荒淫迷惑，失帝王禮誼，亂漢制度」。他在位僅 27 天就被廢黜。百官舉報他 1127 件荒唐事，平均每 2 小時就做一件「壞事」。可是，等考古資料出土後，參照漢墓侍死如侍生的傳統，我們反而可推論，他其實知書達禮，雅號音樂，尊崇聖賢。又如《論語》〈堯曰篇〉，講堯舜禪讓。可是，我們看《竹書紀年》就與《論語》所言全然不同。竹書：「昔堯德衰，為舜所囚也」、「夏啟殺伯益」、「太甲殺伊尹」、「文丁殺季歷」等等，都與《論語》或《史記》有極大差異。《論語》不盡可信。《竹書紀年》也不只是亂編的。如《竹書紀年》認為商朝的中宗是祖乙，而《史記》則認為商朝的中宗是太戊。在這個問題上，商代甲骨文資料反而證明《竹書紀年》的正確性。

　　史冊不盡可信。有些可能因牽涉到政治權力合法性的追逐而刻意偽造，如有關海昏侯的圖像。有些可能就只是無知或認知失真而已，如《論語》有關顏淵和子路的描寫。

　　偏見以為，孔子有教無類，以平等尊嚴對待所有學生。所以也會特別描寫慘遭刑罰的公孫冶。斯人也而有斯疾也的伯牛。（當時流俗以為得癩病是精神道德不潔所致。病人本身就是病。接觸病人也就會得病。孔子不信流俗，不畏得病，還親握伯牛之手。可見他對學生的關懷深

情。）清貧只能一簞食，一瓢飲，人不堪其憂的顏淵。然而，在科舉拚高下的文化下，硬要將孔門弟子分個高低出來，如流俗以爲顏淵在孔門中居首，要青青學子效法顏淵素貧賤，不改其樂。

問題是，如太宰治在《人間失格》所說的，「人窮則志短」。有關人物養成之道，大正年間的日本教育就與《論語》有不同見解。他們認爲：人吃好，穿好，品格自然就高尚起來。吃好穿好，不是豪奢，而是有品味。所以，在日本時代的台中一中學生團膳是吃牛肉和生魚片。穿的挺拔而帥氣的，頗富時尚設計感的制服。漢唐士人，養尊處優，人品亦高。明清以降，舉子在考棚中，吃喝拉撒形同豬狗，臭不可聞。明清士風，如《官場現形記》所言，也隨之臭不可聞。

一昧強調顏淵，違反人之常情。

又《論語》對子路的描寫，貶抑居多，實無法眞正理解子路在當時對孔門的眞正意義。

如〈爲政篇〉收錄孔子對子路所言，「知之爲知之，不知爲不知，是知也。」目前高中課本忽略篇章意義，單就此一小段文字，就說子路有強不知以爲知之蔽，所以孔子以此勸戒他。篇章末，又附上荀子名言，君子知之曰知之，不知曰不知。

如此解釋，這段話就與「爲政」沒甚麼關係了。古代知字，有實踐意義，如知府、知書達禮等等。子路爲政好勇，不忘喪其元，不忘塡溝壑。他在衛國執政改革，不避權貴，終至於被砍成肉醬。愚意，孔子深知學生，也幾乎

能預見子路的下場，所以勸他爲政之道，就只是改變或實踐能改變與實踐的，對於無法改變之事，無法實踐之事，就順其自然，不要強求。否則，改革不成，反而自身罹難。

換言之，孔子告訴子路知之爲知之，不知爲不知，是知也。如果我們跟〈爲政篇〉合起來看，可詮釋爲孔子爲子路祈禱：希望他能寧靜接受，自己無法改變的事情；希望他有勇氣改變自己能去改變的事情；並祈禱他有足夠的睿智區別以上這兩者的不同。

子路爲政經驗對孔門而言，意義非凡。他是孔門弟子中，最早搶下布衣公卿的代表。孔子周遊列國之後，回歸魯國，還頗受禮遇，是因爲子路與冉有爲季孫氏工作，聯合三桓，抵抗齊國的執政基礎，受魯國公卿信任。孔門弟子後來在列國出將入相，其中最早搶下灘頭堡者，也是子路受南子器重，在衛國執政。最終在南子過世後，保守勢力反撲之，子路以身殉之。

子路之死，也明明白白告訴各國公卿，孔門子弟能以生命作擔保，食卿之祿，忠君之事。子路值得社會信任，所以孔子讚許他的證詞可信到，片言可以折獄，讓正反雙方都信服。（這句話在現有中學教材中，反而誤解成子路武斷）孔門子弟仕宦之路大開。高徒顯名師。孔子自然受人敬重。大家不敢輕侮孔子。所以，孔子感慨，自從有了子路這個高徒之後，惡聲不聞於耳。孔門另一個名動公卿，舉世矚目的高徒是子貢。史記說，「子貢一出，存魯，亂齊，破吳，強晉而霸越；子貢一使，使勢相破，十

年之中，五國各有變。」不過，子貢是孔子周遊列國之後，才成爲孔子門徒的。孔子弟子眞正在爲政之路上，披荊斬棘，舖直道路上的先驅是子路。子路才是孔門政事之首。

孟武伯問：「子路仁乎？」子曰：「不知也。」又問。子曰：「由也，千乘之國，可使治其賦也，不知其仁也。」「求也何如？」子曰：「求也，千室之邑，百乘之家，可使爲之宰也，不知其仁也。」「赤也何如？」子曰：「赤也，束帶立於朝，可使與賓客言也，不知其仁也。」

在孔子眼中，子路治國尺度屬千乘之國。再有百乘之家。如要拚高下的話，子路居首是很明顯的。漢代豐碑拓片中，描述孔門子弟，也只特別標出子路，良有以也。

貶抑子路，在某種程度上，也是外來政權不喜華夏民族以政治爲職志。

再次強調《論語》非聖人言。它很精細的描述曾子易簣，將有子之言放在〈學而章〉之後。讀《論語》，恐怕不如讀《史記》。因爲司馬遷是孔子的粉絲。他除了精讀孔門經典外，還跑去做田野，做口述歷史訪談。

又《論語》有些名篇，也少了孔子教學，扣其兩端而竭焉的均衡感。

學而時習之，不亦悅乎。有朋自遠方來，不亦樂乎。人不知而不慍，不亦君子乎。《論語》首章〈學而篇〉，強調孔子論學，可謂有識。不過，這篇也有些陷阱，如過度強調學習的喜悅，這眞實嗎？我們回到，習字的本義來看：習，甲骨文（羽，翅膀）（口，像鳥窩狀），表示在

鳥窩裡振翅。造字本義：幼鳥在鳥巢上振動翅膀演練飛行。

人透過學習，掌握知識，翱翔天際，當然喜悅。可是對此學習歷程的感受，恐怕複雜萬端，絕非單純喜悅所能涵蓋。以老鷹為例，每季，或許生四五個，各個嗷嗷待哺。公鳥、母鳥，每次能帶回巢內餵食幼雛的食物有限。牠們總是餵，黃口張最大，體型最可觀的那隻幼雛。如此淪到最弱小的，根本就吃不到甚麼東西。沒多久，牠就虛弱到不足以自保。同巢兄弟，飢餓難耐時，甚至會聯手一起吃掉最幼小的手足。而且就算父母在旁邊，也不會干涉制止。如此，循環往復，真能長到成鳥體型，有飛行潛能的，往往只剩下一隻。但是，她所面對的生存挑戰還未結束。鷹巢於高聳懸崖，幼鳥一鼓動翅膀，離巢飛翔，如果無法掌握氣流，或根本無上升氣流可供憑藉，往往就摔死了。

也就是說，幼雛從嗷嗷待哺到翱翔天際的學習過程，有其喜悅，但也有其艱辛與殘酷。如果我們把這章從疑問句，轉成肯定句，過度強調快樂，恐怕失真到離譜了。

同理，有朋自遠方來，彼此切磋琢磨，也不見得是件快樂的事。孫臏鬥龐涓，李斯害死韓非，也是有朋自遠方來。馬英九自我感覺良好，吳思華認為自己任內沒有課綱問題，何嘗不是種昧於現實與反省的「人不知而不慍呢？」

人心不同如面。做同樣的事情，不同人就有不同感受。每種感受，都可以是合理的；也都可能是愚蠢的，因

為可能對於行動者適應，並進而改變環境造成妨礙。喜怒哀樂愛惡欲，諸多情感伴隨著人類演化而來。當有其演化上的功能，片面崇尚正面情緒，反而可能有礙於生存。如我們看房思琪的故事，李國華是吃肉的，居上位的；房只是吃菜的，草食動物。一般而言，草食動物碰到肉食類，是要懂得恐懼、害怕的。結果，房被後天教養馴化到，被奸也不會叫，快被吃掉了還不會跑。那是只知道正面能量，不知道負面情緒在演化上的妙用的愚蠢。

又，感受、感覺屬個人範疇，並非社會行為，如人飲水般，他人很難置喙。《論語》〈學而篇〉，以誘導性問題，鼓勵學生正向思考，不見得有利於審酌情勢。更糟糕的是，後世讀者慨括接受《論語》之後，混淆社會行為與個人感受的區別。許多情緒魔人，好為人師，總以正面情緒，相規相勸，希望人人性情上都溫良恭儉讓。結果，循環往復，華人，連受害者也每日充滿正面情緒，就各個變成魯迅筆下的阿Q或胡適所說的差不多先生了。

反過來說，負面情緒，有其妙用。如我們看《基度山恩仇錄》中。因為恨，才能以活下來。因為恨，才會提升自己的境界，博覽群書，成為劍術高手。因為恨，受害者也才能碰觸 God will give me justice 的真諦。恨之為用，大矣哉。韓國今日得以興起，恐怕有不少是恨的力量。台灣之軟趴趴，轉型正義不甚了了，不敢追逐符合人權與公義的生活方式，恐怕也是對二二八、白色恐怖，對中國老是連年戰禍，天下大亂，麻痺了，不知恨，不會恨有關。

總之，論語畢竟是小學，不少人生真實面，限制級

的，被清洗了。蒙元以降，將漢唐小學書，當作是大大的
聖經，天經地義，不容質疑，恐怕是大一統秩序下的威權
統治，而不是眞誠的知識論或倫理學的討論。《論語》閱
讀在當代恐屬殘陽，而非象徵希望的朝日啟蒙。

（本文原載於上報）

讀房思琪的初戀樂園

李國華把如此龐大的慾望射進美麗女孩的裡面，把整個臺式升學主義的慘痛，殘酷與不仁射進去，把一個挑燈夜戰的夜晚的意志乘以一年三百六十五天，再乘以一個醜女孩要勝過的十幾萬人，通通射進美麗女孩的裡面。壯麗的高潮，史詩的誘姦。偉大的升學主義。

——《房思琪的初戀樂園》

很難想像這本書的作者，是要常進出精神病院的。她有台灣小說很難得一見的數理結構性，宛如受壓迫者劇場。

她不只是說故事，真實發生的故事，還爬梳出孕育這些故事的社會關係網絡或社會力結構。受壓迫者，一被盯上，無論採取何種應對策略都是無效的徒勞。如餅乾，一個笨學生的奮力反抗，被打到鼻青臉腫。如曉奇鬧自殺，訴諸媒體，找親友協助討公道。或如思琪之聰敏，謹守搪瓷娃娃乖巧形象。最終都無法掙脫讓自己如螃蟹般被綑綁的社會力網絡，無法走出淪為名師肉慾禁臠的困境，更不用說快意復仇，更不用說走出光明未來。

她所用的隱喻也非常精準。如李國華之喜歡八大山人的畫，其實是喜歡為其所掌控的羅莉們，初始受暴時哭笑

問
津

不得的窘迫。

又如她特別鋪陳出《卡拉馬助夫兄弟》的個別名字。這些角色在描述人性特質時，有其音樂般的對位關係。她書中角色也是。思琪與怡婷，彼此對位，互補如柏拉圖所說的完整的人。當思琪被奸時，「她」就死了，死了，所以就不會叫。「初戀樂園」中，她被插入，就再也拔不出來。靈肉分離，愈來愈遠，終於瘋了。最後怡婷在老師前面赤身裸體，希望能藉此與思琪感同身受。但老師嫌她太醜，不屑一顧。這也意味著，老師只是貪戀思琪的身體，絲毫不理會其靈魂生死。

思琪與伊紋又是對位。侵入她們身體的，一個是情書多到不行，一個是錢多到不行。一個因色慾凌遲其靈魂，一個因酒氣爆打其身體。思琪其實早就死了，像一隻不會傷人的狗，會對香蕉說謝謝的「毛毛」。而伊紋則流產、喪失新生，覺得甚麼都是假的，只有杜斯妥也夫斯基屬於她。

明白此對位關係，對書的結構，樂園、失樂園、復樂園，就比較清楚。〈樂園〉是怡婷與思琪，靈與肉，彼此好的像一罐麥芽糖，而且永永遠遠如此。〈失樂園〉是伊紋結婚與思琪被奸，靈肉分離。〈復樂園〉則是，依紋走出錢的陰影，篤篤實實、甜蜜蜜地念「敬、苑」。怡婷終於知道她靈魂的雙胞胎，在她樓下、在她旁邊，被汙染、被塗鴉，被當成廚餘，才知道世界的爛瘡比世界本身還大。

整體而言，作者很悲觀。所以，最後結尾是面對那個罪惡淵藪，宏偉大樓，社會通念普遍認為是「要是能住進

這裡，一輩子也算圓滿。」人總想吃肉的，尤其是吃人肉，儘管他目前可能只能吃素。

不過，我倒是沒那麼悲觀。我認爲，只要翻轉兩個支點，這社會力結構就可能瓦解，如果初戀樂園的考察爲眞的話。

一、通姦除罪化

房思琪們想尋求反擊時，總有《通姦法》綑綁著他們，讓他們的父母要反過來向加害者道歉。反之，只要通姦除罪，鬆開綑綁，那麼受性暴力的房思琪們也就有機會反擊，而不再只是任李國華們予取予求的代宰羔羊。

二、廢除課綱

爲什麼李國華們，這種智識贋品，只是會背誦整首長恨歌，熟知有的沒的掌故，卻將所有文學化爲肉慾的「老師」，可以成爲學生偶像，飽享富貴，還有收不完的情書呢？雖然對社會苦難無所幫助，只能假裝世界上沒有人以強姦小女孩爲樂，假裝世界上只有馬卡龍、手沖咖啡和進口文具的伊紋文學，至少能讓自己獲得慰藉，安身脫困，保住小命的「知識」，卻節節敗退。

爲什麼台灣中學生知識品味如此之差，會鍾情於如市售罐裝咖啡一般的李國華們，而對眞的手沖咖啡興趣缺缺，並不只是因爲科舉考試文化。考試文化的偶像們可以是依紋，而非李國華們。促成考試文化如此惡質的，還有

問
津

那個餵食大家一模一樣、低俗贗品的，有標準答案的考綱化的課綱。

廢除課綱，或許台灣莘莘學子，還是會如房思琪們，只有好的家庭教育，學校成績，沒有性教育，不知道怎麼生活，只知道馬卡龍式的書本知識，卻不懂得單純的野蠻生活真理（聖女貞德受審訊之詞）。

馬卡龍或許只是吃起來甜，對身心健康用處不大，但起碼不是贗品。

狗彘亦有鬥，孔子說得好。人哪怕怎麼馴化，基本上還是鬥來鬥去的叢林社會。孔門弟子，其實崇尚禮樂，也崇尚野蠻，講和平教育，同時也非常好鬥。如要讓齊國不打魯國，孔子與子貢的祕謀就是要搞到天下大亂，讓吳國來打齊國，越國打吳國。讓春秋大亂鬥，鬥成戰國時代。

廢課綱之後，台灣教育如何野人化，讓餅乾和房思琪們可以抗暴禦侮，還有段很長的路要走。

（本文原載於上報）

從義利之辯到當個斥侯

　　戰場上，我們總是心醉神迷於關公般的戰士，攻擊或防守，一夫當關萬夫莫敵，過五關斬六將等等。不過，戰場上，還有一種非常重要的角色，斥侯、探子或偵察兵。斥侯職責不在攻守，在理解，敵我虛實，衡量整體脈絡，如山林、水澤、天時、地利、人和等等。

　　Julia Galefu 據此區分兩種思想心態，保護自己所屬群體，擊敗敵人的戰士模式。還有搞清楚情勢，誠實觀察與理解的斥侯模式。前者專注於擊落敵對陣營的任何資訊。後者的價值觀並不在於讓某種觀念獲勝，或某陣營落敗，而是誠懇篤實、精確的觀察與描述發生的事情。哪怕事情發展可能讓她很不爽。

　　Julia 認為，如果個人或社會要改善其判斷，真正的關鍵不是懂得更多的邏輯、有更好的社會、政治與經濟學的知識，也不是認知者有多聰明或很博學多聞等等，而是要改變心態，當個斥侯，而非戰士。也就是說，當我們發現，自認為對了，實際上卻錯了的時候，當感到光榮，而非羞愧。如一個贊成死刑的斥侯，後來能醒覺我或許是錯了。那不意味著他愚蠢或很糟糕，相反的，他當引以為榮，因為他能根據諸多事證達成一個更好的判斷，尤其是該判斷與其信念相左時。

　　島嶼台灣紛紛擾擾，從藍的、綠的，統的、獨的，擁

核、反核，贊死、廢死，同婚與年改贊成與反對陣營，到近來的文白之爭，雙邊陣營總是腎上腺亢奮，如火如荼，反射性的刀光劍影彼此攻錯。

這是怎麼來的？爲甚麼台灣面對爭議，總難達成共識？前仆後繼當戰士者何其多，能醒覺自己認爲對但實際上可能錯了的斥候何其少？中學國文教育、經典教育，在此戰士薰陶與培養過程中，扮演了甚麼樣的角色？這些都是艱難的問題。本文無能解決，只能以讀李斯的〈諫逐客書〉爲例，點出傳統中文經典教育在培養斥候公民、化解衝突上的限制。

忙著培養思想戰士的國文課

國文課不能只是讀經，徹頭徹尾崇拜某個古人，成爲護衛其論點或思想體系的戰士；還要當偵查兵，找出跟經典信念相左的理據，才可能釐清真相，超越衝突。

「聖王不作，諸侯放恣，處士橫議，楊朱、墨翟之言盈天下。天下之言，不歸楊，則歸墨。楊氏爲我，是無君也；墨氏兼愛，是無父也。無父無君，是禽獸也。」

這段話，出自孟子〈滕文公篇〉下。他老人家說得氣勢磅礡，淋漓盡致。問題是，這樣的話或論證，能好奇找出對方何以跟自己信念相左的原因，並進而解決衝突嗎？還只是讓彼此更是各執己見，更如水火不容呢？他認爲道家、墨家等於無父無君。無君無父又等於禽獸。然後這種邪說誣民，就又等於率獸食人。率獸食人又會等於人與人

之間彼此相食。

孟老先生這段話中，有很多理所當然的「等於」。然後，這些等於怎麼來的，怎麼讀一讀墨子，就會跳躍到禽獸，會造成人之相食的阿修羅世界。我想，好好讀過墨家和道家著作者，衷心喜愛者，勢必很難接受孟子這種粗魯的論證。孟子似乎沒理解對方陣營，只是自己紮個稻草人，自己砍得很爽。但這種爽，只是否定對方，而沒有任何溝通效果，更無法超越衝突。

如果高中國文經典課，只有孟子一人如此，那還無所謂。糟糕的是，高中國文課本所收錄的經典議論文，幾乎都忙著自說自話，不留一點篇幅給對方，更不用說好好凝視衝突深淵，試圖超越，如著名的李斯〈諫逐客書〉等等。

以行動打臉自己文章的李斯

傳統讀經，總是希聖希賢，讀其書，頌其詩，不只要知其人，還要如其人。中正大學哲學系教授陳瑞麟說得好，中國整個經典傳統就是一個「思想的正回饋的系統」，不管怎麼讀只會強調正面的價值，如果有問題那在於閱讀者無法理解聖賢的微言大義，或是無法活用活學。問題是，在現代社會中，有些中文經典並不值得如此信賴，該作者也不見得是甚麼了不起的聖賢。國文經典選文中所傳授的價值觀，有時還恰好與現代公民社會的背道而馳。如大考中心，很喜歡拿來考學生的李斯〈諫逐客書〉。

李斯這篇文章非常有名。連魯迅都說「秦之文章，李斯一人而已」。我們如果不試圖理解脈絡，只是讀經般看過去。這篇文章算中規中矩。他開宗明義說，「臣聞吏議逐客，竊以為過矣。」中間三段，就是闡述逐客哪裡不好，哪裡很糟糕。第五段結論歸結到：「夫物不產於秦，可寶者多；士不產於秦，而願忠者眾。今逐客以資敵國，損民以益讎，內自虛而外樹怨於諸侯，求國無危，不可得也。」

　　《資治通鑑》對李斯這篇文章，非常看重。司馬光如此闡述，這篇文章的歷史影響。「王乃召李斯，復其官，除逐客之令。李斯至驪邑而還。王卒用李斯之謀，陰遣辯士齎金玉遊說諸侯，諸侯名士可下以財者厚遺結之，不肯者利劍刺之，離其君臣之計，然後使良將隨其後，數年之中，卒兼天下。」也就是說，這篇文章不僅讓李斯高升為廷尉，而且還是秦得以兼併天下的關鍵。

　　《資治通鑑》認為李斯文章很有說服力，是兼併天下的關鍵。實際上，他可能只說服了一個人秦始皇。所謂說服，應是讓敵對陣營認同自己的論點，才是真說服。可是回到歷史脈絡，我們會發現李斯這篇文章，根本沒回應爭點。既然沒回應爭點，也就沒有說服之可能。

　　依據維基百科，這篇文章的緣起脈絡大致如下：

　　《諫逐客書》，是李斯寫給秦王嬴政的一篇文章……秦王嬴政四年（前243年），揭發韓國實施「疲秦計畫」，即韓國水工鄭國利用修關中水渠以耗費秦國人力、銀錢，和呂不韋和嫪毐之黨徒為亂（他們兩人都不是秦人）。在宗

室大臣鼓譟下，秦王政下逐客令，驅逐所有六國籍貫客卿，被驅逐者之一、楚國上蔡李斯因此寫下《諫逐客書》予秦王政過目。

換言之，秦國出現不少間諜造成國家動亂。基於國家安全考慮，秦王於是下逐客令。理論上，我們討論這件事情，進行法規範的社會與經濟分析，就要針對如何規範外籍人士，使得他們當間諜或造成國安問題，爲亂的情況降低或消失。李斯這篇文章，卻只是說外國人才如何爲秦做出卓越的貢獻。外國珍寶美人，如何豐富了秦王的日常生活。所以，有容乃大。泰山不讓土壤，故能成其大；河海不擇細流，故能就其深；王者不卻眾庶，故能明其德。

這些話說得很漂亮。但李斯這篇文章並沒有針對爭點，針對衝突所在，提出超越與解決之道。而且他預設的讀者只有一個人，秦王嬴政。他真正說服的好像也只有一個人。甚至我們說李斯這篇文章，說服了秦王，也有點過頭。因爲這篇文章透露幾分詭怪，很像套招演戲：

1.李斯既知「逐客令」，爲何不立即上書直諫，竟在被逐途中方才上書？

2.當時李斯只是呂不韋的門客，在秦國沒有官職，何以其諫能直書秦王？李斯在被逐途中使何人上書秦王？

3.秦王何以能在一日之內，在酈邑追還李斯，「復李斯官」？

諸多疑點，令人不禁懷疑：李斯此文只是套招，做球給秦王打。又李斯身爲呂不韋門客，可獲重用，恐怕是因爲他賣主求榮，協助嬴政板倒呂不韋。嬴政既然已經成功

削弱呂不韋勢力,自然決定取消逐客令。也就是說,這篇文章可能只是官方粉飾激烈的政治鬥爭用的,不碰觸爭點,當然實際上也就沒有溝通效果,更難說服任何人。

值得注意的是,李斯後來顛覆六國,所採取的策略,在實作上打臉他自己這篇文章。因為他派出很多奸細,收買各國政要,如果無法收買就暗殺。如此,離間六國君臣,導致各國分崩離析,沒多久就為秦所兼併。也就是說,六國如果下逐客令,趕走所有跟秦、跟李斯有關係的人(或間諜),那麼六國或許不會危亡,或許跟秦還有得抗衡。

李斯用自己吞併六國的陰謀,打臉他自己這篇文章,而且打得很響。

誠實面對李斯們的限制

又,李斯面對衝突不是很好奇找出對方跟自己理念相左的原因;也不是超越衝突,體制性化解爭端;而是出賣朋友,出賣舊國君,或是直接將潛在的可能提出異議者殺光。

我們從李斯為政風格來看,面對衝突,他想到的不是溝通,而是肅清反對陣營。如有名的秦國政體爭議。李斯主了長郡縣。博士淳于越建議,秦當回復封建,因為「事不師古而能長久者,非所聞也」。面對此爭議,李斯的論證是:

「古者天下散亂,莫能相一,是以諸侯并作,語皆道

古以害今，飾虛言以亂實，人善其所私學，以非上所建立。今陛下并有天下，別白黑而定一尊；而私學乃相與非法教之制，聞令下，即各以其私學議之，入則心非，出則巷議，非主以為名，異趣以為高，率群下以造謗。如此不禁，則主勢降乎上，黨與成乎下。禁之便。臣請諸有文學詩書百家語者，蠲除去之。令到滿三十日弗去，黥為城旦。所不去者，醫藥卜筮種樹之書。若有欲學者，以吏為師。」

李斯一樣沒回應爭點，就長治久安來講，到底是封建制度比較好，還是郡縣制度好。他不想當偵查兵，好奇的找出郡縣制度的問題。他只想當郡縣制度的戰士，殺光跟自己信念相違背的人。他說，淳于越這樣的議論會造成國家動盪，主勢降乎上，黨與成乎下，沒有人會尊敬秦始皇，入則心非，出則巷議。此言論後來造成焚書坑儒之禍，以古非今者族。也就是說，李斯之道就是當戰士，消滅異議聲音，解決膽敢街頭巷議，提出問題的人。

李斯之為人也，為求榮華富貴，或許出賣過呂不韋。史書記載，他更是出賣了好同學，韓非。最後，他還出賣了剛過世的老闆，秦始皇。秦始皇遺詔是想讓太子胡蘇即帝位。李斯害怕，太子老師蒙恬會奪了他的相位，所以跟趙高一起竄改詔書，改立胡亥，而且賜死胡蘇與蒙恬。

面對衝突，我們如果只是看到片面之言，如讀《孟子》、讀李斯的〈諫逐客書〉，勤苦讀經，往往只會加深自身的偏見。看不到衝突，當然也就很難超越衝突了。

中文讀經傳統素不喜歡衝突。如有衝突，看到古人之言不合理處，往往反躬自省，責怪自己不夠用心。同樣

的，面對社會衝突，我們也往往喜歡用心或用愛解決一切
問題。如用愛發電，用心、用愛做環保，或是把交通的愛
找回來之類的等等。又鄭用錫的〈勸和論〉，一言以蔽
之，就是用愛來解決分類械鬥的問題。台灣人面對醫療糾
紛，秉持鄭用錫觀點者不在少數，所以主流聲音似乎是將
心比心，建立醫病平台，用愛來解決醫療糾紛。可是也跟
鄭用錫無法好好理解、面對造成分類械鬥的體制性因素，
台灣醫療無法除罪化，反而將造成醫療事故的體制性因素
擠壓到法律陰影下，沉默於病歷黑洞中。

　　須知如果不誠懇面對現實，面對衝突，又沒意識到自
己信念之偏執，那麼愛心並非如此可靠。台灣用愛發電，
還是有缺電危機。能源問題，也不只是發電充足與否的問
題而已。單是勸和，用愛來解決分類械鬥的問題，反而讓
問題頑固難解，綿亙數百年。台灣這麼多年來，用愛心來
解決醫療糾紛，反而讓白袍醫生，倉皇逃亡。柯文哲為此
口出狂言，說整個社會都在說謊，除非他當總統，否則台
灣醫療體制無人敢改。

　　從醫療事故處理來看，我們或多或少承載李斯們的身
影。醫師們在病歷表記載上，不避重就輕，說些普通人難
以理解的拉丁文（文言文），就很焦慮，怕留下被告後敗
訴的把柄。病患家屬們，看不慣醫師們盛氣凌人，內心不
爽，不告不足以減輕內心的焦慮。大家都忙著當誅殺異己
或捍衛自己陣營的戰士，沒多少人誠實面對當李斯們的限
制，當斥候，好好理解整個醫療糾紛或體制臧否的來龍去
脈。

當斥候，好好瞭解才是解決問題的起點。

相對的，英國對於醫療事故的社會控制，就遠比台灣李斯戰士們冷靜。如柯文哲所言，台灣不重視事實釐清，只想知道找誰負責，哪個人主刀之類的。可是，醫療事故不見得是人的錯誤所造成。從醫療錯誤中找人負責的個人主義心態，往往行不通。我們要反思自我信念之不足與偏執，誠實理解情勢，才可能化解衝突。

陽明大學科技與社會所傅大為所討論過以下幾個著名的醫療糾紛案例，在表面上看到的是：

● 有個資深護理師，在病人突然加劇時，倉促間錯拿了氯化鉀，也沒有經過稀釋，就注射到病患身上，導致病患致死。

● 有個藥劑師，看到醫院中有四個奇怪而幾乎致死的服藥案例，發現那都是他所給的藥。當他向醫院報告後，院方（或他自己）才發現，他誤把可致死的肌肉鬆弛劑當成鎮靜劑，因為兩者的包裝很像。

● 另外是個常見的例子，就是麻醉師為病患插管，本應插入氣管，卻錯插了食道，因為沒有好的即時判斷器材，結果病患在麻醉中缺氧而死。

從個人主義的立場出發，很容易找醫護人員當代罪羔羊，磨刀霍霍向護理師、藥劑師與麻醉師。可是懲罰醫護人員，實際上，並無法改善這些錯誤。我們要從「揪出那個該負責的犯錯醫護人員」觀點，轉而從「尋找使醫護人員容易犯錯的體制原因」著手：

● 氯化鉀的例子：醫院藥房在分類與儲存上，沒有把

氯化鉀這種危險的藥品與其他普通藥品分開，所以在緊急狀況下，醫護人員容易拿錯藥。

●肌肉鬆弛劑的例子：原來是醫藥廠的包裝出了大問題，沒有足夠的警示。其實製藥廠早就發現了這個問題，還寄了許多紅標籤給醫院，要他們在該藥品上貼上這危險標誌。結果可以想像，當然有許多的疏漏發生。

●麻醉中缺氧的例子：那是因為，過去病患在麻醉狀態中，麻醉師手上沒有簡單的檢測器材，可以迅速顯示病患身體狀態，通常只靠經驗與目測。所以，後來發明了一些簡易檢測器材後，這種麻醉致死的案例就降到原來的百分之一。

為了避免同樣的錯誤，一而再，再而三的發生。英國斥候們，為理解事實發生的體制性因素，他們在刑事上很少針對醫護人員究責，只要他們能一五一十，誠實交代整個事情的來龍去脈，讓後來的體制性改進有穩固的事實基礎。

當斥候，還是當思想戰士？

我不反對讀文言文，如讀李斯的〈諫逐客書〉，甚至比例很高也無所謂。但我反對將經典視為天經地義，只為了培養思想戰士們，只看到章句訓詁的經典閱讀。因為這種學術習慣，或多或少造成中國傳統政治的諸多問題，如很不寬容，三不五時就內戰，搞到海內虛耗，戶口減半那

樣的天下大亂。天下大亂悲劇，恐怕有部分源自於思想戰士太多，總以為自己理所當然的站在正義這一邊；卻無法誠實面對衝突，忙著戰鬥，卻無法像斥候般理解，就算自己認為自己對，實際上可能錯了。

面對歷史慘劇，德國閱讀希特勒，《我的奮鬥》，需要轉型正義，需要補充說明很多衝突脈絡。同樣的，面對焚書坑儒的慘劇，我們閱讀李斯的文章，也需要警覺，不能只是當思想戰士，只看到章句訓詁，而無法誠實面對體制性的衝突大海。做為一個儒家經典的愛好者，誠實面對衝突大海，終於發現自己錯了，聖人的話也血跡斑斑時，那不是數典忘祖的羞愧；反而是我們得以達成更好判斷的榮耀。

問題不在於文言文比例，而在於我們要當斥候，還是當思想戰士！

（本文原載於上報）

問津

尋找國文的阿基米德支點

「給我一個支點，我將舉起全世界。」——阿基米德

「學問，就自家身己上切要處理會方是。自家身上道理都具，不曾外面添得來。」——朱子

中學國文的讀書方法，大體依循朱子所說的：大凡看書，要看了又看，逐段、逐句、逐字理會，仍參諸解、傳，說教通透，使道理與自家心相肯，方得。讀書要自家道理浹洽透徹。所以我們發現，國文老師教中學生，總要先把注釋一字不漏地背下來，文言文課文背下來。然後，學生就可以私下自己好好揣摩，浸潤，若江海之浸，膏澤之潤，渙然冰釋，怡然理順。

換言之，在中文閱讀傳統中，一個學生融會貫通的依據有二。一、完全信服聖賢經典言語。二、完全依賴自己的感官知覺。捨此之外，似乎別無他道。

聖賢經典說的也會互相衝突

問題是聖賢經典所說的，真是聖賢所說的嗎？聖賢所說的會不會彼此衝突。如果是，又該聽從哪個聖賢的？又我們的感官知覺真的可信賴嗎？人一直相信自身，相信只要忠於他以身體和心靈的眼睛所看到的，實在和真理會對

他的感官和理性開顯自身。那麼他會不會只是一直受騙。就像我們在伽利略之前，在天文望遠鏡發明之前，世世代代的人都被騙，相信太陽繞地球轉一般。

爲了避免世世代代被騙，現在學術不是自家己身上理會，而是要找阿基米德支點。不是站在地球上，而是站在太陽上，俯瞰行星。現代學術相信人有不可思議的能力。雖然身在地球上，卻能從宇宙的角度思考。甚至是以宇宙定律作爲在地球上的行動準繩。準此，中文傳統要讀者站在自家心、自家道理或自家腳跟底下大事，來理解萬事萬物之理，就顯得太直觀，太訴諸自己感官知覺，而無法與研究對象保持距離，甚至因而欠缺洞察的態度與能力。

以下，我將以中學生讀〈馮諼客孟嘗君〉的案例，來說明不找阿基米德支點，卻只知看了又看，逐段、逐句、逐字理會的限制。

高中國文要學生逐字、逐句、逐段理會的文本大致如下：

齊人有馮諼者，貧乏不能自存，使人屬孟嘗君，願寄食門下。孟嘗君曰：「客何好？」曰：「客無好也。」曰：「客何能？」曰：「客無能也。」孟嘗君笑而受之，曰：「諾！」左右以君賤之也，食以草具。居有頃，倚柱彈其劍，歌曰：「長鋏歸來乎！食無魚！」左右以告。孟嘗君曰：「食之，比門下之客。」居有頃，復彈其鋏，歌曰：「長鋏歸來乎！出無車！」左右皆笑之，以告。孟嘗君曰：「爲之駕，比門下之車客。」於是，乘其車，揭其劍，過其友，曰：「孟嘗君客我！」後有頃，復彈其劍鋏，歌曰：「長鋏歸來乎！無

以為家！」左右皆惡之，以為貪而不知足。孟嘗君問：「馮公有親乎？」對曰：「有老母！」孟嘗君使人給其食用，無使乏。於是馮諼不復歌。後，孟嘗君出記，問門下諸客：「誰習計會能為文收責於薛者乎？」馮諼署曰：「能！」孟嘗君怪之曰：「此誰也？」左右曰：「乃歌夫長鋏歸來者也。」孟嘗君笑曰：「客果有能也。吾負之，未嘗見也。」請而見之，謝曰：「文倦於事，憒於憂，而性懧愚，沈於國家之事，開罪於先生。先生不羞，乃有意欲為收責於薛乎？」馮諼曰：「願之！」於是，約車治裝，載券契而行，辭曰：「責收畢，以何市而反？」孟嘗君曰：「視吾家所寡有者！」驅而之薛。使吏召諸民當償者，悉來合券？券遍合，起矯命以責賜諸民，因燒其券，民稱萬歲。長驅到齊，晨而求見。孟嘗君怪其疾也，衣冠而見之，曰：「責畢收乎？來何疾也！」曰：「收畢矣！」「以何市而反？」馮諼曰：「君云視吾家所寡有者。臣竊計君宮中積珍寶，狗馬實外廄，美人充下陳。君家所寡有者以義耳！竊以為君市義。」孟嘗君曰：「市義奈何？」曰：「今君有區區之薛，不拊愛子其民，因而賈利之。臣竊矯君命，以責賜諸民，因燒其券，民稱萬歲，乃臣所以為君市義也。」孟嘗君不說，曰：「諾！先生休矣！」（以下省略）

　　台灣的國文學科中心的導讀說，「本文敍述馮諼為孟嘗君買義的過程，顯示戰國策士的謀略。」似乎理所當然的，將此篇視為戰國時代的文獻。緣此，學科中心又認為司馬遷《史記》的創意改寫了這篇。

　　似乎這篇文字在前，《史記》在後。它說，《戰國策》

裡馮諼的形象探取先抑後揚的策略：由無好、無能的負面的形象，到自告奮勇去收債，到焚券而回；漸漸隨著情勢的轉移而綻放異彩，讓人有「不鳴則已，一鳴驚人」的生動印象。而司馬遷《孟嘗君列傳》，則把馮諼塑造成富於智慧與辯才的形象。以薛地收債的情節為例，司馬遷把《戰國策》較為跳接的情節加工處理，把馮諼燒券的過程和解釋，交待得合情合理、天衣無縫；可以說在故事情境的發展上更上層樓；但也難免因為添加了繁花錦褥，而少了原作中明快的節奏感。

這篇文字其實只能追到北宋曾鞏

　　不過，我們如果簡單 google 一下，就會發現這篇文字在北宋曾鞏，把十一篇的《戰國策》，編修成三十三篇時收錄的。也就是在曾鞏之前，這篇文章並未出現。而 1973 年，在長沙馬王堆出土一部類似於今本《戰國策》，整理後定名為《戰國縱橫家書》。該書共 27 篇。這 27 篇也沒有跟這篇類似的文字。然後，就算劉向真的編寫這篇文字，劉向（前 77 年-前 6 年）寫作的時間也不可能在司馬遷之前（前 145 年-約前 86 年）。

　　換言之，推本溯源這篇文字其實只能追到北宋曾鞏，而無法追到戰國時代。如此，合理推論，這篇文字呈現的，恐怕是北宋士大夫風格，還比戰國策士的謀略還多。國文學科中心視此篇為戰國時代文獻，甚至進一步推論司馬遷改寫此篇，還愈改愈糟糕，少了原作中明快的節奏

感。這評論恐怕犯了時序錯誤，倒果為因了。因為我們沒有任何證據，證明司馬遷看過曾鞏所收錄的這篇，那就無法說司馬遷改寫了。倒是曾鞏對《史記》非常嫻熟，完全有可能改寫司馬遷的〈孟嘗君列傳〉，成為「齊人有馮諼者」。（漢代以前文獻，習慣以文章開首當篇章名稱，如《論語》〈學而篇〉，就是採用第一句話「學而時習之」的學而兩字。此習慣還可在台灣南管曲名稱呼上看到。國文課本稱此篇為「馮諼客孟嘗君」，摘要雖然更精確，但是對於過去文本呈現的習慣，實在不夠尊重。）

面對古代文本，我們除了要推本溯源，推敲文本生成年代之外，還要盡可能找到相關文獻來參校。國文學科中心還想到讓學生參考《史記》，實值得嘉許，雖然太過簡略了。以下，本文以對稱的精神，對曾鞏版與史記版同等重視，彼此參校，說明史記版其實比較合理，也更符合戰國時代游士風格。

曾鞏編的版本說：馮諼者，貧乏不能自存，使人屬孟嘗君，願寄食門下。

《史記》：初，馮驩聞孟嘗君好客，躡蹻而見之。

如孟子見梁惠王般，有格調的戰國游士很少要人仲介介紹，更不會因為無生計，窮到快活不下去，才去當游士。窮到快活不下去，找人推薦或說項去當權貴幕僚的，是唐宋以降的士大夫文化。《史記》所描述的馮驩，穿著草鞋就可以平起平坐的姿態見權貴。雖窮而不自卑，頗為灑脫。史記版更符合春秋戰國游士風格，因為當時的游士，重氣節學識，不食嗟來之食。梁惠王很客氣地問孟

子，叟不遠千里而來，何以利吾國乎？就引來孟子一陣砲火攻擊。魯哀公在孔子周遊列國之後，當凱子，為孔門師生上上下下，提供衣食。在孔子過世時，前往致哀，還挨子貢一陣狂罵。曾鞏版的士，真是太驚三了，沒有春秋戰國時代游士的氣派與尊嚴。

曾鞏版與史記版的落差

曾鞏版：孟嘗君曰：「客何好？」曰：「客無好也。」曰：「客何能？」曰：「客無能也。」孟嘗君笑而受之，曰：「諾！」

《史記》：孟嘗君曰：「先生遠辱，何以教文也？」馮驩曰：「聞君好士，以貧身歸於君。」

曾鞏版的孟嘗君說話技巧不高，很粗魯的問一個年紀比自己大的游士說，說說看你有甚麼才能，值得我養你？然後又透過把馮諼描寫成一個，不知羞恥，白混吃喝的窮鬼，來顯示孟嘗君的善良。史記版則不然。孟嘗君並沒有因為馮驩穿草鞋而看不起他。言語客氣，求賢若渴。馮驩回答也不卑不亢，聽說你求賢若渴，好士，我就將此貧身歸屬於你了。士為知己者死，滿腔熱血賣給識貨的人。曾鞏版卻沒有將此士大夫之自覺與尊嚴表現出來。

曾鞏版：左右以君賤之也，食以草具。居有頃，倚柱彈其劍，歌曰：「長鋏歸來乎！食無魚！」左右以告。孟嘗君曰：「食之，比門下之客。」居有頃，復彈其鋏，歌曰：「長鋏歸來乎！出無車！」左右皆笑之，以告。孟嘗君曰：

「爲之駕,比門下之車客。」於是,乘其車,揭其劍,過其友,曰:「孟嘗君客我!」後有頃,復彈其劍鋏,歌曰:「長鋏歸來乎!無以爲家!」左右皆惡之,以爲貪而不知足。孟嘗君問:「馮公有親乎?」對曰:「有老母!」孟嘗君使人給其食用,無使乏。於是馮諼不復歌。

《史記》:孟嘗君置傳舍十日,孟嘗君問傳舍長曰:「客何所爲?」答曰:「馮先生甚貧,猶有一劍耳,又蒯緱。彈其劍而歌曰『長鋏歸來乎,食無魚』。」孟嘗君遷之幸舍,食有魚矣。五日,又問傳舍長。答曰:「客復彈劍而歌曰『長鋏歸來乎,出無輿』。」孟嘗君遷之代舍,出入乘輿車矣。五日,孟嘗君復問傳舍長。舍長答曰:「先生又嘗彈劍而歌曰『長鋏歸來乎,無以爲家』。」孟嘗君不悅。

曾鞏版還要強調,「食之,比門下之客。」也就是說,馮所接受的待遇並不是門下食客。這種不尊重,也渲染出去了,讓其他人都嘲笑馮。須知游士最不可受辱。寧可餓死,也不食嗟來之食。結果,曾鞏版的游士,遭此羞辱,還乘其車,揭其劍,過其友,曰:「孟嘗君客我!」一副小人得志的模樣。相對的,史記版孟嘗君是主動詢問,「客何所爲?」怕得罪了游士。一直到馮住豪宅、乘輿車還不滿,還要求有自己的官邸,才引起孟嘗君的不悅。這種不高興也很合理,因爲到目前爲止馮並沒有做過任何貢獻。又,古人平均壽命只有三十幾歲,曾鞏版中孟嘗君稱馮諼爲馮公,顯然馮的年紀已經不小。可是,卻又扯出還有老母要養。中國漢代以後,聖朝以孝治天下。尤其到宋代的政治意識形態,幾乎就認定非孝子,不足以成爲賢

臣。馮日後成爲孟嘗君的賢臣，自然在敍事上也得表現一下他的孝親之情了。史記版馮公就沒有老母，比較符合其容貌甚辯的長者形像。又在曾鞏版中，當孟嘗君的食客似乎頗辛苦，因爲周遭總有主公派來的眼線監視你的一舉一動，主動回報給主公。此猜忌與防範在史記版中，就舒緩很多。要主公主動問了，才會有人調查回報。

《史記》：居期年，馮驩無所言。孟嘗君時相齊，封萬戶於薛。其食客三千人。邑入不足以奉客，使人出錢於薛。歲餘不入，貸錢者多不能與其息，客奉將不給。孟嘗君憂之，問左右：「何人可使收債於薛者？」傳舍長曰：「代舍客馮公形容狀貌甚辯，長者，無他伎能，宜可令收債。」孟嘗君乃進馮驩而請之曰：「賓客不知文不肖，幸臨文者三千餘人，邑入不足以奉賓客，故出息錢於薛。薛歲不入，民頗不與其息。今客食恐不給，願先生責之。」馮驩曰：「諾。」辭行，至薛，召取孟嘗君錢者皆會，得息錢十萬。乃多釀酒，買肥牛，召諸取錢者，能與息者皆來，不能與息者亦來，皆持取錢之券書合之。齊爲會，日殺牛置酒。酒酣，乃持券如前合之，能與息者，與爲期；貧不能與息者，取其券而燒之。曰：「孟嘗君所以貸錢者，爲民之無者以爲本業也；所以求息者，爲無以奉客也。今富給者以要期，貧窮者燔券書以捐之。諸君彊飲食。有君如此，豈可負哉！」坐者皆起，再拜。

孟嘗君聞馮驩燒券書，怒而使使召驩。驩至，孟嘗君曰：「文食客三千人，故貸錢於薛。文奉邑少，而民尚多不以時與其息，客食恐不足，故請先生收責之。聞先生得錢，

即以多具牛酒而燒券書，何？」馮驩曰：「然。不多具牛酒
即不能畢會，無以知其有餘不足。有餘者，爲要期。不足
者，雖守而責之十年，息愈多，急，即以逃亡自捐之。若
急，終無以償，上則爲君好利不愛士民，下則有離上抵負
之名，非所以屬士民彰君聲也。焚無用虛債之券，捐不可
得之虛計，令薛民親君而彰君之善聲也，君有何疑焉！」
孟嘗君乃拊手而謝之。

　　後來，就發生了孟嘗君找人收回薛地貸款利息一事。
曾鞏版寫的是，馮公自告奮勇收租。孟嘗君笑說：看來，
先生還真有點能力。收租這種小事，連宋代文官都不屑
做，轉由專管錢名刑穀的吏，一輩子升不了官的吏來做。
怎麼自視甚高的戰國游士會自告奮勇做這件事情。而且，
孟嘗君門下有三千食客，人才濟濟，怎麼會聽到有人志願
去收租，就如此高興？

　　對此，史記版就把原因說得很清楚。孟嘗君門下因爲
食客太多，收入不足供養，所以在本家地盤經營銀行生
意，沒想到所收回的利息卻很少，不足以支付供養食客的
開銷（貸錢者多不能與其息，客奉將不給）。而且不是馮
驩主動請纓，而是有人推薦。這地方也可看出戰國游士特
色。名士自成大事。收租這種小事要麻煩游士來做，孟嘗
君講話也就要客氣，非常柔軟而有彈性。

　　結果，馮公與孟嘗君對於收租一事的預期成果，卻有
很大的差異。

　　曾鞏版說，馮公到薛地就將所有欠條付之一炬。這不
是有違誠信原則嗎？答應幫人家收錢，結果一毛錢都沒收

到。不把人家的錢當一回事的人，不是很奇怪嗎？這叫人家日後如何信任你，重用你。而且孟嘗君在曾鞏版中，一點都不缺錢，官中積珍寶，狗馬實外廄，美人充下陳。卻要先把自己罵到狗血淋頭，卑辭婉轉、慎重其事的請賓客去收稅（倦於事，憒於憂，而性懧愚，沈於國家之事，開罪於先生），那不是有病嗎？這種人如何成為以養士著名的四大公子之首，成為齊國的實質領袖人物呢？

　　《史記》說馮公很快收到十萬錢，買好酒肉，把能還錢和不能還得都找齊了。大吃大喝一頓。趁眾人酒酣之際，相約還債之期，能還者定期，不能還者將欠條燒掉。而且還不忘透過相當的辭令，合理化孟嘗君之所以放債收息的原因。「孟嘗君所以貸錢者，為民之無者以為本業也；所以求息者，為無以奉客也。今富給者以要期，貧窮者燔券書以捐之。諸君彊飲食。有君如此，豈可負哉！」《史記》裡的馮公，善於籌謀所以可以很快收到十萬錢。又很有才智、手腕與說服長才，才能藉此機會展現孟嘗公的江湖道義，牢牢繫住本家地盤的向心力。相較而言，曾鞏版的馮公有點糊里糊塗，整個故事看起來也比較像是神話，而不是合情合理的事實發展。

用朱子讀書法來念中文經典有其限制

　　有關馮公如何合理化自己燒掉債卷的行為。

　　曾鞏版就只是訴諸一個空洞的原因，市義：提供市場誘因，收買人心，來鞏固地盤。問題是，道德與義務感真

的能用金錢來買的嗎？經濟誘因真能激發人民對主政者的忠誠與義務感嗎？這恐怕未必。以利交者，利窮則散。而且經濟誘因有時反而會阻礙人民的義務感。如瑞士民意調查，願意無償讓國家利用自己私人土地埋核廢料者，高達百分之五十。因為公民自己本身用電，權利義務相稱，也就有善盡處理核廢料的義務。可是，如果國家用高出市場甚多的代價要買人民土地來埋核廢料，並每月撥給高額的風險津貼時，瑞士公民願意自己鄉里埋核廢料的反而降到百分之二十。也就是有經濟誘因時，有時反而會減損公民的義務與認同感。

相對而言，史記版馮公回答孟嘗君的詰問：「不多具牛酒即不能畢會，無以知其有餘不足。有餘者，為要期。不足者，雖守而責之十年，息愈多，急，即以逃亡自捐之。若急，終無以償，上則為君好利不愛士民，下則有離上抵負之名，非所以屬士民彰君聲也。焚無用虛債之券，捐不可得之虛計，令薛民親君而彰君之善聲也，君有何疑焉！」就十足展現一個有實務智慧的人，對事理辨析，情勢判斷的審慎掌握。

這種明智，我想也是孟嘗君日後還敢重用馮公的信任感的基礎。

總之，用朱子讀書法來念中文經典有其限制。看到字面上有戰國策三字，就相信裡面所有文本都是戰國時代留下來的紀錄，那是有點不明事理，有世世代代都被騙下去的危險。與其把經典文本當聖經念，字字句句背誦下來，倒不如追本溯源，花點時間先釐清文本生成的時代背景。

然後，找到釐清該文本特質的阿基米德支點，如讀曾鞏版的戰國策，就拿來與史記版的，或長沙馬王堆版的彼此參校攻錯才是。

（本文原載於上報）

從香米案看傳統知識的保護

　　依據世界智財組織（World Intellectual Property
Organization，WIPO）的見解，傳統知識（traditional
knowledge，TK）指的是「基於傳統而生之文學的、藝術
的或科學的作品、表演、發明、科學發現、外觀設計、標
誌、名稱或符號、未公開的資訊，以及其他一切基於傳統
在工業、文學或藝術領域內智能活動所生的創新／新發明
與創作。」

　　其中的關鍵是「基於傳統」，可是傳統本身就是很麻
煩的概念，有化約「文化」之虞。為此，WIPO 又定義所謂
「基於傳統」是指某種知識體系、創作、創新及文化表達方
式，其通常都是代代相傳，且被認定是某個特定民族或其
居住地域所固有的，並會隨著環境變遷而不斷演進者。

　　也就是說，TK 是代代相傳，欠缺明確的發明日和具
體的發明人，且 TK 是社群權，對於地方文化和社群的價
值遠高於私人所有權。這使得 TK 與目前既有的智慧財產
權架構很難吻合。但是印度香米案卻在跨越保護傳統知識
與傳統智慧財產權架構上，做出不少貢獻。

　　1994 年 7 月，美國的稻米科技公司 RiceTec 向美國
專利及商標局（United State Patent and Trademark Office，
USPTO）申請 20 個雜交「香米」的專利範圍。RiceTec 宣
稱，它花了 10 年的時間和 400 萬美元以上的代價，研究

出一種可以在北美洲生產、卻又具有印度香米特質的稻米品種與培植技術，這品種是由印度和巴基斯坦捐給在美國的國際農業研究中心的香米和美國矮種米雜交改良而來。

RiceTec 把這專利命名為「香米系列」（Basmati Rice Lines and Grains）。不過之前，RiceTec 早已在美國生產銷售名叫 Texmati 的稻米二十幾年，並廣告那是一種「美國風味的香米」。而申請專利後，RiceTec 最後以「Kasmati」的名稱銷售，並廣告那是種「印度風味的香米」。

3 年後，USPTO 在 1997 年 9 月核准 RiceTec 這 20 項專利申請範圍。這專利雖然不能禁止南亞所種的香米進口到美國來，但至少讓 RiceTec 擁有「香米系列」生產者的頭銜。

但這卻撩起印度政府和國際非政府組織（NonGovernmental Organizations, NGOs）的憤怒，很多 NGOs 迅速動員、抗議這個他們認為是「生物剽竊」的香米專利。

1998 年 3 月，印度的科學、技術、生態研究基金會（ Research Foundation for Science, Technology and Ecology，RFSTE）在印度最高法院提起訴訟，向印度政府施壓，希望向 USPTO 抗議其所核發的香米專利。他們認為該專利會對成千上萬的農民生存權構成威脅，RiceTec 反駁說它只是發明可跟傳統香米媲美的新品種，而且該專利並不會禁止印度農民出口、銷售香米到美國來。

印度政府在 2000 年 4 月把所有相關的先前技術整理好，並據此要求 USPTO 重審 RiceTec 的香米專利。不過，撤銷該專利權的主張並不是很有力，在其數百頁的研究報告中，只能就 RiceTec 香米專利 20 項申請範圍中的 15、16 及 17 三項舉發，說明這三項是先前技術就有的。雖然如此，印度政府還是極力主張，該專利申請範圍的描述方式很容易就可以涵蓋世界上百分之九十以上的香米培植，而且 RiceTec 所宣稱的專利發明在印度早已經存在了。

印度政府的努力，使得 USPTO 重新審視 RiceTec 的每個專利申請範圍。USPTO 在 2001 年 3 月達成初步的決議，要求 RiceTec 在 2001 年 5 月以前把它的香米專利申請範圍重新寫過再送審。RiceTec 在 2001 年 4 月從香米案看傳統知識的保護，把原先的 20 項專利申請範圍，刪減到剩下 5 項，重新送審，甚至把專利名稱改成比較中性的「巴斯米系列」（Rice Lines Bas 867, RT 1117, and RT 1121），而非原先的「香米系列」。

USPTO 在 2001 年 8 月審完案子，只核可 RiceTec 原先專利申請範圍中的訴求 8、9 及 11 等 3 項，其他的駁回。印度政府和 NGOs 認為他們大勝，所以決定不再挑戰剩下這 3 個專利申請範圍的有效性。甚至 RiceTec 也認為這種結局很公平，像所羅門王的裁決一般。

然而，支持香米 TK 的人依舊認為，在「香米」這樣的字眼未受到特殊保護之前，還是有相當的經濟威脅。這主張展現在香米案的第二個戰場，爭議點在於實際名稱而非專利。

就在印度政府向 USPTO 抗議時，RFSTE 和其他位於美國的 NGOs 向美國聯邦貿易委員會（Federal Trade Commission，FTC）要求管制使用「香米」名義的廣告。因為「香米」與其說是某種米，倒不如說是在印度和巴基斯坦某特定地區所生產的米。所以，RiceTec 用「香米」來廣告推銷其產品時，會誤導消費者，讓他們以為 RiceTec 所生產的米真的來自南亞。

不過，FTC 卻駁回該陳情，因為 FTC 不相信 RiceTec 的廣告會對消費者造成大傷害，且沒有任何強制規定「香米」這個詞指的是來自於原產國的產品。FTC 認為「香米」指的只是「有香味的米」（aromatic rice），而非某特定國家所生產的米，所以，「美國風味的香米」並不會誤導其原產地，RiceTec 和其他公司的「香米」產品可以行銷世界各地。

不過，我們如果把戰場放在與智財權貿易相關方面（Trade-Related Aspects of Intellectual Property Rights，TRIPs）的協議，而非放到重視消費者權益更甚於保護 TK 的 FTC，印度香米案的第二戰場，可能會有所不同。

依據 TRIPs，「地理標示」指的是「某貨物源於某國家領域、某區域或地方，且該貨物的品質、聲譽或其他特徵基本上可歸因於其地理源頭。」這地理標示可以是與該產品相關的區域名字，或甚至只有在某特定地區才會生產的該產品名字。

地理標示的假設是，從某特定地方出產的產品可以反映出該產品的品質和正統性，所以精確的地理標示可以確

保消費者在購買該產品時的期待利益。這有點像商標,稍有不同的是,商標明示出特定的生產者或製造商,地理標示卻不用指出某特定生產者,而是用特定的地理產地表示其特殊品質。

不過 TRIPs23 條所提供的地理標示保護,僅限於酒類,而未及於其他產品。但是,沒有道理只有酒類可享地理標示,其他的都得排除。所以在 2001 年,WIPO 在 Dora 所舉行的部長會議中,許多會員國,包括印度,都提議把地理標示擴張到其他產品上,如印度和巴基斯坦的香米、印度的阿薩姆奶茶、土耳其地毯、中國宣紙以及義大利的帕瑪森(Parmigiano Reggiano)起司等等。

目前國際有關 TK 的保護,一般都以智慧財產權以外的方式進行。例如國家設置保護區、針對瀕臨絕種物種探取保護措施、限制土地開發、文化遺產保護、物種棲息地保護等。又如生物多樣性公約和國際糧農公約所明定的,落實遺傳資源或傳統知識取得的利益共享機制等等。

但是在印度香米案中,我們看到非政府組織在捍衛 TK 上所扮演的不可或缺的角色。此外,我們也看到 TK 支持者用兩種不同的策略保護 TK:一方面用消極防禦性的保護措施使 TK 獨立於智慧財產權法外,免於專利的侵奪;另一方面採取積極的保護措施,試圖把 TK 納入傳統智慧財產權架構下的地理標示中加以保護,整合 TK 和智慧財產。

台灣目前也有不少具高度經濟價值的 TK,如紫杉、蝴蝶蘭、吳郭魚、池上米……等等。如何保護,免於遭受

國際掠奪，印度香米案或許會對我們有些啟發。

（本文原載於科發月刊）

問
津

從藥物到食物：吃進心理健康

許綠芽

　　講到心理健康，通常關切的是大腦，而不是肝膽腸胃。不過，此意識形態似乎逐漸鬆動。我們慢慢相信：吃進心理健康是可能的。

　　依據世界衛生組織（World Health Organization，以下簡稱 WHO），憂鬱症已經成為全球最嚴重的失能問題，而且只有不到百分之五十的患者，有機會接觸到相應的醫療：無論是與佛洛伊德式的諮商師互動，釐清其心理情結的談話醫療；或是每日吞下百憂解似的藥丸子，接受藥物治療。

　　也就是說，現階段要靠部署更多的精神病院，更好的醫師，或更便宜的藥物來解決全球精神疾病問題，幾乎是不可能的。我們或許該改弦更張，另闢蹊徑，從飲食下手，吃甚麼像甚麼（you are what you eat），吃進心理健康。

　　此典範變革，並不意味著我們要放棄談話醫療或藥物醫療。相反的，精神疾病是多面向的，通常也需要雞尾酒式的多元醫療方案。換言之，掌管情緒與知識經驗的大腦，也跟心臟或肝臟類似，受環境影響，不只需要藥物，也需要適當的營養與照顧。又，心理疾病也跟其他各種軀

體疾病息息相關，如糖尿病、心臟病、系統性發炎或自體免疫攻擊等等。改變飲食習慣，來克服這些疾病是可能的。此故，透過吃來促進心理健康，也是可以考慮的醫療方案，值得我們審視。

一、藥物醫療的限制

隨著工業化腳步愈來愈快，精神疾病也漸趨失控。如WHO 所說的，憂鬱症已經成患者最多的失能疾病，然後其中又有超過一半以上的人，無法取得諮商、藥物或住院等醫療協助。

如《房思琪的初戀樂園》作者林弈含所說的，更糟糕的是，取得醫療協助的人，也似乎得了白血症一般，看不到康復的曙光。藥愈吃愈多，住院愈來愈頻繁，而且每次住院的時間愈來愈長。在高風險社會下，透過藥物治療的憂鬱症患者，往往搞不清楚，自己吃下的到底是藥，還是毒。雖然那藥短期內，有其療效的樣子。可是時間久了，抗藥性和各式各樣的副作用紛紛出來。

如以最著名的抗憂鬱症藥，百憂解為例。根據維基百科報導的，醫藥公司自己承認的：服用氟西汀的常見不良反應不少。如全身或局部過敏，噁心、嘔吐、消化不良、腹瀉、吞嚥困難，心跳加速，厭食，頭暈、頭痛，睡眠異常，疲乏，精神狀態異常，性功能障礙，視覺異常，呼吸困難等等。對於正在使用單胺氧化酶抑制劑（MAOI）等藥物者，應禁用氟西汀。對於肝功能不全者，氟西汀和去

甲氟西汀的半衰期分別增至 7 天和 14 天，因此應考慮減少用藥劑量或降低用藥頻率。又，百憂解從 1972 開始使用，到了 2007 年，足足三十五年，美國食品藥物管理局才指出所有抗憂鬱藥都有增加年輕人自殺可能性的風險。也有實驗指出服用氟西汀後，對於小孩可能增加了自殺可能性，而對於成人則可能減小了自殺可能性。

　　不吃藥、只進行談話醫療的精神疾病患者，或許會傷害自己，但幾乎沒有人自殺。可是藥物醫療盛行之後，像林冠華和林弈含這樣因精神疾病而自殺的新聞，就不絕如縷。

　　簡之，藥物醫療有其限制。對第三世界國家而言，或全球超過一半的精神疾病患者而言，它很貴，該醫療費用高到無法取用。然後，它有不少副作用。有些嚴重的副作用，如自殺，卻要等到二、三十年過去了，才為世人所知。

二、吃進心理健康

　　面對失控的精神醫學，憂鬱症愈來愈流行，藥物醫療愈無能為力時，我們也逐漸對蓋倫的四液說感到共鳴。

　　古典時期認為憂鬱是「體液」的問題。他們認為人類的身體與靈魂受到「血液、黏液、黃膽汁、黑膽汁」四種體液的控制。這四種體液的平衡會影響到一個人的身體健康和氣質。其中，黑膽汁便是造成憂鬱的體液。如果你黑膽汁過多，可透過飲食和醫療來平衡體液、恢復健康、改變

氣質。如此，吃進心理健康是可能的。

　　此共鳴有部分是因為對於當代飲食習慣的反思。為什麼這個社會得精神疾病者如此之多？而且愈來愈多。如果說，We are what we eat，那麼精神疾病的大洪水，會不會也是我們飲食習慣的巨變所造成的。環境中激增的毒素與電磁波，飲食中充斥著各式各樣的加工食品，糖和單一碳水化合物，以及抗生素的濫用導致腸道菌叢生態的劇變，這些都是近百年才有的，我們的身體演化趕不上工業革命後飲食習慣的改變速度。

　　無論歷史如何變化，蓋倫學說一如亞里斯多德學說，總有其熱誠的擁護者。不過，在化約性的主流細菌理論壟斷下。一般醫療實作很少注意到腸道菌叢的重要性。首先喚起大家注重腸道菌叢的先驅，或許是研究胃潰瘍的John Robin Warren（1937-）和 Barry J. Marshall（1951-）。他們以自身做實驗，在 1984 年發現幽門螺桿菌的細菌可能才是胃潰瘍的真正元兇，而不是精神分析學派所主張的「生活壓力和焦慮導致胃酸過剩，造成潰瘍」。

　　這發現也意味著，胃液雖然是強酸，pH值在0.9～1.5之間，但很多微生物菌叢還是可在腸道活下來。如果單以重量計，腸道菌叢竟然重達好幾公斤。如以細胞計算，人體細胞總數約 10 兆個。腸道菌叢竟然高達百兆。以所擁有的 DNA 訊息量來看，腸道菌叢也是人體的十倍以上。這意味著，人大部分不只是人自身而已。

　　兒童胃腸科醫師 Alessio Fasano 以鋼琴演奏為比喻，

說：人身的 DNA 訊息，是很穩定的鋼琴琴身。可是要演奏出巴哈、爵士樂還是搖滾樂，其實是微生物群決定的。如此，人就不只是個人，而是許多生物社群的共同體，是一個生態。此生態有各式各樣的微生物社群，在口腔的，在皮膚的以及在腸道的，都不大一樣。他們不只是人體中可有可無的被動過客。他們在我們飲食消化、免疫反應與行為中，扮演著舉足輕重的角色。人的差異也在微生物社群上反應出來。人與人之間的 DNA 相似性，高達百分之九十九以上。可是，人與人之間的微生物社群的相似性，卻不到百分之十。為什麼有些人，蚊子特別喜歡咬？有些人會被跳過？其實也不是個人所謂的酸性體質造成的，而是體表上不同的微生物社群所決定的。

三、憂鬱源於發炎？

當我們如四液說，或漢醫五行理論，將人身體視為生態系統。腸道菌叢可能影響免疫系統，也就可能跟憂鬱症息息相關。如有研究發現人罹患憂鬱症狀時，通常伴隨著腸道發炎，cytokine IL-6 in the CSF 量急劇升高。然後，抗發炎指標 IL-10 下降，發炎指數 C-reactive protein （CRP）上升。無論在動物或人類身上，有憂鬱症症狀的人，都有發炎現象，然後服用抗自體免疫攻擊藥物時，情況即可好轉。

我們一般都沒注意到，肝膽腸胃也是身體的免疫器官。身體內的小腸攤開來，可鋪滿半個羽毛球場。然後在

小腸腸道上塞滿了上千個手指般的突出物，絨毛（villi）。這些絨毛增加了小腸的表面積以吸收養分。它們是免疫系統的家，保護我們免於大部分通過食道進來的不良入侵物的傷害。大腸就只有 1.5 公尺長。它直徑很寬，約十公分，而被稱爲大腸。它也在維護身體健康上，扮演重大角色，因爲裡面有著體內最大的微生物群，一個多數由有益的細菌、真菌、寄生蟲，以及會影響細菌但對人體無害的噬菌體，所組成的廣大微生物生態系統。

然後，這些腸道微生物會影響我們的大腦與身心健康。神經科醫師 David Perlmutter 甚至稱他們爲菌群大腦：

身爲一個神經學家，我們被教導將焦點放在腦部，覺得這才是錢途所在。事實上，腦部深受腸道影響。這也與每一種神經退化性狀況相關。因此，現在我們認識了造成阿茲海默症、憂鬱症、陸蓋里格氏症（Lou Gehrig's disease，俗稱漸凍人），多發性硬化症、帕金森氏症、自閉症、注意力不足與過動症等等的機制。以一句話來說，就是發炎症，也是起源自腸道。

我認爲所有這些學習來的，以及神經學家仍然在追求的所謂的治療方式，都爲注視到火源。他們只看到煙霧。這意味著他們直接專注在處理發炎之後發生在下游的症狀。

也就是說，絕大部分的疾病過程中的無形敵人是發炎，憂鬱症亦然。這似乎很神祕，但實際上是人體回應受傷時的正常反應，就像小指頭被切到、小腿擦傷、被蟲咬

或骨頭斷裂時那樣。問題是,究竟是甚麼會割破腸道,導致人體腸道持續發炎呢?

四、腸漏的機制

現代科學的主流特徵是化約論走向的,如在細菌理論引導下,將為什麼會得肺結核,導向肺結核桿菌。在如何治療肺結核上,導向使用抗生素。又如佛洛伊德將許多心理疾病,歸因於伊底帕斯情節。不過,在這波從藥物醫療到食物醫療的浪潮中,我們似乎又重新走回古希臘時代的整體分析(holistic approach)。如有關精神疾病的理解,我們有必要循線探索:飲食習慣—微生物(腸道菌叢)—免疫系統(發炎反應)—神經傳導—精神狀態之間的關係。

如 Alessio Fasano 所說的,一個健康的微生物群就像是大型多樣的社區,不同族群與國籍的人和諧共處。問題的產生,是始於一個種族或國籍主宰或統治了棲息處,並傷害了其他人,使他們遭受邊緣化或整個被排擠在社區之外。

人體內的微生物生態和諧時,會以互助有益或共生來完成人自身所無法完成的重要功能:如影響免疫系統反應,幫助分辨敵友;調節發炎,幫助腸道黏膜療癒;支援消化,幫助吸收養分;製造神經傳導物質與維生素;調節基因表現等等。這些顯微鏡才看得見的夥伴們,扮演著重大角色:維護腸道黏膜的完整性。而腸道黏膜是健康或健

康急轉直下的自己免疫狀況的門檻。

　　人絕大多數的免疫系統細胞就住在腸道黏膜中。在此消化系統長長的中空管子內，保護性屏蔽，確保不良的壞菌、毒素和廢棄物等病原體，不會進入到一般循環系統中。免疫細胞居住在腸道黏膜中，就在前排位置，監視與決定哪些前來的分子是可能的威脅，需要摧毀；哪些是好傢伙，如食物消化分解後的養分，可以被安全的吸收與利用。

　　最瘋狂的是，這場攸關健康與疾病的戰爭前線，只有一個細胞的厚度。我們可以想像此單細胞屏障是一堵磚牆，其緊密接合處，又不像水泥牆般堅硬靜止，它們是動態的看門者，透過鄰近細胞對食物、藥物、毒物或甚至是壓力的反應，而不斷開關。當緊密接合處正常運作時，它就像有效的安全門，讓好傢伙進入，隔離壞傢伙。

　　問題是，如果門卡住了，一直開著呢？當這些緊密接合處遭到破壞或發炎時，門就卡住了，腸道就變得多孔或滲漏。那麼未消化的大型食物粒子、微生物、毒素和消化廢物等等，就會溜過安全門，溜過警衛，在身體內不該出現的地方漂流。這也就是所謂的腸漏（leaky gut syndrome）。

　　Alessio Fasano 在 2000 年發現了調控緊密連結的分子「解連蛋白」（Zonulin），並進一步說明「解連蛋白」引起腸道通透性，造成腸漏的機制：https://www.ncbi.nlm.nih.gov/pmc/articles/PMC3384703/

　　簡之，腸道非常重要。它又被稱為腸神經系統，因為

它包含了將近一億個神經元，在頭部的腦中獨立運作，有時被稱為第二個大腦。腸道容納了最大的微生物群，約莫有一百兆個好微生物、壞微生物和中性微生物的生態系統。其重量高達 2.27 公斤。然後，人體基因體約由兩萬三千個基因組成，而微生物群則包含了大約八百萬基因。微生物的基因往往填補了人體ＤＮＡ所留下的功能性缺口。當持續反覆嚴重發生腸漏時，腸道菌叢與腸道滲透性發生不平衡，持續發炎，這不只是腸道或腦部失調的問題而已。而且有愈來愈多的研究顯示，腸道失衡與多種慢性疾病之間有顯著的因果關係，如幾乎所有的自體免疫狀況，憂鬱症，焦慮症，氣喘，自閉症，糖尿病，心臟疾病，人體免疫缺乏病毒（human immunodeficiency virus, HIV），非酒精性脂肪肝疾病和肥胖症等等。

五、如果麥子有毒：麩質

所有疾病皆起自腸道，現代醫學之父希波克拉底斯如是說。問題是，當我們吃甚麼像甚麼，那該如何吃才能避免腸漏，吃進健康呢？

有些可疑食物，在當代社會中，可以說很容易想像。如甲殼類、貝類、可能累積許多重金屬的多年生大型魚類、加工脂肪和油類、糖和甘味劑、食品添加物和化學物質，遭施打抗生素或促進成長的賀爾蒙的家畜肉蛋奶等等。不過，令人意外的觸發自體免疫反應的食物第一名，依據新英格蘭醫學期刊，竟是麩質（gluten）。

研究顯示，它會對任何吃了的人引發腸漏，觸發至少五十五種疾病，人們一開始注意到小麥有毒，不好消化，是因為如乳糜瀉（celiac disease）（https://pubmed.ncbi.nlm.nih.gov/15825129/）那是種影響到小腸的自體免疫疾病。維基百科說：患者攝取到麩質後，身體裡的異常免疫系統對此產生反應，並可能導致生成數種自身抗體而影響許多不同的器官。在小腸中，自身抗體會引發發炎反應，並可能造成生長於小腸內壁的絨毛長度變短（絨毛萎縮）。這會造成患者慢性腹瀉、腹脹、吸收不良、降低食慾，以及使孩童生長遲緩。

不過，進一步的研究卻發現麩質不只是對有乳糜瀉症或麩質敏感的人有害，而且可能是對所有的人都有害。麩質不只有一種，而是兩萬三千種在所有穀物中能找到的不同儲藏蛋白（storage proteins）。不過多數研究和檢驗都聚焦在單一一種麩質蛋白質：alpha 麥膠蛋白。麩質和人類毛髮一樣難消化，因此具有高度致發炎性。不過它黏黏的特質，很適合烘焙。不過因其優越黏性而受培育的超級小麥，尤其是基改過後的，可能是最難消化的麩質了。（https://www.youtube.com/watch?v=J6JrHteOsII）

玉米也是一種含有麩質的穀物。此麩質類似於小麥中的麩質，也就會在小麥麩質敏感人的身上起交叉作用。也就是說，我們的身體會將玉米麩質錯認為是小麥麩質，而產生了導致自體免疫性的類似免疫反應，或發炎。

更糟糕的是，隨著小麥與玉米是美式飲食文化的主流。不是只在食物中，舉凡化妝品到洗髮精，都有玉米小

麥的蹤跡。嚴格來講，吃甚麼像甚麼，受美式文化影響，大家都是小麥、玉米人。再加上玉米、小麥從育種、栽種、除草、收成與乾燥，都用很多農藥，如惡名昭彰的農達（round up）等等。這些農藥會殺死土壤中的微生物生態系統，也就會殺死我們體內的。

簡之，腸道菌叢是我們最重要的免疫系統之一，也是我們第二大腦。可是隨著現在生活步調愈來愈快，愈來愈競爭，我們的日常生活方式會不斷累積讓腸道持續發炎的因素：如加工食品、感染、金屬、塑膠和慢性壓力等等。當這些因素滿溢時，我們的排毒系統不堪負荷，免疫系統受損，也就發展出高滲透性的腸道。這也就是所謂的腸漏症。當大型蛋白質和其他分子突破腸道，免疫系統就會反應，攻擊食物分子和其他入侵物，使自己組織遭受攻擊，不斷反覆的發炎。此簡化的自體免疫串聯總結，造成我們身體上各式各樣的不良症狀或疾病，憂鬱症只是其中之一。希波克拉底斯可能是對的，所有疾病源自腸道。

六、吃有機米飯，也吃進心理健康

我們人身體其實是一個生態系統，除了自身之外，還有三磅重左右的微生物。此微生物系統也就成為我們最大的器官，跟腦類似，比肝臟重一點。面對此器官，我們不能濫用抗生素，將其殲滅，否則身體會出亂子。

同理，整個大環境，無論山林、海洋或土壤等等也是生態系統。我們也不能不分青紅皂白，用農藥將微生物殺

光光。這終將自作自受。很可怕的是，美國作為米國，全球最大的糧食供應國，推動綠色革命，基改作物，讓整個食物系統出現根本性變革。

我們跟著美式文化跑，吃美式食品，不僅吃下小麥跟玉米中很多、很多會導致腸漏的麩質，也吃下滿滿的毒素。所有疾病源自腸道。這或許是我們文明病氾濫的主要原因之一。美式飲食文化，會導致腸漏，免疫系統持續發炎，然後滾出一大堆方興未艾的文明病，如糖尿病、憂鬱症、亞斯、過動與僵直性脊椎炎或紅斑性狼瘡等自體免疫攻擊疾病等等。

不過，這是可改變的。人是五穀做的。只要我們不盲從美式文化，復興自己的飲食文化，多吃有機無毒的米，多吃有機蔬果，謹慎斷食排毒，重新設定免疫系統，或許也可吃出健康，遠離精神疾病。吃飯不只保障台灣的食物安全，在戰亂或石油危機時救台灣。而且「吃在地」有機米飯，遠離麩質，避免腸漏，也能吃進心理健康。

問
津

從蔡小月到江之翠

許可風

　　本文旨於追溯台灣南管戲曲從 1980 年代以來的轉變。理論上，1987 年解嚴以來，台灣主體意識提昇會有新一波的台灣文藝復興運動。南管作爲台灣在地戲曲，應日趨繁盛才是。不過，隨著台語日趨式微，南管戲曲恐怕是日漸萎縮，從地方館閣消退到必須靠國家力量保護，在政府單位或藝術學院贊助與保存下，才得以不絕如縷。

蔡小月旋風

　　國民黨據台以來，在黨國機器宣揚下，台灣文化往往被貶抑。如台語、檳榔、機車、拼裝車、原住民文化、廟會、歌仔戲與布袋戲等等，都被視爲不入大雅之堂。傳承千百年的大衆文化如斯。那麼流傳在鄉紳之間的雅文化，如南管戲曲，就更是岌岌可危了。

　　爲了突破黨國機器的包圍。台灣文化往往得透過西方強勢文化的認可，然後再回流到台灣來。如原住民歌曲在台灣本不登大雅之堂，可是自從〈飲酒歌〉，在巴塞隆納奧運會被選爲開幕曲以來，蔚爲流行。電影《賽德克巴萊》幾乎整片配樂都採取原住民傳統曲調。與原住民曲調流行類似，南管音樂也因蔡小月（南聲社）在法國演出、

廣播，造成轟動。讓國人意識到台灣自有典雅的室內樂，如泣如訴的靈魂詠嘆調。

1982 年，蔡小月在法國所造成的轟動，許常惠如此報導：

南聲社的藝術家於十月十六日到達巴黎，於十一月九日離開巴黎。這二十四天，他們從沒有停止練習，可見他們的責任感重。儘管新環境不適應、旅途疲勞、語言溝通困難，但他們沒有一刻放棄努力，以期演奏會的成功。結果他們的情緒高昂，使他們在藝術的表現上達到最佳水準。三個星期裡，跑了五個不同國家，舉行十二場音樂會，這就是南聲社所達成值得驕傲的工作。

十二場音樂會，沒有一次例外，每場聽眾都是爆滿的，經常使我們不得不謝絕進不來的聽眾。從第一場在杜爾市演出，歐洲的聽眾便發現了南管音樂與南聲社音樂家所具備的罕有而寶貴的藝術特質。聽眾愈來愈多，在杜爾市的首場音樂會，入場券是贈送的，來了四百聽眾告滿。在科隆賣票時，聽眾達一千人。至於那一場由法國國家電台轉播的音樂會，估計在法國及歐洲其他國家有三百萬人在收聽。

聽眾的反應告訴我們，最欣賞南管音樂的古老的真實性。這個真實性不僅因它的音樂本身，更包括南聲社的社會與宗教背景所造成的氣氛。他們對已往在歐洲表演的中國藝術或音樂，通常是經現代化、西洋化或官方化的形式表演，感到遺憾與惋惜。因為歐洲聽眾很難忍受不純的或混雜的藝術。

新聞界的反應極佳，而且一致稱讚南聲社的演奏。十月廿二日巴黎「開放日報」（Libération）說：「精緻的歌聲達到最柔和的境界，這種音響只能以中國古畫與古瓷器的美來形容。」「世界日報」（le Monde）說：「南管音樂保存了極豐富而珍貴的古典中國音樂形式，而它給我們聽到的真實感可以與歐洲中古時代的遊吟詩人相比，它所唱的詩包含人們的愛情、歡樂與痛苦。」

　　從這篇報導中，我們發現：一般人很難區分南管戲曲與所謂中國藝術或音樂的不同。迄今，還是很多人以為南管是國樂的一種。不過，法國人很快發現南音與現代化、西洋化或官方化的表演形式很不一樣。雖然他們還是以中國古董、古瓷器或古典音樂，來認知台灣南音。

台南市南聲社於 1961 年訪問菲律賓南管館閣，在出發前的紀念照。（圖片摘自國立傳統藝術中心）

其實，南音與國樂有很大的不同。台灣所謂的國樂是中國現代化以來，高度西化的樂種。他的樂譜是西方八分音符樂理寫成的。他所追求的合音也是 Do Mi So，不同樂音，依黃金比例，高低交錯。他所使用的樂器更是爲了表現張力，而高度西化，如在弦樂器上都使用鋼弦。打擊樂用繃緊的鼓皮製成。相對的，台灣南音樂譜還是採用 X 工 六 士 一，五分音符。（宮商角徵羽）其和音則是繞著主旋律，陰陽交錯而成。琵琶彈骨幹音。洞簫加入裝飾音。兩者都屬陽。然後，又加入約莫低八度的樂種：三弦若卽若離，跟著琵琶走；二弦補洞蕭之不足。南音弦樂都採絲弦，有彈性的，可是表現力度較差的。打擊樂使用所謂的壓腳鼓，除了用手打擊之外，還要一面用腳壓鼓，調整鼓皮張力來表現。

南音戲曲，或稱梨園戲中的身段，也跟所謂國劇或崑曲有很大不同。就梨園戲看來，後兩者的身段都過於僵硬，恍若魁儡或機器人。梨園戲中每個演員在唱工、身段、唸白方面皆有一定規範，所謂「三步進，三步退，三步到台前」、「舉手到目眉，分手到肚臍，舉指到鼻尖，拱手到下頦」等成規。要求表演者的尺度嚴格：務必要求唱、唸與科步配合得宜，每個動作細節都要交待清楚，無聲不動、有歌必舞。

南管戲曲要求細膩，近乎龜毛。如南音洞簫尺度，不僅音要準，還得使用竹材，在特定長度範圍內，竹節符合十目九節的法度。有時找遍整個山頭，都找不到一根適合當洞簫的竹材。南音唱腔，每個字，每個音，字首、字腹

與字尾,更是含混不得。琵琶、二弦與三弦,也都有各種嚴格尺度:如一定使用梧桐木、玳瑁角、蟒蛇皮與林投樹根等等。唱曲、演奏則一律得背譜,著腹,不準看譜,主唱與樂師皆然。

這些林林總總的文化尺度,當台語文化逐漸式微時,讓南管首先從鄉紳室內樂淡出,退到寺廟館閣裡。然後,在蔡小月旋風之後,還是欲振乏力,館閣凋零,又退卻到不得不靠政府體制的幫忙了。

今日學習南音門檻非常高,主要是語言本身就構成很大障礙。南音語言大體採泉州腔,少數潮州腔和明代官話。除此之外,又包括古韻與文讀。換言之,姑不論泉州腔與潮州腔的差異,每個字詞就有三種不同念法,文讀、白讀與古韻。如北這個字,北、腹與寶(以一般台語來念)都有可能。又如一,一、素與卽,同樣有三種不同讀法。那何時採古韻,採文讀,採口白或用官話來唱,卻又沒有一定規則。一般就是看師承,口耳相傳。風打梨的風,就是不能念成風,而是要唱成古韻,荒。唱錯了,南音老師就是不能接受的。

依據聯合國教科文組織的研究,進入 2020 年之後,以台語爲母語的人幾乎就是零了。然後到 2050 年,等到老一輩說台語的消逝,台語就算滅亡了。目前台灣出生的小孩子,一開始接觸到的語言,已經很難是台語、客語或原住民語。在學校、銀行等公私立單位都很難碰到講台語的辦事人員。商店也是。除非到傳統菜市場去,阿公阿媽逛街的地方,才會聽到各種「方言」。年輕一輩單是口語

的台語文都沒甚麼條件說好了，那更複雜的南音漢語要唱好，那就更沒譜了。

所以，現在十幾歲的年輕人要學南音，除非有家學淵源，否則一般都要到學院裡，靜下心來，重頭學起。這對南音傳承有很大的影響。

然後，現在音樂強調專精。南音卻剛好相反。學南管的人，要坐過每一把椅子。一般從唱曲拍板開始，然後彈琵琶，學洞簫；在進入三弦、二弦。最後又學到壓腳鼓等等，那就幾乎是整個樂器都熟悉，可以當先生了。入門門檻高，要熟悉不是自己母語的語音，然後要出師到當先生，又得整個樂團交椅都坐過。如此要成材，像蔡小月那樣，在十五、六歲，在唱曲功力就足以錄製唱片，讓國際驚艷。這傳統到了二十一世紀，幾乎可以說是一去不復返了。

承先啟後的艱難，可以從現在館閣裡約莫都是五、六十歲以上，沒什麼年輕人，可見一斑。

許全義說，他的阿公在鄉裡，可以說鄉紳了。因為村裡唯一的碾米廠，就是他在看顧。米絞（碾米廠）在日本時代就是鄉里資本象徵的結晶。然後，家族裡還有薄荷油工廠。聽說他是一般唱著南管，一邊嚼檳榔時，過世的。他可以當先生，教導一個南音團。可是，等到許全義父執輩時，就幾乎是失傳了。只有單獨玩樂器的，如吹洞簫和拉二弦的，湊不成一個團了。

然後，到許全義那一輩，經過國民黨嚴格國語政策洗腦下，現在五十歲左右的人，在麥寮鄉，就很少人玩過南

管，甚至連好好聆賞過都沒有。南管從鄉紳的日常生活脈絡中，退縮到以廟宇爲據點的館閣內。而且只有少數地方的廟宇才有南管館閣，如北港、鹿港和府城等等。小地方、無此傳統的新興城市、小廟宇也都很難找到可以湊成一團純音樂的，更不用說無聲不動、有歌必舞的梨園戲曲了。

目前還有先生在教、也可維持成團的傳統梨園戲曲，或許只剩下大甲吳素霞老師指導的合和藝苑了。其他的可能就要在學院或政府贊助的體制，或是梨園戲是主是輔，妾身難明的表演藝術團體了。

江之翠的興起

就算蔡小月旋風吹回台灣，南音依舊凋零。這自然是有志之士所難以忍受的。江之翠的周逸昌先生就是其中之一。

周逸昌留學法國（1876-84），學習劇場。留法期間，他就扮演起黨外人士與島內外訊息傳遞者的角色，是一位在戒嚴時代甘冒身家性命的風險站在人權與歷史正義這邊的人。當年這種人其實是一股默默支持翻轉台灣社會的力量。回國後，他一方面玩劇團，企圖在其中找到屬於台灣人的身體，那種眞正台式的精神。一方面也積極參與社會，如反核四、蘭嶼核廢，廢除國民大會、刑法 100 條 101 條、520 事件（農民運動）等等。

他如此好動，又是留法、學劇場的。1982 年的蔡小

月旋風，自然引起他的注意。1988 年尤清擔任台北縣長，任內尤以台灣文藝復興爲己任。或許在尤清的幫忙下，1992 年江之翠劇團成立。那是台灣罕見的，學院外，專任有給職的，全面復興梨園戲曲的劇團。後來知名的漢唐樂府、王心心南管樂團，成員一般都還要靠演出費過活。沒演出，沒收入。不像江之翠的團員，每個月固定有微薄薪金收入。

江之翠的周逸昌。

（圖片摘自《幽遠寂滅 喧嘩人間：周逸昌的劇場藝術與社會實踐 上卷》

台灣梨園戲曲式微，劇場文化卻相當強勁。如何結合這兩者，一直是台灣南音創新發展的主旋律。在漢唐、王心心樂團中，南音大體是配樂，襯托現代劇場的肢體動作；或像個人演唱會來呈現。相對的，江之翠就很認眞的復育梨園戲曲。2006 年，江之翠的〈朱文走鬼〉一劇，獲得台新表演藝術獎，聲名鵲起。

此後，江之翠成爲國際知名的劇團。他們的劇種，〈朱文走鬼〉、〈行過洛津〉與（陳三五娘），都曾在世界

各大歌劇院演出過。讓大家知道,原來台灣傳統戲曲如此
典雅與細緻;傳統台灣精神對愛情與自由的追尋,至死不
渝。

江之翠劇場「行過洛津」改編自施叔青小說
《行過洛津》,在海內外都受到喜愛。(圖片摘
自台中文建會)

有關朱文走鬼這齣劇,蔡孟凱評論說:

《朱文走鬼》由江之翠劇場和「友惠靜嶺與白桃房」
共同製作,改編傳統梨園戲「上路」流派的同名傳統劇目,
講述秀才朱文於客棧邂逅被養父母凌虐而死的少女鬼魂一
粒金,朱文在一粒金欲拒還迎的挑逗之下與之相好,在一
連串荒謬逗趣的風波之後,人鬼伴侶踏上旅途。《朱文走鬼》
以梨園戲之文本、音樂、表演程式結合日本的能劇、舞踏
元素和舞台美學,企圖藉由將「情愫織入現代性的身體與
空間感」,進而「與當代產生連結」。

《朱文走鬼》的劇本內容和表演程式基本仍是在傳統

梨園戲的範疇裡頭，只是舞台改作能劇舞台的「本舞台」和「橋掛」形式，並在演出的頭尾和過門處，添入能劇中的說書段落（由舞踏演員芦川羊子詮釋）。可以說，《朱文走鬼》的策略是把傳統梨園戲的《朱文走鬼》「近乎」不更動地放在能劇的脈絡裡，比起近年百家爭鳴的各種跨文化／跨領域創作，其跨界概念相對而言可以說十分簡單。

　　但簡單不代表無效。偏偏就是這幾個看似微小的新添螺絲，讓《朱文走鬼》在原本庶民歡樂的氛圍之下，硬是多了幾分衝突與辯證。無論高起的能劇舞台，和象徵連結俗世與幽冥的橋掛；抑或是開演前樂師、表演者持燈如鬼火於黑暗的舞台空間中列隊進場，皆在在提醒著觀眾自身與劇中時空的距離。芦川羊子猙獰、誇張的舞踏表情，和義正詞嚴、鏗鏘有力的說書語氣，則勾勒出與歡快的戲劇內容大相逕庭的奇幻詭譎。在客棧一幕結束，〈走鬼〉之前，芦川羊子一段約兩分鐘、沒有口白的表演，將整部《朱文走鬼》割開，是在諭示朱文的未來？批判戲中人的愚蠢？抑或是嘲諷少女幽魂的心機？觀眾大可以給出數百種解釋，但這一段短短的肢體表演無疑將觀眾從嬉鬧的情節中抽離，提供一個更具批判性、更為超然的觀看視角。

　　據此，我們可以知道：閱聽大眾基本上還是將其定位為現代劇場演出，而非梨園戲曲。梨園戲的處境一如劇中女主角，一粒金的處境類似，死了才能獲得愛情與自由。讓大家忘了梨園戲曲，才能認識到台灣人的身體與台式精神，如此雅緻與熱情。

　　學院內的梨園戲曲，在吳素霞老師的耕耘下，當有其

問
津

發展。不過，目前網路上能看到的，只是單曲表演，如〈畫眉〉，比較是詩的表現形式，而非一齣戲，唱作俱佳地完成一個故事或小說。又如從 2020 年 12 月合和藝苑的演出，就只是謹守蔡小月，南聲社的演出規模，指、曲、譜三段式的室內樂演奏。

學院內的孤芳自賞，有時不利於澄清社會大眾有關梨園戲曲的迷思。如我們在網路上泉州南管戲曲演出的影片，會覺得那是跟歌仔戲類似的劇種。實際上，無論音樂性、身段動作的表現，台灣梨園戲之道地與雅緻，絲毫不下於崑曲，更不用說國劇與歌仔戲了。

總之，從蔡小月到朱文走鬼，我們一方面看到有人試圖復育台灣傳統仕紳文化，南音戲曲，走上國際舞台。一方面我們也見證了，老成凋零，文藝復興維艱。其中最艱難的是一整個世代的台語文文化消逝。南管戲曲是棲身於台語文文化的劇種。皮之不存，毛將焉附。如果台語消亡，有一天南聲社、江之翠、漢唐與王心心都將隨之凋零。我們要聽南音，欣賞戲曲，或許只能在學院內或是博物館裡了。簡之，只用國語來親近華夏文化，讀詩經、唐詩無法押韻，讀朱子（生於福建，死於福建）七零八落，沒有方言文化，民間戲曲，那依舊不是屬於華人的文藝復興。

（本文原載於上報）

在不完美中前進：
從找固定點到發明理論溫度

這是韓國學者 Hasok Chang 所寫的專書。從這張圖中，我們可以清楚看到，溫度測量一開始找不到固定點。沸點是某個區間，從水開始冒泡到水激烈沸騰。

　　愛因斯坦認為人類知識唯一可靠恐怕只有熱力學。其他的可信度，就普普通通而已。譬如說，有個愛因斯坦活在五千年前，聽到我們說：地球非常古老，年紀超過四十億年。它存在於近乎真空的環境，繞著太陽轉。兩者距離約一億五千萬公里遠。因為核融合而讓太陽散發大量的能量。核融合就是製造氫彈的原理。所有的物質都由我們肉眼所看不到分子和原子構成。原子又是為更小的基本粒子所組成。生物體主要由細胞組成。細胞內又有超級複雜的分子結構 DNA，像工程師一樣決定有機物的形狀與功

能。……當代西方文化所認為理所當然的命題，充滿自信的教給下一代的科學知識。當無知的人挑戰這些命題時，甚至會感到有點憤怒。然而，面對五千年前的愛因斯坦質疑這些科學的 common sense 時，我們泰半無法提供令人信服的證據的。

甚至是熱力學也不是那麼理所當然。如高中物理學所定義的第零定律說，熱由溫度高的流向低的。如果 A 溫度等於 B。B 溫度等於 C。那麼 A 溫度也會等於 C。可是甚麼是溫度？我們又該如何測量溫度呢？一切又顯得漂浮不定。

讓固定點固定下來

講到測量溫度，我們總該有固定點（fixed points），才有測量的基準。那用甚麼當溫度的固定點呢？有關此問題，從 1600 年之後，就有很多科學家聚訟紛紜。如下表所示：

科學家	年代	固定點
Sanctorius	c.1600	蠟燭火焰和雪
Accademia del Cimento	c.1640？	最冷的水和地表最熱的太陽
Robert Hook	1663	凝結時的蒸餾水
Robert Boyle	1665	茴香油凝結，或是結凍時的冰水

Christiaan Huygens	1665	沸騰的水和凝結的水
Issac Newton	1701	融化的雪水和血液熱度
大英百科全書	1771	冰凍中的水和融化中的蠟

後來，我們就慣用水的冰點和沸點為固定點。不過，問題還是沒完沒了。什麼是沸點呢？如 De Luc 1772 年的論文所指出的，水的沸騰有很多樣態啊！

1. 普通沸騰：水表面上，以穩定的速度出現很多泡泡。加熱熱源大，氣泡就多。熱源小，氣泡少些。不過，水的溫度相對穩定。

2. Hissing：此沸騰有點像茶壺一開始嗚嗚叫，發生在上層水與中層水還比底層冷一點的時候。

3. Bumping：大而孤立的氣泡突然冒出時。此際溫度不穩定。當大氣泡出現時，水溫略降。沒氣泡時，水溫又會上升。通常會有很大的噪音。

4. Explosion：大量的水突然變成水蒸氣。這可視為 Bumping 的極端情況。

5. Fast Evaporation only： 沒有氣泡產生，可是有大量的水蒸氣與熱從水面散逸。此際溫度可能穩定也可能不穩定。發生此現象時，溫度通常低於一般沸點，但也可能發生在水過熱卻還無法氣化的情況。後者可視為 Bumping 和 Explosion 之間的過渡階段。

6. 冒泡：這發生在沸騰時，通常只是水中空氣受熱散

逸出去。

De Luc 認爲這些都無法作爲固定點。他自己甚至做出水溫高達 112 度 C，還是無法沸騰的實驗。Louis Dufour（1832-1892）甚至展示讓水漂浮在其他液體上加熱，可高達 178 度 C 還沒沸騰。這些過度加熱實驗，提出很有趣的挑戰。如 Louis Donny（1822-？）所說的，如果液體進入完美純粹的情況下，沒有人可以預測會發生甚麼事情。1878 年第九版的大英百科全書說：據說，還沒有人觀察到純水 pure water 沸騰的現象。

有那麼多不同的沸點？那該如何降低固定點紛歧的困擾呢？英國皇家學會一群專家們集會討論，在 1777 年，提出建議說：「校正沸點的最準確方法，不是把溫度計放入水中，而是量測水蒸氣。」Cavendish 相信，水沸點的溫度是變異而不穩定的。沸騰水溫通常會比水蒸氣高。會高到幾度則視沸騰的水的性質與周遭環境而異。相對的，用水蒸氣的溫度來校正水沸點溫度，會準確很多。此預測要到六十五年後，Marcet（1842, 404-405）做出一系列實驗證明，就算水溫超過 105 度 C 以上，水蒸氣的溫度還是能維持在 100.1 度 C 左右。多出這零點一度 C，還是無法忽略，可是通過實驗校正，水蒸氣的溫度就可很穩定的固定在 100 度 C 左右。

尋找真實的溫度計

當固定點固定下來之後，下一個熱測量學的難題是如

何將溫度化爲數字，尤其是成爲可觀察比較的、清楚的線性特質。

十八世紀科學家用兩點固定法（two point method），以水的凝固點爲零度 C，水的沸點爲 100 度 C。然後等量區分，如將中間數值稱爲 50 度等等。此操作模式本身就假定，流體隨著溫度高低等量膨脹（有固定的熱膨脹係數），所以溫度增加的量會恰好與流體體積膨脹的量成線性關係。爲了檢測此假設，我們就要做實驗探討體積與溫度的關係。可是，這就出現一個難題了。除非我們有可靠的溫度計，否則就無法做實驗測量溫度。可是能否將熱量化爲線性溫度計，正是我們要探討了假設。這就陷入了循環論證。此測量數字化的難題，不只是熱力學會碰到，其他學門也會。簡言之，其結構大致如下：

1.我們要量測 X 量。

2.X 量無法直接觀察到，所以我們就用另一個量 Y，可觀察的，來推論量 X。

3.此推論可化爲函數 X=f（Y）。

4.此函數卻又無法實證驗證，因爲它同時牽涉到 Y 和 X，而 X 卻正好是我們所要測量的變數。

此循環論證結構或多或少，說明爲什麼所觀察與測量，都有 theory-ladenness 的問題。儘管如此，科學家並沒有停下腳步。他們還是進行很多實驗，試圖破解此難題，如以下三張圖表所示：

表一：以不同流體當溫度計所造成的斷裂情形

水銀	酒精	水
0°C	0	0
25	22	5
50	44	26
75	70	57
100	100	100

表二：水銀溫度計校正

	所加的熱計算	水銀溫度計讀數	水銀在兩點之間的膨脹係數
水溫	Z+80	80.0	-
	Z+80	74.7	5.3
	Z+80	59.0	5.2
	Z+80	43.6	5.1
	Z+80	28.7	4.9
	Z+80	14.1	4.8
融化中的冰點	Z	0.0	4.6

表三：De Luc 不同溫度計的讀數比較

校正過的眞實溫度	40.0
水銀溫度計	38.6
橄欖油溫度計	37.8
飽和鹽水溫度計	34.9
酒精溫度計	33.7
水溫度計	19.2

從這些實驗中，我們得知：材料的膨脹係數會隨著溫度改變的。不同材質的膨脹係數也會有所不同。所以用不同材質做成的溫度計，所看到的線性數字也會有所不同。在表一，我們可以看到在零度到 100 度之間，水銀的膨脹係數變化最小，比酒精和水穩定。從表二，我們可推知水銀的膨脹係數，溫度愈高，就變得愈大。而從 De Luc 的實驗，我們可以得知在日常生活脈絡中，水銀溫度計恐怕是最好的選項。

邁向單一數值原理

在日常生活脈絡，以水銀當溫度計勉勉強強可用。可是如果面對極端情況呢？如熱到水銀蒸發，或冷到水銀結冰呢？

問
津

　　劍橋科學史與科學哲學家 Hasok Chang，在此後的測量發展史上，就特別推崇相傳是 PV=nRT 中那個 R，Henri Victor Regnault（1810-1878）的貢獻。由於現代科學史總是重視高級理論（higher theory）的貢獻，對於底層穩定性（lower regularities）的貢獻茫然，而讓我們幾乎遺忘了這位英雄。

　　Regnault 兩歲成為孤兒。拜當時法國大革命的風俗之賜，他一路靠社會慈善教育體制的幫忙，進入 Ecole Polytechnique。在三十歲時，他成為那裡的化學教授，同時被選為法蘭西科學院化學院士。1841 年，他成為 College de France 的實驗物理教授。他的研究奠定了當時有關蒸汽機的理論與運作的實證資料與原理。時人 Marcelin Berthelot 說他簡直是，準確精神的道成肉身（the very spirit of precision had been incarnated in his person）。那時整個歐洲的年輕科學家，從 William Thomson（也就是後來的 Lord Kelvin）到 Dmitri 都會拜訪他的實驗室，並且待一段時間，當他的助理，學習與工作。他的實驗室有歐洲最好的實驗設備，如高二十四公尺，可測量到三十大氣壓的壓力計。目前他所留下來，有關蒸汽機原理的實驗數據，有三巨冊，每冊 700-900 頁，滿滿的實驗數據表格和孜孜不倦的實驗程序，「縝密精細、用心綿亙到令人想都不敢想。」

表四：不同型態玻璃所做的溫度計比較

氣體溫度計	Choisy-le-Roi 水晶所做的水銀溫度計	普通玻璃所做的水銀溫度計	綠玻璃所做的水銀溫度計	瑞士玻璃所做的水銀溫度計
100°C	100.00	100.00	100.00	100.00
150	150.40	149.80	150.30	150.15
200	201.25	199.7	200.80	200.50
250	253.00	250.05	--	--
300	305.72	301.08	--	--
350	360.50	354.00	--	--

　　如表四所示，透過一系列研究，Regnault 發現水銀溫度計到超過 350 度 C 就行不通了，只能改用氣體溫度計。他在 1842 年宣稱，水銀溫度計行不通的主要原因是無法通過單一數值的判準。如拉卡托斯（Imre Lakatos）所說的，當我們提出理論時，大自然或許不會高聲吶喊 NO；然而，當我們陷入理論迷宮時，大自然會高喊INCONSISTENT。Regnault 認為水銀溫度計，在超過 150度的同樣情境下，卻無法得到相同一致的測量數值，那就是不足的。在特定情況下，一個真實的物理特質不應該是一個不特定的值。所有捲入測量溫度的科學家們，也都相

問
津

信那是真實的物理性質,所以也都不反對 Regnault 的溫度的單一數值判准原則(single valuedness)。因為我們如果說,有個氣體溫度同時是 15 度,和 35 度。這命題顯然是有所不足的。

不過,我們如果說,有個氣體同時是 15 度,和不是 35 度,那又顯得合理。如解 $X^2=1$ 時,我們會得到兩個數字,1 和-1。那麼單一數值原則是不是要求太多,是不是有經驗基礎的假說?這原則是否成立,可以檢測嗎?

對此,Hasok Chang 說 Regnault 所提出的單一數值原則,既不是邏輯也不是經驗上的,而是存有原理(ontological principles)。存有原理是某知識論社群內所預設的實在特質。如果違反此原理,某命題或許不能說錯,但也是此知識論社群所很難理解的。儘管存有原理可能是錯的。可是,對十九世紀測量溫度的知識論社群而言,說一杯水的 uniform temperature,既是五度,也是十度。那是沒有意義或很難理解的。

更值得說明的是,Regnault 不僅用單一數值原則來測試水銀溫度計,他也用來檢驗自己的氣體溫度計。

表五:Regnault 比較空氣溫度計和硫酸氣體溫度計

空氣溫度計 A		硫酸氣體溫度 A'		
氣壓 (mmHg)	溫度讀數	氣壓 (mmHg)	溫度讀數	溫度差異 (A-A')
762.38	0	588.7	0	

1032.07	97.56	804.21	97.56	0.00
1141.54	137.24	890.70	136.78	+0.46
1301.33	195.41	1016.87	194.21	+1.21
1480.09	260.84	1157.88	258.75	+2.09
1643.85	320.68	1286.93	317.73	+2.95

　　如表五所示，相對於水銀溫度計而言氣體溫度計穩定很多，數值更有一致性。所以，Regnault 說「當溫度超過一百度時，氣體溫度計是目前唯一有信心可用來精確測量的工具。」不過，此結論又引發兩大問題。一、空氣溫度計是不是比其他氣體都好？二、氣體溫度計能否通過單一數值原則判準。

　　有關第一個問題，Regnault「硫酸氣體的膨脹係數比空氣還不一致，它會隨著溫度下降。」他還試過其他氣體，可是初步的結論還是都比不上空氣溫度計。有關第二個問題上，Regnault Regnault 可以說是就很悲觀了。

　　物理學家會接受氣體溫度計，是因爲大家相信氣體體積會與熱量成正比。既然此原理被認爲是不夠精確的，那麼氣體溫度計就與其他溫度計掉入同樣的窠臼中，同樣是不精確的。

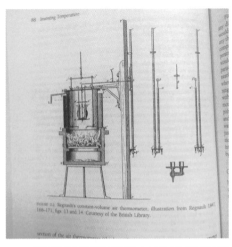

Regnault 所設計
的空氣溫度計

　　找到空氣溫度計似乎還是沒甚麼意義的成就，還是無法通過單一數值原則判準。

　　不過，劍橋科學哲學家 Hasok Chang 認爲 Regnault 之所以是英雄，也在於他是熱測量學中第一個意識到理論假設與測量會構成套套邏輯的人；而且，也不會一下子就掉入一切都在崩壞的知識虛無中。相反的，他孜孜不倦，努力不懈，不斷尋找可以自我校正，測量與假設並進的方式。這可以說是知識論上的疊代逼近（Epistemic Iteration）。如以熱力學爲例，我們剛開始只是用屁股坐在砲管上多久會受不了，來測量熱。那種溫度判斷只是定性的，無法數字化，也無法實驗操作。後來有人發明了 thermoscopes，像一座橋般，讓溫度量測從定性走向定量。從感受走到實驗性操作，讓我們眞實掌握冷與熱的數字意義。有此數字意義，我們也可能進一步推論出能量守恆原理。然後，我們又從水銀溫度計走向氣體溫度計。

Regnault 所發明氣體溫度計也是一座橋，讓我們可以進一步推導到絕對零度，或熱力學第三定律。不過，Regnault 是橋中橋，因為他是首開熱力學測量上審視自己假設依據，並致力於自我校正的人。那可以說是測量的精髓所在。

簡之，從發明溫度的歷程中，我們會發現要讓固定點固定下來非常艱難。萬事萬物似乎無不建立在水之鄉，無不在漂浮中。也因為此漂浮，讓我們追求真實的溫度，困難重重；邁向單一數值原理也是道阻且長。然而此險阻並不會就構成知識虛無。我們還是可以透過審視自己測量的假設，在每個階段進行知識論上的疊代改善，自我校正，而逐漸逼近我們知識論社群中所能共同接受的一致性。

當水銀凍結或氣化時怎麼量溫度？

儘管立足於漂浮大地，溫度測量還是不斷自我改善，塑造我們日常生活中所用的溫度測量。利用水銀熱漲冷縮的穩定性，開發出用水銀溫度計。然後，以水為基準，設定冰點、沸點；並在其間設定幾乎是等差的數字指標，然後用它來測量日常生活脈絡中的溫度，如攝氏二十五度 C，或零下二十度 C 等等。

如果溫度情況極端呢？如熱到水銀汽化，或冷到水銀凍結，那該如何是好呢？

史料上記載，最早意識極端溫度問題，如果水銀凝固了該怎麼辦的是 Johann Georg Gmelin（1709-1755），在

俄國聖彼得堡皇家學院工作的化學家。他在 1733 年，率領一群科學家，展開橫渡西伯利亞的十年旅程。此探險計畫在安納女皇（Anna Ivanovna）諭令下進行，想對俄羅斯帝國東境有更好的理解。這群人浩浩蕩蕩，展開探險，然後在夏天留下這樣的紀錄：

空氣似乎凝結住了。當冰霧出現，不似炊煙裊裊上升，襲向小鳥。小鳥瞬間凍僵，從空中掉下來，好像死了一般。除非立即將小鳥帶到溫暖的房間，否則它們轉瞬就被凍死了。

我們無從知道，那時溫度到底幾度了。Gmelin 說，「我們的溫度計已經破表，了無懸念的過冷，冷到華氏負 120 度以下（-84.4 度 C）。」此發現震驚了當時的科學家們，因為那是有史以來的最低溫紀錄。如 William Watson（1715-1787），當時有名的博物學者和電學家說：要不是有此實驗證明，我們壓根想不到會出現如此低溫。

半個世紀後（1783），另一個科學家 Charles Blagden（1748-1820），重新檢視此紀錄，認為 Gmelin 說法不可信。因為在此極端溫度下，水銀早就凍結，破壞溫度計了。Gmelin 當時沒考慮到水銀可能會凝固。更有甚者，Gmelin 還拒絕承認水銀有固態。他說水銀看起來凝固了，是因為在純化時用了醋和鹽，讓水銀中有水。他把溫度計中凝固的水銀拿出來，好好擦乾，水銀就不再凝固了。要到 1758 年，Adam Braun（1712？-1768），聖彼得堡皇家學院的物理學家，在雪中倒入硝酸，人工製造低溫，才實驗證明水銀與任何液體沒甚麼區別，溫度夠冷，

都有固態。

實際上，自然環境也確實可能造成水銀凝固。1772年十二月，在俄國工作的德國博物學家 Peter Simon Pallas（1748-1832），一樣在西伯利亞發現四分之一磅重的水銀凝固。雖然有人懷疑該水銀純度不夠，才造成此現象。不過，後來陸陸續續的其他實驗證明才終止該懷疑。

功利主義法學者 Jeremy Bentham（1748-1832），後來甚至用此案例，來說明人總是被 familiarity 綁住，信其恆信，或其願意信的。Bentham 將此故事，類比到洛克提過的案例：有個荷蘭學者到暹羅，跟國王報告說，荷蘭水道到冬天時會凍結，冰硬到可以在上面跑馬車時，被眾人諷刺嘲笑一般。

哲學偏見很難消除。精確的溫度測量，尤其是溫度低到水銀凝固後該怎麼辦，也是難題。

水銀可以告訴我們它自己的凝固點嗎？

知道水銀會凝固後，第一個難題就是要測量、決定水銀的凝固點。Braun 想到用酒精溫度計，因為就算到了低溫到水銀已經凝固了，酒精還是可以用來測量溫度。此方法得到的溫度是負一百度 C。Pallas 想到先將水銀凝固，然後加熱，到它融化時，直接用水銀溫度計測量溫度。他得到的數值是零下 43.3 度 C。兩者溫度差那麼多，那究竟是誰對呢？

一般還是信任水銀，認為 Pallas 的方法才對。不過，

De Luc 卻也為 Braun 的方法辯護。他認為與水銀相較，酒
精 受 熱 膨 脹 ， 會 隨 著 溫 度 愈 高 ， 愈 是 加 速
（accelerated）。如攝氏零到二十度 C 左右，水銀與酒精
溫度計的讀數幾乎都是一致的。可是到了水銀溫度計讀數
四十度 C 左右，酒精就跑到五十度 C 了。如果此模式無
誤的話，那麼在低溫時，會不會也有類似的現象。也就是
水銀溫度計的零下四十度，約莫等於酒精溫度計所顯示的
零下一百度？De Luc 後來也真做了一系列實驗，比較在
同樣溫度下，水銀溫度計與酒精溫度上指標差異。

　　換言之，Braun 和 Pallas 的實驗都是可信的。然而，
知道兩者都可信，卻還是沒解決我們的難題：一、極端冷
時，該信賴哪個溫度標準？水銀凝固點究竟是幾度？有關
此，De Luc 只是臆測，水銀就算臨近自己凝固點，其收
縮係數還是很穩定，所以水銀才是比較適當的低溫測量的
溫度計。二、是不是有冷到極端溫度，再也降不下去的絕
對零度？這問題就很複雜了，不只牽涉到測量，或我們實
際在物理世界的冷熱問題；還牽涉到理論上我們對溫度的
理解。先說簡單的。

　　De Luc 只能臆測，因為他在日內瓦，沒有聖彼得堡
或哈德孫灣之類的極圈低溫，也沒有足夠的實驗設備。不
過，英國皇家學會決定介入，想搞定水銀凝固點究竟是幾
度？

　　他們覺得，單用水銀溫度計來測量極端寒冷是不足
的，可是如果只要知道水銀的凝固點，水銀溫度計可能就
夠用。Henry Cavendish（1731-1810）設計了一個用水銀

來測量水銀凝固點的實驗。將水銀溫度計，放在充滿水銀的圓筒中。然後讓周遭環境降溫、變冷。由於水銀凝固時，是從外圍開始。也就是圓筒壁上的水銀開始凝固時，放溫度計的水銀中央區還沒凝固。如此，就可以測出水銀凝固點。

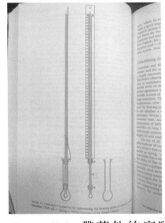

這是 Cavendish 所設計出來，用水銀溫度計來測量水銀凝固點的實驗設備。

　　Cavendish 帶著他的實驗設備，在英國海軍協助下，趕往哈德孫灣，在 1781-82 年間進行實驗。實際操作實驗的是 Thomas Hutchins（？-1790），海軍外科醫師，時任 Fort Albany 首長。他們得到的水銀凝固點是負四十度 F，也剛好是負四十度 C。他們很有信心，因爲在三種不同狀況，都得到近似的溫度：當圓筒的水銀開始凝結時；當水銀溫度計的水銀圓球，從固態開始融化時；以及將溫度計插入融化中的凝固水銀塊都是如此。Cavendish 回到英國皇家學會之後，又參照在 1777 年所制定的標準溫度計校正，然後將水銀凝固點溫度校正爲負 38 又三分之二度，約爲負三十九度 F。

此測量在實際操作上，其實不容易，因為要靠肉眼辨識水銀開始凝固與否？更糟糕的是，溫度計內的水銀凝固時會附著在玻璃上，讓還是液態的水銀突然下降很多。而且將凝固的水銀溫度計稍微加熱時，也會不可思議的讓溫度讀數下降。除了這些問題之外，水銀凝固會與水凝結時類似，有過冷問題。也就是溫度降到凝固點以下，水銀或水，都還無法凝固。因為相變本身就需要相當的熱量。還好因為水凝結過冷現象，已經為科學家所熟知，所以水銀過冷現象沒有造成太大的困擾。

　　用水銀來測量水銀凝固點的實驗，本身就假定：水銀溫度降低到接近凝固時點，其膨脹係屬還是很穩定，很線性。運氣好的是，實際上也大致如此，如果換成其他液體就更難測量了。科學家後來試過好幾種液體，油啊，酒精啊！混合液體啊之類的。其表現在超低溫時，膨脹係數都很不穩定。這也意味著，當溫度低於水銀凝固點，水銀無用武之地時，傳統液體溫度計也就派不上用場。

　　儘管 Cavendish 很努力，也很謹慎，可是水銀溫度計在低溫領域還是不夠用。在 1797 年的第三版大英百科全書中，還是排斥用水銀凝固點當作溫度測量的零度，因為「那個點還不夠讓人知悉（not a point well known）」。如果低溫領域測量還要抱著昂貴、易脆的實驗器材，在海軍或皇家力量的協助下，跑到西伯利亞或哈德孫灣，才能做實驗。門檻如此之高，當然也就很難複製，很難為人所熟知了。

　　低溫測量怎麼進行，才能為人所熟知，要再過五十

年，到 Adrien-Jean-Pierre Thilorier（1790–1844）在 1832 年發明乾冰製造法，讓低溫條件變得很容易在實驗室操作才可行。過去很難用氣體溫度計，來測量低溫。因為氣體溫度計體積非常龐大，運送到極地氣候區，要不被破壞很難。然後，要將那麼大的實驗器材放到水銀池中，那需要多少水銀啊！尤其低溫會讓實驗器材很容易破碎。

1837 年，Pouillet（1790-1868）開始用氣體溫度計量測 Thilorier paste 的溫度。該 paste 係以乾冰加上硫酸的混合物。Pouillet 發現此 paste，用來製造低溫環境非常有用。它解決了怎麼在實驗室把水銀固態化的問題。所以 Pouillet 先測量此 paste 的溫度，約莫是負 78.8 度 C。他直接使用 Thilorier paste 來讓水銀降溫、凝固，結果降溫太快、很難均勻。不好用。

他轉向，改設計鉍銅熱電偶（bismuth-copper thermocouple）來測量溫度。他先在日常生活脈絡的溫度範圍內，17.6-77 度 C，與空氣溫度計對照，來釐清熱電偶溫度計的線性特質。然後將此線性特質，擴張運用來測量 Thilorier paste 的溫度。很高興的得到-78.75 度 C，與空氣溫度計測量結果非常類似。

然後，他用此熱電偶溫度計來測量融化中的水銀，得到負 40.5 度 C，也非常接近 Cavendish 在冬天跑到極圈所測量到的溫度值。接著，他設計出六種不同的酒精氣體溫度計。用熱電偶溫度計來測量，發現這六種不同氣體溫度計，與空氣溫度計的測量值非常吻合，誤差不大，從零度以降到負八十度 C 皆然。這也意味著熱電偶溫度計在低溫

測量上的穩定度，不下於空氣溫度計。如此，經過反覆實
驗，他終於得出水銀的凝固點就在負四十度 C 左右。

　　幾經波折，從 1733 年發現水銀會凝固，到 1837 年，
超過一百年的努力，科學家終於在有關水銀凝固點溫度的
測量上，得到一個科學社群認可的數值。

高溫測量

　　有關低溫測量所引起的絕對零度這個問題，我們暫時
擱下，等到理論溫度時在處理。在此，先對稱性的討論當
水銀汽化時，高溫測量該怎麼辦？

　　與低溫測量相較，高溫測量因牽涉到產業利益，如燒
煉陶瓷所需要的高溫條件，世人反而更熟知。在 1797 年
的，第三版大英版科全書很樂觀的說：我們現在已經可以
標示窯爐裡所產生的最高熱度多少了……此高溫測量的成
就，不得不歸諸於 Josiah Wedgwood（1730-1795）在改善
燒陶藝術上的卓越貢獻了。

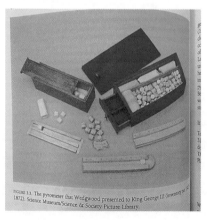

FIGURE 3.3. The pyrometer that Wedgwood presented to King George III (inventor to 1872). Science Museum/Science & Society Picture Library.

這是 Wedgwood 高溫測量所使
用的陶土。這種標準陶土，很
難複製，所以也很難說其所測
量的溫度準確。儘管如此，這
套利用陶土熱漲冷縮或在不
同溫度會變色的量測技術，在
大家都覺得不精準的情況下，
還是沿用了百年之久。

不過，此溫度報導，在今天看起來非常可疑：它說鑄鐵融化的溫度是 17977 度 F，而 Wedgwood 的窯爐最高溫可到 21877 度 F。現代科學家認為就算是太陽表面的溫度也才一萬度左右而已。難道 Wedgwood 可以做出比太陽更熱的窯爐？如果顯然不行，那麼他所量測的高溫，在水銀、玻璃都會汽化的情況下，是怎麼測量來的？那時又是怎麼評估不同高溫溫度計的考靠性？

在投入高溫測量之前，Wedgwood 是英國知名的瓷器生產者，也幾乎是整個歐洲最著名的。其品質足以跟 Meissen 和 Sevres 傳承久遠的工藝品相媲美。在 1765 年，Wedgwood 與有榮焉的被封為「女皇陛下的陶匠」（Potter to Her Majesty）。

對 Wedgwood 而言，標準水銀溫度計一點用處都沒有。水銀約莫在 600-700 度 F 之間就會汽化。他有天讀到 Gerge Fordyce（1736-1802），倫敦聖湯姆士醫院的醫生，報導：在黑暗中的物體於 700 度 F 時，會發光。Wedgwood 好奇：如果水銀 600 度就汽化了，那麼 Gerge 怎麼測量出 700 度這個溫度。Gerge 也真的回應說：那不是精確的，而且溫度是否那麼精準也無關宏旨，他只是盡其所能的猜測。在那麼高溫下，空氣溫度計也派不上用場。因為該溫度計，除了空氣之外，還有其他材料，如玻璃和水銀（以測量壓力）等等都會軟化、融化、沸騰和蒸發。

那時的高溫測量主要建立在不同金屬的熱膨脹效應。可惜的是，在陶瓷煉製的過程中，熟知的幾種金屬都已融

化,無法當作溫度指標。牛頓曾依據他那未經證實的冷卻定律,導出比水銀沸騰高的溫度,當作窯爐溫度。不過,那溫度卻沒有任何儀器,測量,證實。理論不甚可靠,又沒儀器測量,這讓高溫研究上很難找到出路。

1780 年,Wedgwood 找到氧化土泥混合物,會因為溫度不同而變色。而且他還發現陶土燃燒收縮(burning shrinkage),陶土受熱時體積會縮小的特質。他認為隨著溫度上升,此收縮非常穩定,一直到陶土化成玻璃型態為止。而且,收縮程度只跟溫度有關,跟暴露時間長短無關。然後,更重要的是,一旦抵達高溫,陶土型態收縮了,就定型,不會因將其放在低溫環境而改變。也就是說,我們可以用陶土做高溫測量,然後將其移出窯爐,靜置一段時間,等陶土冷卻後,才來測量陶土收縮的體積,並據以推知此高溫為何。他將此發現,寫成論文,發表在1782 年英國皇家學院的 Philosophical Transactions。

在該論文中,Wedgwood 詳盡的指導該如何準備高溫測量的陶土:0.6 英吋寬,高 0.4 英寸,長 1 英吋。他推估出每增高一度 C,陶土寬會縮減 1/600。他說,此高溫測量方式雨一般溫度計類似,不是很準確,無可避免的武斷。不過,無論在哪個地方,哪個人,用甚麼陶土,在高溫下都會說著共同的語言。所以我們應該堅持此高溫測量方式。

此高溫測量在產業上用處頗大。如他發現銅在 21 度 W時就會融化,可是銅作坊卻往往加溫到 140 度 W。那真是毫無意義的浪費燃料。這讓 Wedgwood 的高溫測量方

法，聲名鵲起。雖然有些人批評此測量方式，卻很難不肯定此溫度計在高溫物理或化學實驗上的用處，以及未來的發展性。肯定 Wedgwood 的學者包括 Black, Hope, Priestley, Wollaston, Bergman, Crell, Guyton de Morveau, Lavoisier, Pictet 和 Rumford 等等。在這些名流的背書下，他還很驕傲的將一套自己所設計的高溫測量儀器送給國王喬治三世。此儀器還保留在倫敦科學博物館中。

但那不是我們所熟知的溫度

在其崇拜者的建議下，Wedgwood 著手將其高溫測量儀跟以水銀為基礎的華氏溫度計，和一般常用來高溫測量的白銀溫度計，進行連結。他發現一度 W，等於 130 度 F，做出三種不同溫度計的指標對照圖，以便將所有高溫測量溫度，放在統一系列上，以同一種語言表示，相互比較。他還測量列表說明，水銀沸騰、銅融化、白銀融化、黃金融化、鑄鐵融化和 Wedgwood 陶窯的最高溫，在不同尺度上的溫度推估。

不過，隨著其高溫測量的可信度聲譽日隆，他所受的批評聲浪也愈大：

很難複製其高溫測量儀器。每塊陶土的性質都有點不同，無法做出可複製的標準陶土。就算陶土都採自原儀器產地 Cornwall，也無法標準化。連他本人都無法複製他一開始使用的「標準陶土」（standard clay）。沒有理由相信陶土收縮是線性的。

他所測量出來的的各種金屬融化的華氏溫度都太高。

TABLE 3.1. Some high temperatures measured by Wedgwood, with conversion to Fahrenheit degrees

Phenomenon	°Wedgwood	°Fahrenheit
Greatest heat of Wedgwood's air-furnace	160	21877
Cast iron melts	130	17977
Welding heat of iron, greatest	95	13427
Welding heat of iron, least	90	12777
Fine gold melts	32	5237
Fine silver melts	28	4717
Swedish copper melts	27	4587
Brass melts	21	3807
Red-heat fully visible in daylight	0	1077
Red-heat fully visible in the dark	−1	947
Mercury boils	−3.673	600

Source: Wedgwood 1784, 370.

這是 Wedgwood 所發表的高溫測量結果。用今天的眼光看來，這些溫度普遍太高。

　　這些批評可以說都是正確的。Wedgwood 高溫測量只能算是粗估的指標，而沒有觀念上的或定量上的準確度。Wedgwood 在科學上不夠細緻。他無法證明與展示陶土和銀塊會只是因為溫度高低，而成線性的收縮或膨脹。

　　不過，我們不能因此就說他錯了。因為要檢驗此假說能否成立，也要有一套獨立的高溫測量方式，可是當時候並沒有。Wedgwood 航向處女地，在此之前，沒有任何權威可以驗證，或否證其報告。那我們要在甚麼基礎上，說他測量出來的高溫數據錯了呢？這是個知識論上的難題。

超越限制與觀念拓展

　　高溫測量攸關產業利益，會吸引很多人投入；再加上 Wedgwood 高溫測量方式不甚可靠，認為彼可取而代之者眾，自然百家爭鳴。十九世紀 Guyton 就整理出過。各種

高溫測量方式比較。

Louis Bernard Guyton de Morveau（1737-1816）是法國大革命期間的政治家與科學家。政治上，他是個成功的律師，在擔任國民議會（National Assembly）和國民公會（Convention）代表期間，他將名字中貴族味道的 de Morveau 刪除，並贊成處決國王。他也是公共安全委員會（Committee of Public Safety）的第一任主席。不過到恐怖統治時期，因立場溫和，就卸任了。羅伯士比倒台後，他也不曾重返政壇，而成為一個政治科學家。他是法國科學院的創始人之一，並成為有關數學與物理科學的第一所所長（1807）。

1803 年，他在法國科學院展示白金高溫測量儀，並展開白金與 Wedgwood 高溫測量的比較研究。在他的校準下，成功讓 Wedgwood 高估的各種金屬熔點降下來，如鑄鐵溫度從 17327 度 F，降到 8696 度 F。不過，他也意識到白金和陶土類似，都無法保證在高溫膨脹或收縮是線性的。後續許多人孜孜不倦的努力，如用白金做空氣溫度計來校正各種高溫溫度計，其極限也就只能測到 1600 度 C 左右。高過此溫度，就還是一樣無可避免地武斷，而且其準確範圍還得在建立在空氣溫度計就是準的前提上。

山不轉路轉。有些人想到用能量守恆原理，用冰卡路里法（ice Calorimetry）或水卡路里，來測量高溫。將高溫物的溫度，用冰冷卻，降到冰的溫度。看融化了多少冰，依據能量守恆，再來推估該高溫物的原始溫度。

這方法得先知道受測物的比熱，才能推算。而且，有

個難題是大部分受測的高溫物質，在高溫時比熱並不穩定，並非常數。如此，推算出來的溫度一樣是不可避免的武斷。有些人想到進一步精煉牛頓的冷卻法則。量測未知高溫到已知低溫所需要的時間。然後進一步推算出那個未知高溫的溫度。此法用來測量鉛融化溫度，或許足夠。然而，隨著溫度增高，還是需要獨立的高溫溫度計，才能進一步驗證、精煉。只可惜就是沒有可靠的高溫溫度計，所以當時用冷卻法所量測出來的溫度還是武斷的。

以今視昔，一直到十九世紀初，所有的高溫測量方法都是武斷而不可靠的。實際上，業界也還是慣用 Wedgwood 高溫測量法，一直用到十九世紀下半葉，百年之久。有趣的是，這一百年來，大家都覺得 Wedgwood 法不準確，百家爭鳴，卻又一樣無法擺脫其限制。長久以來，普遍不滿，想方設法找高溫測量，卻又無法推翻、取代它。如此，一直忙到 1890 年代，才真正在熱學觀念上拓展開來，並找到替代性的高溫測量方式。

百家爭鳴，各有各的理論立場，彼此競爭，激盪，也彼此校正。這是不是跟後來決定性的觀念拓展有關呢？或許是。表面上看起來，大家都想化約到慣用的華式溫度。但是，此溫度實非彼溫度，因為各自依據的語言遊戲並不同。Wedgwood 的建立在陶土的高溫收縮理論。牛頓的建立在降溫速度與溫差之間的關係。$T=C+（T0-C）*e^{-kt}$（t 是冷卻時間。T 經過 t 時間之後，物體所呈現的溫度。T0-C 物體的初溫）空氣溫度計依據查理法則，或是理想氣體方程式。冰卡路里法依據能量守恆。柏金法，建立在

金屬的熱脹冷縮上。這些都是溫度，但在高溫測量時，也都不是我們日常生活脈絡中的所感受到的溫度。

這麼多不同觀念意義下的溫度，到了十九世紀末，終於進一步整合，而發展出現代意義下所謂的「熱力學」。

熱質說與絕對零度

我們今天學物理時，慣常用熱力學這個稱呼。可是在十九世紀之前，不僅熱學與力學絕然不同。冷熱也是不同學問，因為除了熱學之外，還有冷學。所用的測量儀器，也各不相同，除了溫度計之外，還有冷度計。所觀測到的自然現象，除了熱輻射之外，還有冷輻射。

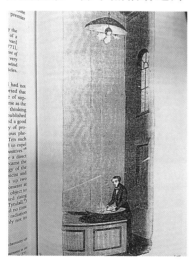

Marc Auguste Pictet
（1752-1825）
有關冷輻射的實驗設計。

此冷熱分殊，對稱考慮的歷史可溯源到亞里斯多德。他把冷熱視為相對特質（opposites）。一直到十七世紀的培根（1561-1626）也還是冷熱分別處理。熱是擴張運動

的特殊形態。冷是收縮運動。兩者有同樣的存有地位。波以爾（1627-1691）想排除冷特質，可是不得不承認，儘管做了很多努力，卻總是無能為力。Pierre Gassendi（1592-1655），法國原子論者，他認為有卡路里原子（calorific atoms），擾動了一般物質，而造成熱。有伏凍里（frigorific atoms），塞住物質孔隙，讓原子運動凍住，而導致冷。這理論在十九世紀，普受歡迎。如Thomas Thomson（1773-1852）在1802年所報導的：

自然哲學家秉持著：冷並不僅是移除卡路里而已，而是添加了某特殊物質才導致的特質。這似乎是十八世紀哲學家們的普遍意見，如Muschenbroek（1692-1761）和De Marian（1678-1771）等人都如此認為。他們認為冷質就像硝酸鉀（nitre），只是以很小的微粒漂浮在空氣中，此微粒名為伏凍里粒子。所以風吹過來會覺得冷。

就算到了十八世紀晚期，有關冷的性質為何，還是沒有定論。1778年的第二版不列顛百科全書還說：物體在加熱時，其冷質會飛走。到了第三版時說：冷熱彼此互斥。這也是為什麼我們認為冷熱都是實在特質。

日內瓦物理學家Marc Auguste Pictet（1752-1825）更以雙重反射實驗（double reflectionexperiments），展現熱輻射與冷輻射，證實冷熱的存有特質。他用兩個金屬凹面鏡，一面放屋頂，一面桌上，兩焦點相隔69英尺。屋頂凹面鏡的焦點放置一熱源。桌上焦點用溫度計測其溫度改變。他發現，熱以極快的速度傳過來，近乎光速，所以很顯然不是通過空氣傳導而來。他稱此為熱輻射。同樣的，

如果一焦點改放冰雪，那麼另一焦點的也隨即降溫。如果冰雪中再加入硝酸鉀，那麼另一焦點降溫也會更快。所以冷熱性質，跟光暗特質不同。物質不會散發黑暗，讓光度降低。如果冷不是實在特質（positives），也就無法反射。

要說明此實驗，會有點像 Hacking，多倫多大學科學哲學家，在解釋正電子（positron）是否存在一樣。「如果可以噴出去，那該物就存在。」科學家可以將正電子噴到 niobium 上，改變其電荷，那麼正電子就存在了。同樣的，如果 Pictet 不是成功將冷噴出去，讓溫度計降溫，那又該如何解釋呢？冷輻射就實驗來講是真實的。

不過，這真實不見得一定得強到像 Gassendi 般堅持伏凍里原子的存在。如 Thomas Young（1773-1829）所說的，「任何熱的增加，讓我們有熱質的觀念。同樣的，我們也就產生正面的冷質觀念。兩者同樣簡單。不過，也可同時為彼此吸收，只剩一種正面特質。如說冷是熱質的喪失，或是熱是冷質的減少。」

那為什麼我們今天會採用熱質說，用熱質說來解釋冷輻射，而不是用冷質說來解釋熱輻射呢？這或許只是存有上的巧合，在理論溫度的理解上，冷有其極限，有熱的絕對零度。熱的極限為何呢？我們要定義冷的絕對零度，就算在今天也還是難以想像。

最早試圖透過絕對零度，來定義理論溫度的或許是蘇格蘭物理學家 William Ivrine（1743-1787）。他的想法很簡單。冰化成水需要相變熱。然後，冰與水每上升一度 C

問津

所需要的熱量不同，也就是比熱不同。水的比熱比較大。假設有個絕對零度，在此溫度上，我們分別加熱水與加熱冰。到最後兩者皆化為零度 C 的水。如此，也就是相變熱所需要的熱量，會等於從絕對零度加熱到零度 C 水與冰比熱差所引起的熱量差異。當然，我們可以反推回去。從零度 C，開始降溫，冰水到了那個絕對零度也就降不下去了。道爾頓（1766-1844）所示，陰影部分，也就是水從絕對零度升高到零度所需要的熱量，理論上，那剛好會等於冰化成水的相變熱。

假設從絕對零度到零度 C，冰與水的比熱都是常數。冰是 0.9 卡/公克·度。水是 1.0 卡/公克·度。冰化成水的相變熱是 80 卡/公克。那麼我們可以推估絕對零度約莫是零下 800 度 C。當然現實上冰與水的比熱不會在任何情況下都是常數。我們也很難進行水過冷實驗，到了零下一百度 C，還不讓水結冰，來測量其比熱。

Ivrine 透過實驗，推估其理論上的絕對零度，得到的數據是零下 900 度 F。不同人因為實驗誤差，做出不同數據。道爾頓得到零下 6150 度 F。拉普拉斯負六百度 C。拉瓦節負一萬四千度 C。彼此差異頗大。Ivrine 所提倡的理論溫度的絕對零度，透過後來的實驗估算有很多個，很難聚焦。這也意味著卡路里熱質說很不準。再加上，有人認為透過摩擦生熱，如大砲，所產生的熱量幾乎可以是無窮無盡的。在此情況下，卡路里原子怎麼跑到大砲上。我們如何知道大砲鋼材可以容納多少卡路里原子？這也使得當時精準精神的代表，空氣溫度計測量大師 Regnault 認為：

熱質說不足以作為理論溫度的觀念。

理論溫度的建立也就不得不與熱質說宣告別離，而走向熱力學。

理論溫度的建立

現在理論溫度的建立，首推 William Thomson（1824-1907），也就是封爵後 Lord Kelvin 的努力。他年輕時跟著數學教授父親在 Glasgow 學習，然後轉到劍橋取得學位，再到當時的科學中心巴黎研究與實習。他在二十二歲左右就取得 Glasgow 的自然哲學教職，做 23 年，一直 1899 年。他在電磁學上取得重大突破，也在實際應用上功勳卓著，協助鋪設橫跨大西洋的海底電纜成功。他總是希望針對問題擬出抽象的數學模型，然後將此模型與實際情況結合。在理論溫度的建立上，他也不例外。

Thomson 到巴黎時，隨著 Regnault 見習。他在 1845 年，寫給父親的信說道：到巴黎 Regnault 實驗室來見習，真是一個成功的計畫。Regnault 常跟我聊天、討論有關他在做什麼。我總是忙得不亦樂乎。通常在早上八點左右就到實驗室，下午五、六點才會離開。我主要是動手操作儀器，如操作空氣幫浦做實驗等等。然後也跟 Regnault 協作，一起分析實驗數據。

1851 年，Thomson 再度拜訪 Regnault 實驗室，花了很多時間，寫信告訴 Regnault 自己所發展出來的熱力學理論，並獲得其賞識。

1848 年，Thomson 在交給劍橋哲學社（Cambridge Philosophical Society）的論文，就透過氣體溫度計的實驗數據，在感謝 Regnault 細膩而精緻的實驗發現之下，以數學外推法，在 Sadi Carnot（1796-1832）熱機理論（heat engine）下，推論到了零下 273 度 C 左右，氣體壓力趨於零，也就是無限冷（infinite cold）。氣體分子近乎不動。這溫度也就成為我們熱力學慣用的零度 K。此絕對零度是不管用任何氣體當作氣體溫度計來測量，幾乎都會收斂到這一點來的。不過，當時並未完全接受此數據，因為以當時的實驗數據，外推，只能收斂到 –271.1 °C（–455.98 °F）到 –274.5 °C（–462.10 °F）之間。

在此，我們還有必要先介紹熱機理論，才能對理論溫度有更好的理解。從 1750 工業革命以來，就一直有利用熱來做功（mechanical work）的想像。

Carnot 這輩子所使用的熱機，其實也就是蒸汽機。蒸汽機一開始主要用於將礦坑的水排出來。然後，很快的紡織廠與磨坊也都開始用蒸汽機。這時用的還不是瓦特蒸汽機。還是只有一個汽缸。所以動力來源會停頓，不是很方便。

1765 年，瓦特在修蒸汽機時，突然想到，如果有兩個汽缸，一個進氣，一個排氣或讓氣體凝結，那麼動力就不會停頓了。此構想也真的造成蒸汽引擎的大躍進。一直到今天，我們慣用的引擎至少會有進衝爆排四個汽缸。瓦特是第一個研究引擎運轉的物理樣態的人。所以一般我們都說瓦特發明蒸汽機。

瓦特蒸汽機的成功，引起Carnot的興趣，如何讓熱機更有效率？首先他區分引擎運轉的四種不同物理樣態，進衝爆排。一、引擎從外界加熱得到特定的熱量。二、熱量讓引擎內的空氣體積拓大，得以作功，機械功。三、引擎將熱量排到較冷的地方。四、引擎回復成原狀。

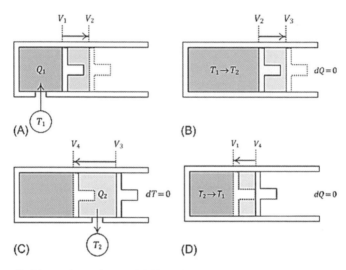

　　他說：這四種不同樣態運轉，一如水車。水車因溪流力量，將水桶中從低處取得的水提高，取得位能，將水到到高處後，水車又轉回來原處。如同水會從高處流向低處。熱量作工，也是從溫度高的流到溫度低的。然後，引擎的效率就取決於熱量轉化成機械功的效率。

　　也就是說：如果每回運轉，熱機所使用的熱量為 H。熱機所做的功為 W。那麼該熱機效率為 W/H。又因為引擎每回運種有四種不同物理樣態，每個樣態或做功，或消

耗功來回復原狀。我們也就可以將 W 細分爲 W1+W2-W3-
W4。

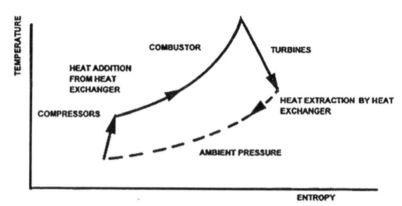

Carnot 研究發現，如果熱機完美的話，那麼該熱機
效率與溫度條件有關。熱機溫度與做功環境的溫差愈大，
效率愈高。

1851 年，Thomson 想到我們可以用 Carnot cycle 中的
熱機做功來定義溫度。首先，他將卡諾的發現寫成數學
式：

W=Hj （T1-T2）　　（1）

其中，j 是常數，Thomson 稱之爲 Carnot 係數。W 是
在 Carnot cycle 中所做的機械功。Q 是熱機在做功過程中
所消耗的熱量。T1，T2 則是在熱機中所定義的絕對溫
度。

式一也可改寫成 W=QjdT　　（2）

Q 是所輸入的熱量。dT 是對溫度微分，或是無限小
的溫度差異。如此除了關切 Carnot 熱機的運轉效率之外，

也將溫度觀念與機械功牢牢綁在一起。我們也可以用 Thomson 的話來理解：

從 T 度的 A 物，做功，轉化成為 T-1 度的 B。在理想狀態下，所做的機械功，都是一樣的。也就是說，不管該熱機的物理材質為何，在同樣的溫度條件下，所能產出的熱機效率是一樣的。

也就是說，「卡諾方程式可以用來定義溫度。」如果溫度低到，任何熱機都無法做功，那麼該溫度也就是所謂的絕對零度。

用氣體溫度計來逼近絕對溫度

Thomson 稱呼用機械功來定義的溫度為絕對溫度。他也在 Carnot 基礎上導出如何定義絕對溫度，或其理論溫度的數學式子。現在的問題是，這式子或假說禁得起考驗嗎？要透過甚麼樣的實驗，來說服科學社群，信服其理論溫度。

為此，Thomson 與焦耳（Joule）一起設計了 Joule-Thomson 實驗（可參閱 https://www.youtube.com/watch？v=0Pi3LhhrZxI 的說明）。

他們刻意讓氣筒維持恆溫下，讓氣室 A 中的空氣，通過小孔 O，跑到原本沒有沒有空氣的氣室 B。也就是讓 A 中的空氣，對 B 做功，推開氣室 B。在此過程中，小孔流出去的氣體，體積擴大，依據 Thomson 對理論溫度或絕對溫度的定義，氣體溫度會下降，才能轉換成氣體擴張所

需要的能量。不過，要測量氣筒溫度在當時實驗技術上顯不可行。所以，他們就在外部加熱，讓氣筒維持恆溫。再計算讓氣體擴散下，又能維持恆溫，總共加了多少熱量。

他們跟據理想氣體方程式，和推算絕對溫度的數學式子（數學式 2），演繹推導出一個絕對溫度的推算式子。

V=CT/p -1/3AJK（273.7/T）*2

式子中的 T 也就是用機械功來定義的絕對溫度。V 是氣體體積。P 是壓力。C 是不隨壓力與溫度改變的常數。A 是每種氣體都會不一樣的常數。J 是與熱量相同的機械功。K 是在穩定壓力下的比熱。依據這式子，我們就可以測量絕對溫度。如果是理想氣體，那麼式子就成為 V=CT/p。後面那個複雜的 1/3AJK（273.7/T）*2 式子是針對不同氣體偏離理想氣體而設。

Joule 和 Thomson 信心滿滿的，認為自己找到測量絕對溫度的方法，並且展開實際測量空氣溫度計所量出來的溫度與絕對溫度的差異研究。如下表所示，結果還差強人意。

絕對溫度	空氣溫度計所量出來的溫度
0	0
20	20+0.0298
120	120-0.0284
220	220-0.2232
300	300-0.4085

一直到十九世紀末，都沒有人挑戰 Joule 和 Thomson 的成就。然而，這並不意味著有關絕對溫度的測量就大功告成了，尤其是在溫度測量上還存在許多瑕疵時（如低溫測量時還是會用到水銀），沒有人可以清楚 Joule-Thomson 對任何尺度的溫度測量上，所造成的加熱或冷卻的效應。

如何操作一個抽象理論？

　　一般我們要讓某觀念可以操作，就是要在物理上讓它成為可以測量的。換言之，測量幾乎是所有物理觀念操作最明顯的挑戰之一。在測量 Thomson 絕對溫度史中，讓觀念轉入操作型定義的過程中，也就有兩大任務：一、操作出來。二、知道自己是不是操作得夠好。

　　如何在思考（thinking）和做出來（doing）之間搭一座可操作的橋？為理解此歷程，我們有必要先釐清，甚麼是抽象的，甚麼是具體的？抽象一般可對應到具體現象，但又無法完全說明具體的東西。如在幾何學中的三角形，是真實三角形的抽象表示。此表示除了可以說明具體東西，如三角形御飯糰，的外在形式之外，不能告訴我們此物體的其他性質，如該御飯糰好不好吃，在哪裡可以買得到等等。

　　在熱力學之前的理論溫度，如 Irvinists 的卡路里熱原子說，有些人會混淆抽象的與具體的之間的區別，如將抽象概念中的比熱與操作意義上的 specific heat 混同。有些

問
津

人則無法讓其抽象觀念變成可操作化，如怎麼在物體內加入卡路里熱原子。相對的，Thomson 非常堅持：理論觀念只能抽象來定義，以及他們應該是可操作化的。

在理解 Thomson 絕對溫度之前，我們必須先要能建立起一個物理上具體存在的 Carnot 熱機或引擎。然後，又要想像出一個 Carnot Cycle 的準具體模型。不過，現實世界的所有引擎都無法完成 Carnot Cycle 的。Carnot Cycle 是一個理想化的系統。我們可以試著逼近此系統，看看我們能逼近到甚麼程度。就好像我們想像有理想氣體存在 PV 永遠成為常數一般。但實際上，不管我們試了多少種不同的氣體來操作，PV 之為常數，如 Regnault 的實驗所示，也只是近似值。在 Carnot 心中或許認為實際熱機的理想運轉就該成為 Carnot Cycle 一樣。可是在熱力學之後，Carnot Cycle 就只是一個抽象的存在，現實中永遠找不到，也永遠辦不到的想像。

在 Carnot Cycle 之為抽象存在的前提下，那麼描述它運轉的溫度觀念，也就不可能是具體溫度計所能測量出來的實際溫度，而是 Thomson 的絕對溫度。沒有真實的 Carnot Cycle，這就造成現實上如何操作絕對溫度的根本限制。我們只能去推估或判斷，我們所設計出來的熱機循環，偏離 Carnot Cycle 多遠。也就是說，我們在此陷入循環性的兩難：絕對溫度的操作化，必須建立在 Carnot Cycle 的充分操作意義上；可是 Carnot Cycle 不可能有充分的操作意義，除非我們有可以操作化定義的絕對溫度。

相同的難題，也一樣出現在 Joule-Thomson 實驗上。

該實驗試圖讓我們比較理想氣體與真實氣體的差異。可是理想氣體其實是抽象的。我們想像理想氣體遵循 PV=nRT 定律，卻用我們現實中一般溫度計所測量到的溫度來理解此定律中的溫度。那當然是有問題的。氣體溫度計中的氣體，一定不可能是理想氣體。它所指涉的溫度，也就不大可能是絕對溫度。然後，不同氣體受溫度影響的表現，也會有些微差異。如此，我們不得不做個小跳躍，假設一個理想狀態下的氣體溫度，來填補實際測量到不足。問題是，我們還要有能力判斷，真實氣體跟理想氣體偏離多遠？尤其是當我們只有普通溫度計時。那種狀態是可接受的輕微偏離？哪種測量結果，夠精確，也足以挑戰既有的理論？這又牽涉到當時學術社群的默會知識（tacit knowledge），很難一概而論。

理論上，熱力學可以繞過 Carnot Cycle，直接用氣體動力學理論（kinetic theory of gases）來解決所有有關古典熱力學和理想氣體溫度的難題。或甚至也可不用氣體動力學，而是直接跳到量子統計力學（quantum statistical mechanics）也行。理論上，我們可以踢掉梯子。不過，從歷史回顧來看，沒有這些小跳躍，這些中介理論，我們在思考和做出來之間就無法搭出適當的橋。受限於時空物理限制，讓力學的進展只能一小步、一小步，逐級而上。否則無法讓抽象理論成為可操作的概念。

問題是，在氣體動力學理論下 Thomson 所發明的理論溫度，還是要靠默會知識才能操作，以填補實際測量的不足。如此立足點不穩固，還要靠大家默會的知識，所生

產出來的知識還是穩固的知識嗎？未來我們是不是也可能找到另一種理論溫度，踢掉氣體動力學理論這個梯子呢？

　　總之，從溫度測量到熱力學的誕生，牽涉到很多人，知名的、不知名的，專家的、業餘的，產業的，學院的，善於數學化的，不善於理論化的人等等，林林總總所匯聚的貢獻。也牽涉到許多現在已經過時，甚至是被淘汰的測量技術，如用陶土的熱漲冷縮來測量高溫。甚至還捲入了許多在當代尖端物理實驗，可淘汰的理論，如熱質說與冷質說，或是已經屬可有可無的理論觀念，熱漲冷縮、Carnot Cycle 或熱機理論等等。這些人所貢獻的如螢火蟲般的光明，這些微技術，這些近乎可有可無的理論，宛如涓涓細流，終聚成河，融匯成愛因斯坦眼中最穩固的知識基礎，熱力學。不過，這種穩固其實是一直建立在不完美、不穩固的基礎上的。如找不到真正的水的沸點或凝固點，找水銀的凝固點找了一百年，百年來都用大家覺得很不可靠的高溫測量方法。然後就算在氣體分子動力學理論下的所觀測到的絕對零度，分子還是有很多自由度，還是會平移、振動和旋轉。更不用說，有些很難解釋的異例，如冷輻射或彭巴效應（加熱過的水比未加熱過的更容易結冰），為什麼會產生「讓熱水快一點涼，就要放在太陽底下」的現象，就暫時放著不管。熱力學就是在這樣不完美的情境中，尤其是溫度測量的不穩固基礎上，不斷往前進。

小丑的靜夜思

2019 年水源社讀書會討論的電影→2020 年學測作文題目：
靜夜情懷→2021 年學測作文題目：冰箱

「靜」夜深沉。我想躲在冰箱裡。

冰箱外面小孩哭鬧，夫妻爭吵，電車咆嘯，抽水馬達
轟轟，老鼠唧唧，貓咪叫春，家犬狂吠⋯⋯以及垃圾惡臭
等等，讓我神經衰竭，騷動不安。或許冰箱裡會好很多。

或許你認為冰箱不適合，很冷，壓縮機嗡嗡，而且堆
滿食物，很臭，沉積各式各樣的氣味。不過，很幸運的，
我失業一陣子了。沒錢買食物，單是每日湊出一餐讓媽媽
吃，就幾乎清空冰箱了。蜷縮一個身高 180 公分，體重五
十六公斤重的我，並不難。至於氣味，我家的冰箱不管怎
麼，總是比外面世界清潔工罷工一個月了的垃圾島惡臭，
還好很多。壓縮機嗡嗡，單是跟警笛蜂鳴比起來，就好太
多了，遑論社區還有各式各樣聲浪總和。

至於冷，我就是需要更冷，如科學怪人走在白茫茫冰
雪中，真乾淨，才能暫時凍結我腦海翻騰哀鳴。

冰箱是我的好夢床。在冰箱裡，我漂浮在太空中，睡
在星星旁，往事一閃一閃亮晶晶。自有記憶以來，媽媽就
有社交恐懼症，無法面對人，跟人聊天說話。為了生計，
我就扮演小丑，在街上散發傳單。那時我年紀小，很容易

問津

博得路人同情，所以我做很久。成年後，就艱難了。有些
街頭小混混，他們知道我被打也會微笑，甚至狂笑的。為
了逗弄我，總是找我麻煩，搶了我的傳單或是宣傳道具等
等，甚至會痛毆我一頓。

　　為什麼我被打也會微笑呢？我也不知道。醫生說我，
患有癡笑性癲癇（gelastic epilepsy），該病名來自希臘詞
「笑聲」（gelastikos）。「這是一種非常罕見的癲癇，在所
有癲癇類型中僅佔 0.2%。」這使得我想說話時，時常無法
控制自己，發出尖銳的笑聲。這莫名其妙的笑聲，讓我在
追求單口相聲生涯中，備感挫折。大家看著我猙獰的微
笑，聽著我淒厲的笑聲，就很難笑出來了。儘管如此，我
還是很認真的為此生涯做準備，隨時記錄些笑梗，並成為
穆雷的忠誠粉絲，準時在電視上收看他拳拳到肉，精準好
笑的演出。

　　人生太重要，重要到我們不能嚴肅對待。穆雷名言，
put on a happy face，也是我的座右銘。那節目的主題曲，
that's life，安慰著我的心靈，讓我不管怎麼窮困，還是保
有一絲希望。無論在多麼惡劣的環境與遭遇，永遠保持笑
臉，就像是一個盡職的小丑。

　　在失業之前，我跟媽媽也曾有好日子。如當馬戲團來
的時候，他們需要一個被賞巴掌，還能哈哈大笑的人。我
就派上用場了。時間短暫，只要被甩幾個巴掌，就能讓觀
眾哄堂大笑。我也能拿到不錯的報酬。通常接到這種演出
機會後，我會買塊肉，兩瓶啤酒。煎牛排給媽媽吃，在微
醺酒意中，跟媽媽一起跳舞或是一起欣賞穆雷的演出。那

時我的好夢床高高掛在樹上，是一張讓人癢癢的羽毛床，讓我整晚呵呵的笑個不停。

不過，我最喜歡的工作是到兒童醫院扮小丑，逗大家笑。那場合，我不需要說話，只要隨著音樂跳舞。在小丑厚厚油彩下，雖然我是個怪咖，魯蛇，沒朋友，還是可以逗得小孩子笑呵呵，跟著我律動。雖然那是社會福利工作，收入菲薄，但帶給我身為人，身為小丑的意義感。

只可惜，我把這工作搞砸了。我帶槍到兒童醫院去，而且因舞蹈動作誇張，槍掉了出來，幾乎嚇呆了當場所有的醫護人員與小朋友。我怎麼會身上帶槍呢？說來話長。最近高譚市治安太差，我總是被小混混圍在小巷內，拳打腳踢。小丑班大哥看我在換衣服時，身上到處是瘀青，過意不去，就拿一把槍給我，讓我防身自衛。拿到槍時，我東摸摸，西摸摸，似乎有樂音從冰冷槍膛中傳出來，讓我不自覺的搖擺舞動。拿麥克風讓我緊張到笑不停，拿槍卻讓我自在。

樂音恍惚中，我眼即槍眼，我身即槍身。我喜歡那種自在，就像在兒童醫院演出的意義感一樣，也就隨身攜帶那把槍了。

丟掉我心愛的工作後，失魂落魄的我，搭電車回去。很晚了，車廂裡只有五個人。三個衣冠楚楚的高富帥和一個美女與我。高富帥騷擾那女子，用薯條丟她，問她要不要吃。美女無奈地看著我。似乎有種期待。那期待又讓我緊張到笑不停。笑聲騷動車廂。美女趁亂逃出車廂。三名高富帥百般無聊，圍向我。嘴裡哼著 clown，一邊問我，

有甚麼好笑的？笑讓我虛脫，氣竭，無法回應。他們圍毆
我，踢我，像踢垃圾桶一般。

奇怪的是，在被狂踢猛打的激烈痛楚中，我也狂亂恍
惚，沒有恐懼，沒有欲求，只是單純的喜悅、至樂。至樂
中，我微笑，一如拈花，轉身拿槍射殺兩名高富帥。那瞬
間，開槍似乎是我身上每根肌肉生來做動作的衝動。在此
衝動或行動中，我才感覺到自己真正活著。活著的悸動，
無可遏抑。我隨即像追捕獵物般，或如禿鷹獵食，殺掉另
一名高富帥。槍帶給我生命的訊息。原來，我天生就是在
槍眼討生活的恐怖主義者！

消息很快傳開。有個小丑在地鐵槍殺三名渣男或高富
帥。警察很快懷疑我。因為我是少數擁槍自重的小丑之
一。雖然我一直說那是演戲用的道具或玩具槍，可是小丑
班大哥出賣我了，說我曾經跟他問去哪裡買槍。群眾很快
擁戴我，視我為王，領導 kill the rich 的運動。雖然在厚重
油彩掩護下，沒人確認那小丑是誰。

警察循線到我家，叩問媽媽，我去哪裡？她受到驚
嚇，引發心血管疾病，腦中風，命在旦夕。身為人子，我
有必要通知父親，湯瑪士韋恩，這個消息。好不容易，我
在劇場廁所跟韋恩碰面了。我一看到他，就確信我們是父
子無誤。親屬類似性如此強，身行動作這麼像。我們半邊
頭髮甚至少年白了同一撮。能有誤嗎？然而，他不認我。
他說自己不認識那女傭，更不曾跟她上過床。然後，我也
不是那女傭親生的。我是領養來的。而且，我媽媽有精神
疾病，會幻想自己未曾經歷過的事情為真，還待過一陣子

精神病院。問題是，哪個妙齡女傭會領養小孩來自找麻煩呢？又有哪個不認識女傭的老闆，可以對她的精神病史如數家珍呢？

　　我不需要韋恩任何幫助。我只希望大家好聚好散。他能以平等而有尊嚴的方式，對待母親，跟其告別。韋恩卻不僅不認我，還踐踏了我們的尊嚴。這窘迫，不禁讓我痛笑失聲。韋恩追問我，這有甚麼好笑的？還跟那三個渣男一樣，痛打我一頓。

　　冷，媽，我冷，身體都凍僵了！

　　我媽說，她常在半夜中被我這句夢囈吵醒！可是，我一直都不知道，自己為什麼會說這句話。在冰天雪地的街頭，當小丑散發傳單的冷？可是那時我已經肩負起照顧媽媽的任務了。沒那麼無助。是別人對我們母子閒言閒語、冷嘲熱諷的冷？可是我總是微笑面對批評與辱罵，想為世界帶來歡笑，謙卑度日。為什麼我會如此無助，向媽媽求助，如此柔弱，連一點冷都承受不了！我真的無頭緒。

　　一直到我再訪阿卡漢醫院，查媽媽病例時，才豁然開朗。理論上，這所醫院只關精神失常的罪犯。實際上，根據裡面職員的說法，沒犯罪只是精神失常，或甚至只是在社會上無路可走的人，都會被關進去。我搶過媽媽的病例看，才知道她原來是因為虐童案和個人有精神妄想症，才被關進來這兒，會把病人活活電死的可怕醫院。

　　說媽媽有妄想症，至少就我主觀看來，實不足為憑。沒有人跟她相處，會比我清楚，或比我更久。她思慮清晰，字跡恭正，也從不像我或一般精神疾病者，需要長期

服藥。她對事情的判斷,也很精準。她認為,我不夠好笑,很難成為像穆雷那樣的單口相聲演員,也很中肯。我一接到麥克風,就覺得窘迫,放聲大笑,藉以極力壓抑自身羞恥醜態。那笑聲,等同於宣告我單口相聲演藝生涯的終結。雖然我百折不撓,不管跌倒多少次,總一再挑戰自己。

他們總說,我媽有妄想症,總在造謠。實際上,誰在說謊呢?

然而,虐童一事,連我都很難為媽媽,佩妮,開脫了。看到病歷,往事奔騰而來,重擊我腦,讓我痛笑失聲,一把鼻涕,一把眼淚。那是我四歲時,冰雪覆蓋大地。養父不知為何,拿竹子打我。打斷好幾根。「好痛……不要這樣……」我喊!媽媽上前攔阻。他改拿水管抽打我們。我們瑟縮在廚房角落。慌亂中,媽媽拿到一把水果刀,捍衛。養父更生氣,拿棍棒打飛水果刀。踹翻媽媽。然後一手掄起我,開門,丟出門外。雨雪霏霏。媽媽破窗而出,帶我回屋內。我們母子倆又被踹翻。養父拿繩子,把我綁在窗外暖氣機上。我身上,一邊熱騰騰的,一邊冷颼颼。漸漸的,冷颼颼佔上風,我哀號,「冷,媽,我冷,身體都凍僵了!」

砰,震耳欲聾的嚎傳來。媽媽手上拿槍,威脅養父。放小孩進來,否則同歸於盡。沒多久,警笛嗚嗚……我就沒意識了。

媽媽病歷上剪報說,媽媽狠心,放任家暴,任由小孩在冰天雪地中被綁在暖氣機上。法庭也確認媽媽協同家

暴。可是，卷宗所附照片，媽媽眼窩瘀青，嘴角破裂、流血，額頭破裂。如果她不曾反抗，爲什麼會傷得那麼慘？

爲什麼養父跟我們母子有何深仇大恨，把我們往死裡打去？又爲什麼剪報裡面，不追究養父家暴的責任？爲什麼大家都說我們母子的壞話？爲什麼？

我們好像動物或甲蟲，所說的話都不算數。

一開始，我以爲問題只是我們窮。窮人喉嚨被踩著，無法發聲。窮人像老鼠，四處喊打。不過，後來從媽媽私下要寄給湯瑪士韋恩的信中，我才知道。韋恩死不認帳。佩妮也出賣尊嚴，簽了些文件，讓整個社會都說我們壞話。

如果不簽，我們母子都會死。那我們都應該死。三分像人，七分像鬼的活著，像佩妮，永遠不敢走出門外，看到周遭人的眼光，有甚麼意思呢？那不是人世間最痛苦的事嗎？喪失尊嚴。爲什麼佩妮要如此受辱？還連帶脫我下水？平日甚至還老是說韋恩的好話，說他是大好人，有良心的企業家，視員工如家人。我不是他親生兒子嗎？他爲什麼幾乎得看著我死去，徹底消失在他眼前，才會安心呢？

佩妮，人有比活著更重要的事情。人間失格是我們爲動物，爲甲蟲，但我們還是不能失掉我們的寸心。在失掉寸心的你的子宮裡孕育，那份溫暖，比冰箱更冷！

冷！好冷！我都凍僵了。如果可以，我願將肉身生命還給你們。我不想奮鬥比賽了，只想蜷曲在冰箱中，滾成一顆糞金龜。

問
津

冷！好冷！真乾淨！

That's life (that's life), that's what all the people say

You're riding high in April

Shot down in May

But I know I'm gonna change that tune

When I'm back on top, back on top in June

I said, that's life (that's life), and as funny as it may seem

Some people get their kicks

Stompin' on a dream

But I don't let it, let it get me down

'Cause this fine old world it keeps spinnin' around

I've been a puppet, a pauper, a pirate

A poet, a pawn and a king

I've been up and down and over and out

And I know one thing

Each time I find myself flat on my face

I pick myself up and get back in the race

That's life (that's life), I tell ya, I can't deny it

I thought of quitting, baby

But my heart just ain't gonna buy it

And if I didn't think it was worth one single try

I'd jump right on a big bird and then I'd fly

I've been a puppet, a pauper, a pirate

A poet, a pawn and a king

I've been up and down and over and out

And I know one thing

Each time I find myself layin' flat on my face

I just pick myself up and get back in the race

That's life (that's life), that's life

And I can't deny it

Many times I thought of cuttin' out but my heart won't buy it

But if there's nothing shakin' come this here July

I'm gonna roll myself up in a big ball and die

北愛爾蘭的主權爭議

「兄弟，您的名字是敵人。」這是電影，吹動大麥的風，的經典名句。此名言勾勒出達成和平的艱難。

本片一開始，就是一段驚心動魄的警察暴力。他們像一群可怕的瘋狗。這群「Black and Tans」，係不列顛政府臨時招募，專門鎮壓愛爾蘭人民的部隊。他們沒有受過正規警察訓練，行為粗暴、野蠻、燒殺搶掠，沒有紀律。故事中的男主角本來要去當一個醫生，但是當他目睹了 Black and Tans 對自己百姓的殘忍欺壓之後，捨棄行醫，加入了愛爾蘭共和軍；也從一個單純的醫學院學生，變成了狂熱的理想主義份子。

愛爾蘭共和軍以游擊隊方式，刺殺英國軍警。片中的愛爾蘭人，無論男女，幾乎都認同於這種恐怖主義；因為，他們真的被欺負夠了！片中也記載了一段真實的歷史，描寫鐵路駕駛員不願意違反規定為英國政府運送武器部隊，而遭受到無情的凌虐，後來也加入了共和軍，一起殺英國人。片中大概一半以上的人走路的時候都拿著槍，動不動就拿著槍指人，每支鎗可能都殺死過不只一個人。濃濃的煙硝味當中，呈現出了一個只有屠殺和死亡的恐怖地帶。

這部片的重要轉折，是在電影院的新聞片中，看到愛爾蘭和不列顛國協之間簽訂了和平條款的新聞，不列顛軍

隊撤出愛爾蘭，但是愛爾蘭仍然是不列顛國協的一部份。愛爾蘭人民爲此激烈討論，引發了另一個敵對狀態。愛爾蘭人當中，希望和平而贊成條款的人（例如《豪情本色》中的麥可科林），和理想狂熱反對條款的人，反目成仇。「兄弟，您的名字是敵人」。令人心碎，卻不煽情，但是卻看到了追求北愛爾蘭獨立運動中，爲達成和平所承受的苦難。呈現北愛爾蘭環境動盪，和平艱難中的折磨和無奈。

以下我們將檢視北愛爾蘭獨立運動史，說明爲什麼會有此衝突，以及解決衝突，達成和平，何以如此艱難。

分裂

北愛爾蘭人對於應該自己是否該獨立建國，或是加入不列顛國協，立場紛歧。那些贊成加入愛爾蘭共和國者，被稱爲國家主義者（Nationalists）或是共和黨人（Republicans）。那些希望北愛爾蘭還是維持現狀，成爲不列顛國協的一部分者，被稱爲統一陣線（Unionists）或是忠誠黨人（Loyalists）。

國家主義者相信，愛爾蘭是一個國家，不應該分裂成兩個。不列顛軍隊尤其是愛爾蘭衝突的根源，不應該留在愛爾蘭境內。統一連線者則把自己視爲不列顛公民，認爲應該維持現狀，成爲不列顛國協的一部份，而非成爲愛爾蘭共和國的一部分。他們相信，留在愛爾蘭境內的不列顛軍隊可以保護他們。

這樣的分裂，有其深沉的歷史淵源。

問

津

歷史緣起

　　愛爾蘭是英國最古老的殖民地。自十二世紀下半葉，英人就在這片愛爾蘭人（Gaelic 語的 Celts 或 Kelts）居住的土地上開疆闢土，從事殖民剝削；因而與生性自由不拘的愛爾蘭人展開了漫長的鬥爭。為著自由，愛爾蘭人屢敗屢戰，屢降屢叛；時而參與英人內戰時的叛黨，時而勾結歐陸的敵人，威脅英人的國本。這分堅持，埋葬了無數英雄豪傑的生命，也使得愛爾蘭成了大英帝國殖民史上最古老最棘手的問題，而北爾蘭更是至今尚未解決的「去殖民問題」（de-colonization）。

　　北愛爾蘭問題中，有關天主教徒與新教徒間的宗教衝突，始自十六世紀的宗教改革時代。英人脫離羅馬天主教，改奉新教；而愛爾蘭人卻堅守天主教信仰。英人歧視天主教徒，遂使形同水火的殖民關係更為不相容。英國內戰期間，清教徒領袖克倫威爾曾在鎮壓愛爾蘭叛時，二度屠殺天主教徒。光榮革命（1688 年）後，愛爾蘭更因支持天主教信仰的英王詹姆士二世，慘遭信奉新教的繼承者威廉三世的血腥鎮壓。血仇的歷史記憶，使得仇英情緒已然成為愛爾蘭民族的宿命。英人面對不馴的愛爾蘭人，以及他們心中永世不忘的仇恨，為著掌控政局，一方面沒收不合作者的土地，大力招募來自蘇格蘭和英格蘭的新教徒移民，培育出日後控制愛爾蘭經濟的新教地主群；另一方面，則訂下嚴厲的法條，限制天主教徒的發展。這些限制包括：讓改奉新教的愛爾蘭人享有遺產繼承的優先順位；

限制愛爾蘭人擔任公職；不許他們持有武器；限制他們受教育的機會（規定學校採英國國教的宗教儀式，致令天主教徒無法參與）。這些不平等待遇使愛爾蘭天主教徒永遠處在受制的附屬地位上，而愛爾蘭人的仇英抗爭亦未曾一日或減。英國長期歧視非國教的天主教信徒，在愛爾蘭新舊教徒間所製造的不平等關係，即使在改變國教政策，於一八二九年公佈「天主教徒解放法」（The Catholic Emancipation Act）後，仍然是愛爾蘭蓄勢待發的社會問題。

　　一七七六年美國獨立成功，爲防止愛爾蘭受激勵起而效法；英國議會決定徹底消除其反抗力，乃於西元一八○○年通過「聯合法案」（Act of Union），將愛爾蘭強行併入不列顛國協，並取消了愛爾蘭做爲殖民地所享有的自治議會，改在英國議會設置愛爾蘭議席。「愛爾蘭問題」成了英內政事務後，英政府的政策並無改進，愛爾蘭人對自由的訴求因此益加深切。

　　十九世紀時，愛爾蘭的狀況很惡劣。由於受英政府眷顧的大批新教地主對愛爾蘭佃農極盡剝削，已達民不聊生的境地。而此時英國的工業革命也進入愛爾蘭，東北部新教居民多的烏斯特區迅速工業化，社會較富裕進步，而務農爲主，天主教居多的南方則落後貧窮。南北在宗教、族群與經濟上的對立，日益嚴重。謀求改革、追求自治、乃至主張廢除聯合法案謀求獨立的運動，比比皆是。一八四五年至一八四七年，愛爾蘭人的主食馬鈴薯歉收，奸商乘機囤積哄抬糧價，政府救災無效；造成「大饑荒」（The

Great Famine），數千人餓死。惡質化的社會迫使許多走頭無路的愛爾蘭人漂洋過海，移民美國。但他們關懷鄉土的心情始終如一，提供大量的海外資源，支持愛爾蘭獨立；愛爾蘭獨立運動遂成一跨大西洋的民族主義運動。英國國內更有關懷愛爾蘭的知識界，如詩人葉慈等，從事喚醒愛爾蘭文化傳統的工作。一八五○年代更有「費尼安」運動（The Fenian Movement）興起，取傳說中古塞爾特軍隊Fianna 為名，積極謀求獨立。

在激進派幾次獨立起事失敗後，愛爾蘭政治家在一八七○年代提出「自治」（Home Rule）的主張。這是一種較實際的體制內改革運動，恢復地方議會，自理內政，唯軍事外交商務仍由英國主持。此議受到英自由黨黨魁格拉斯東（Glaston）的大力支持，他曾在議會兩度提出自治法案（Home Rule Bill），惜未獲通過。自治派的聲勢刺激下，愛爾蘭境內的新教徒考量到自已是少數族群，日後在自治政府裡，將處于劣勢，乃堅持反對自治；全力擁護聯合法案，甚至不惜以暴力相脅，號稱愛爾蘭「統一陣線」（Irish Unionists）。

一九一四年英下議會終于在一片反對聲中，強行制定愛爾蘭自治案。可惜第一世界大戰爆發，英政府乃決定在戰爭結束前，暫緩實施愛爾蘭的自治法。大戰期間，激進派繼續推動獨立，例如「愛爾蘭共和兄弟會」（The Irish Republican Brotherhood）以及二十世紀初年成立的「新芬黨」（Sinn Fein, Gaelic 語，意為'ourselves alone'）便是其中的佼佼者。他們主張靠自已的力量，來完成愛爾蘭獨立

統一，必要時不惜採用暴力爭取獨立。

　　一九一六年愛爾蘭共和兄弟會在都柏林起事，成立臨時共和政府，遭到英戰時政府無情的鎮壓，所有的領袖均以叛國罪處決。英國的嚴厲制裁激起愛爾蘭人仇英的民族情緒，自治派與統一陣線大受打擊，同情起事的獨立派「新芬黨」因而在戰後第一次大選（一九一八年），大獲全勝。新芬黨於獲勝後挾民意逕自宣佈成立共和政府，並組愛爾蘭共和軍（IRA, Irish Revolutionary Army）抵抗英軍。英政府失控，愛爾蘭陷入內戰。直到一九二一年，經長期的協調，愛爾蘭才在英國軍的威迫下，接受「英愛條約」（The Anglo-Irish Treaty），在大英帝國體制內，以都柏林為首都，建立「愛爾蘭自由邦」（The Irish Free State）。根據此條約，北方烏斯特地區六個新教聯合派主控的省，選擇留在聯合王國內，在貝爾法斯特（Belfast）設議會，實行自治。雖然愛爾蘭自由邦迫於形勢接受了「南北分治」這個事實，但是其屬下的激烈獨立派如IRA，卻認定「南北分治」是愛爾蘭民族的恨事，不惜以暴力繼續達成他們民族統一的初衷。在他們的主使下，愛爾蘭自由邦於一九三七年中止英國的宗主權。第二次世界大戰戰後，愛爾蘭自由邦便於一九四九年，脫離大英國協，建立「愛爾蘭共和國」。北愛爾蘭仍然選擇留在英國，「南北分治」遂成定局。

南北分治真能終結暴力嗎？

南北分治的主要目的是想終結愛爾蘭的暴力。但是四十幾年過去了，分裂似乎卻更爲深沉。

統一連線的人認爲，北方比愛爾蘭其他地方都來得富裕，我們還是想維持現狀，跟愛爾蘭保持距離。國家主義者認爲，分裂的愛爾蘭對我們簡直是一無是處。統一連線的人認爲，天主教是叛國賊。我們無法信任他們。我們必須確保在國會和地方議會上，壓過他們。國家主義者認爲，就是新教（英國國教徒）不公平、不合理的選區劃分，害我們無法掌權。統一連線的人認爲，爲了確保對國家的忠誠，我們要讓新教徒有最好的工作，和最佳的居住環境。

可是國家主義的卻認爲，目前體制不公，讓新教徒擁有最好的工作與居住環境。讓大多數愛爾蘭人窮愁潦倒。而且，警察老是挑我們的毛病。

換言之，北愛爾蘭政治危機的眞正問題，其實來自本身不夠均衡的社會結構。掌政的新教族群獨佔政權，包攬政治利益，不願以平等對待貧苦的天主教徒族群，甚至以暴力保障自已的權益。南方的愛爾蘭共和國對於分治的北方六省，其實是相當中立的。那些受到不公平待遇的北方天主教教徒希望新教徒能讓他們同享應有的社會福利和受教育的權利。也期望英人能尊重他們的公民權，制止新教徒專權。可惜英國與新教徒都沒有作出適切的反應，於是在愛爾蘭國家主義者的鼓動下，一面組成「新芬黨」，謀

求參政權，另一方面卻又接受了以暴力達成愛爾蘭統一的 IRA 和民兵等地下組織，以恐怖手段進行推翻新教徒，驅逐英人的革命運動。這種多方面的訴求，倍增北愛爾蘭族群衝突的複雜性；也使英人不得不長期駐軍，維護國家治安。

　　北愛爾蘭問題在一九六八年後，日趨嚴重。北愛爾蘭天主教徒發起民權運動，受到新教徒的武裝反制。此後，天主教徒的抗爭日趨白熱化，翌年，終於醞釀出族群間大規模的流血暴亂（1868-69），1869 年英政府派兵北愛爾蘭維持治安，卻引發愛爾蘭共和軍進一步的仇視，不斷攻擊英駐軍，英人遂陷入北愛爾蘭的內戰漩渦中。一群年輕人，自稱爲 IRA 臨時體制（Provisional IRA）。他們脫離 IRA 主流派，認爲只有武力才能達成愛爾蘭獨立運動。同時，統一陣線的新教徒也成立私人武力，名爲 UVF 和 UDA，以爲反制。1971 年，北愛爾蘭政府在未經公開審判的情況下，逮捕「恐怖主義」分子，拘禁在惡名昭彰的 Maze Prison。1972 年，不列顛軍隊開槍射擊遊行示威的群眾，造成十三人死亡，是爲「血腥星期天」。國家主義者非常憤怒，在英格蘭和北愛爾蘭展開報復性的炸彈襲擊。不列顛政府認爲，唯一解決之道是終止北愛蘭自治，將其直接納入倫敦管轄。不過，這反而引起更大的示威遊行。不列顛再也得不到天主教徒的信任。愛爾蘭共和軍更提升恐佈活動的範圍，渡海攻擊英國本土，在許多公共場合放置炸彈，擾亂民心。英軍各方追緝 IRA 成員，有時甚至構成冤獄。IRA 乃發動獄內成員的絕食抗爭，時因英拒絕讓

步,以至抗爭者在長期禁食,獄方灌食無效下喪命。絕食殉道的烈士燃起天主教徒復仇的決心,提升 IRA 恐慌組織的暴力層次;令恐慌的新教徒自組恐怖組織,以暴制暴,北愛爾蘭遂淪為殺戮戰場。

幾十年來,新教徒、天主教徒和英軍都曾犯下無數十惡不赦的罪行,早已失去理性。任憑多麼有協調能力的人,都無法突破這層厚繭,因為今天的北愛爾蘭問題已經無法以單純的殖民剝削、族群仇恨、宗教對立、政治迫害、或社會不公來解釋的,和平之道至今遙遙無期。

看見歷史傷口

　　戰爭了。中學歷史課本中充滿各式各樣的戰爭，甚至多到令人麻痺。如乾隆皇帝，刻意打十場戰爭，以便稱自己爲「十全老人」。在中國史書中的戰爭，往往只聚焦在戰爭的原因，及其後來對國家的影響，如「斷匈奴右臂」之類的。

　　西班牙宮廷畫家哥雅（Francisco José de Goya y Lucientes，1746－1828）反之。他以畫作描寫半島戰爭（1807-1814）。聚焦放在歷史的傷口，戰爭的恐怖：羞辱、惡質、強暴、凌虐、支解、褻瀆、流離失所和死亡等等。這一系列畫作，絲毫不關心戰爭的原因，而只是呈現戰爭對無辜者的衝擊：對女人、小孩、平民（沒上戰場的）和神職人員等等。這些畫幾乎呈現無限的時空背景。任何時空背景下的戰爭，隨機的也好，都可發生類似的慘劇。發生在任何地方，任何人身上。盟友與敵人相差無幾。兩邊都會犯下類似的暴行。戰爭是怪獸，沒有希望，或甚至是理性可言。它剝奪了人之爲人的慈悲、理性與同理心，將其野蠻化。哥雅的畫作是基模。任何戰爭，楚漢相爭、太平天國、特洛伊戰爭、一戰、二戰或越戰等等，我們都可以找到哥雅所畫的。

　　哥雅的歷史理解，其實也回歸史學希臘字源，istereo'oida，看的本意。

華人忽視歷史傷口的慣行，也可從國內媒體普遍肯定對俄羅斯經濟制裁中，略窺一二。

　　其實經濟制裁並不是好主意。因爲自由世界愈是實施經濟制裁的地方，似乎獨裁政權就愈鞏固，如古巴和北韓。有些確實讓政權變得很脆弱，如伊拉克。可是，第二次伊拉克戰爭結束後，似乎甚麼也沒改變。那裡的衝突糾結還是盤根錯節。更糟糕的是對大國經濟制裁。如二戰前對日本、對德國。他們後來就用搶的，讓戰爭擴大。俄國，目前表面上看起來，是跟韓國差不多的國家而已。實際上，他是核武、能源，甚至可能是全球糧倉的大國。如果對他持久性的全面經濟圍堵，會造成甚麼效果，實在令人不寒而慄。

　　我們如果學哥雅來觀察「有效的經濟制裁」，如美國與NATO對伊拉克第二次戰爭後的（經濟）制裁。這讓伊拉克五十萬以上的人民喪生，大部份是兒童。我們能不以爲意嗎？

　　爲此，本文不得不指出台灣忽視歷史傷口與人權議題是系統性的，從歷史課本敍事到日常生活紀念，都選擇忽視歷史傷口。

一、看不見歷史傷口的喑啞之國

　　或許源於追求富強，或許是強調秦皇漢武的二十五史慣行，台灣中學課本在歷史敍事，在看見歷史傷口上，幾乎乏善可陳。如台灣史介紹日本時代，只在提到武裝抗

日。似乎被殺的都是武裝抗日的人，可是對於日軍到雲林，無端殺害無辜百姓逾 30,000 人，受害範圍廣及 50 餘村庄。8 月 25 日英國《泰晤士報》報導：「日本士兵暴戾侮慢之程度令人咋舌」、「肆無忌憚地殺人放火，老幼婦女皆不能免」、「野蠻且苛酷之東方新強國。」象徵日本啟蒙思想的福澤諭吉，對此竟是理所當然的評論說：「文明與野蠻如同雪與碳，實無長久融合的希望。遲早要降一場血雨，雨後天空才能放晴。」

又如在東亞史介紹滿清統治，如下圖所示，也只是宮廷畫家對其形象塗脂抹粉，或是御用文人阿諛或帝皇志得意滿的自我吹噓；卻絲毫不曾提及，文字獄株連甚廣的寒蟬效應下，如史景遷名著《大義覺迷錄》或王汎森所寫的《權力的毛細管作用》，對當時人們所造成的、無所不在的「自我壓抑」。更是不曾討論狹義部族統治下，不僅族群不平等，而且刻意挑撥離間、分化。民間治安騷動，如分類械鬥時，反而希望彼此見血、結仇。如乾隆對陳周全事件該如何處理的上諭說：「臺灣地方向分彰、泉、粵三庄，伊等類聚群分，遇有事端，彼此轉得互為牽制，即如林爽文滋事時，悉賴客家人，是以要犯得以就擒，迅速集事。」在此分化政策下，台灣彼此猜忌、很難建立彼此分工合作的公民社會，所謂「其禍（指「閩粵械鬥」）自朱逆（按指朱一貴）叛亂以至於今，仇日以結，怨日以深，治時閩欺粵，亂時粵侮閩，率以為常，冤冤相報無已時。」

問津

第1章 國家的統治

乾隆皇帝不僅是中國歷史上壽命最長，也是畫像最多的皇帝。

● 圖1-A 郎世寧所畫的滿洲獵士形象，描述事跡（1688～1766年）繪，1740年，原存凱旋殿 故宮博物院

● 圖1-B 西藏唐卡上的乾隆變形，是藏傳佛教中菩薩化身。神聖君主的相貌，作者不詳，1758年，現存北京故宮博物院

● 圖1-C 儒道漢文化的儒雅文人，郎世寧繪，十八世紀，現存北京故宮博物院

乾隆皇帝（1711～1799年，1735～1796年在位）不僅畫像多，還常以不同形象呈現。請問這是否與其統治國家的策略有關？請將畫像、史料與帝國擴張的範圍對應起來，並從其中找出與國家統治相關的原因。

資料一：現在天下雖然太平，但我們絕不能失去這入軍奮謀略之才能。應該經常我們身處憂患，在圍場狩獵，學習勤勞耐勞的精神，這是漢人做不到的。（取自1787年劉謹導撰皇朝通典）

資料二：余生九年始識讀書，十有四旬便學屬文。今年二十歲，兵間輒少假事者，「四書」、「五經」、性理（性理精義）朗目（滙纂朗目），大學則喜，古文淵鑑常看，講論至再至三。（1730年樂善堂文鈔）

資料三：文殊菩薩的相貌堂堂，身體如同山河般浩大。菩薩化身來到凡間時，有時是畫家，有時是偉大的人中之龍。而西藏所見的丹書就現（乾隆）是文殊菩薩。是迷夢了，難不成真的是文殊菩薩嗎？（譯自承德佛像寺馬頭文字）

● 圖1-D 清帝土擴張圖

　　此忽視歷史傷口的慣行，在正史敘事中其來有自。如對天下大亂，往往就只是戶口減半、十室九空，輕忽帶過。此輕忽導致知識虛無主義氾濫，讓我們從不信任歷史，從不信任各個時代、文化與語言之間規劃出來的界線。就算是高中歷史老師也往往以為：正史中只有人名是真的，其他都是假的。或歷史是任人塑造的小姑娘，或是勝利者的故事等等。

　　乾隆在位號稱是盛世，但清朝約170次的文字獄，光他就包辦了135次。可是我們歷史課本敘事卻還可將其說成是一文殊菩薩、滿州勇士與儒家文人。此忽視皇權體制下分化族群，文字獄、思想箝制或無言論自由所造成的傷口或深淵，也連帶使得我們的通俗文化，在普世價值觀參照下，就顯得有點荒謬。

　　如《鹿鼎記》將康熙朝的文字獄悉數推給鰲拜。輕信

康熙說詞，說他沒虧待漢人。但是有清一朝狹義部族統治特色，卻遠不是優待漢人或是善待老百姓，當個好皇帝就能輕易一筆帶過的。滿族女子不准裹小腳。漢人官宦家族要裹小腳。順治下令宗室子弟永停「習漢書」，因為習漢入漢俗，會漸忘我滿州舊制。康熙下令旗人子弟停止參加科舉考試，因為偏向漢書，有誤訓練。雍正說，就算旗人子弟刻苦學習，豈及江南漢人。何必捨己所能而出人之技，而習其不能及人之事？然後，有清一代，文字獄之盛，禁書之多，為歷朝所不能及。《鹿鼎記》中，鰲拜以及告密者吳之榮死掉之後，因《明史案》而受害的莊家女眷們說：「我們的大仇已報了十足，再也沒仇人。」似乎康熙對文字獄完全沒責任。實際上，他親自定案的文字獄層出不窮，如戴名世案（1711，康熙五十年）。戴名世收集明朝史跡，編寫了一部《南山集》，有許多人作序，捐資刊印，刻版寄藏於方苞家中。左都御史告發戴名世妄竊文名，私刻文集，具有濃厚的反清意識。戴名世被凌遲處死，族皆棄市，凡作序捐資者一律絞死，株連三百多人。

　　看見歷史傷口，不是在計較一己私人之恩怨情仇，是是非非；而是要如德國痛悼納粹大屠殺一般，系統性反省，不讓悲劇再次發生。否則，「九州生氣恃風雷，萬馬齊暗究可哀」的人權迫害還是會一再發生：冤案錯案一堆，人肉橫飛，血流成河。

　　相較而言，英國歷史教科書在看見歷史傷口上，就遠比我們深沉而用功。如他們對成為日不落帝國的維多利亞時代，如此描述：

我是加拿大部落酋長。在 1876 年,公牛酋長(Chief
Sitting Bull)越過邊界,從美國跑到加拿大來。他試圖說
服我加入他們的陣營,一同作戰,對抗白人。在一場血腥
的戰役中,他的戰士才殺掉美國陸軍上將 Custer 的部隊。
維多利亞女皇派代表慰問我,答謝我在鐵路穿過我們的土
地時,阻止部落人民群起反叛!不過,當鐵路開通之後,
白人愈來愈多,反而造成,我們只有少數人才得以倖存。

Mary Prince(生於 1788 年)
我生於西印度群島,便如同統治者 William Beckford
一般。不過,我並不是百萬富翁,我是個貧窮的奴隸。我
的祖先在非洲被強押到這裡來。我被賣過好多次,並爲許
多不同的主人服務過。有些人鞭打我,有些人對我做的事
情,令人噁心到我不喜歡提及這些往事。在 1828 年,我

的主人帶我到倫敦幫傭。後來我趁機逃走。反奴役學會（Anti Slavery Society）在 1831 年出版一本書，談論我的故事。兩年之後，不列顛國會終止帝國的奴役制度。不過，像我這樣的黑人還是只能作最糟糕的職業。

Lobengula 酋長（死於 1894 年）

我是非洲 Matabele 部落的酋長。白人在 1880 年代來到這裡，並且要求在我們的土地上開礦挖黃金。他們給我工具和槍砲，而我就允許他們挖個洞開礦。不久，我又允許他們在東方開另外個洞。接著白人蜂擁而至，而且任意開礦和拓殖農場。我訴請偉大的白人女皇阻止他們，可是她置之不理。我的人奮勇起來反抗，可是不列顛人用大砲和機關槍把大家都砍翻了。沒多久，我死於熱病。我的人民被征服了，我的土地也被掠奪了。

Rani Lakshmi（死於 1858 年）

我是印度公主。我憎恨不列顛人當我丈夫死掉時，掠奪我們的土地。他們忽視我們長久以來的習俗，依據該習俗，國王如果沒有小孩，還是可透過領養，培植接班人，繼續統治。不列顛人千方百計干預我們的宗教習俗。總督甚至還讓那些在東印度公司為其打仗的印度人憤恨不已。在 1857 年，我們揭竿而起，試圖把不列顛人趕出印度。我們失敗了，不過，我起碼戰死了。

Cakobau 酋長

我是斐濟最偉大的酋長。當白人來到我們的島上時，他們改變我們的生活。有些商人是騙子，但是許多傳教士

問津

對我們很好。在 1854 年，我受洗成爲基督徒，而我的子民也紛紛受洗。自從我成爲基督徒以後，我們島嶼上部落之間的戰爭就停止了。傳教士告訴我，如果我將斐濟獻給不列顛帝國，我們會安全一點。不列顛在 1874 年將斐濟納入版圖，爲此我還送上我最喜歡的戰爭頭盔給女皇，表達致謝之意。沒有多久，不列顛人就在我們的土地上遍植甘蔗與棉花。

Bessy Cameron（1851-1895）

我是老師。我來自一個原住民家庭，不過我就學於白人經營的學校。我被訓練成爲一個基督徒，並忘記我們原住民的信仰。剛開始，我很高興有機會追隨白人。沒多久，我就負責教導其他原住民女孩，怎麼當白人女人洗衣、煮飯、縫紉以及讀書識字等等。我的丈夫教導原住民男孩怎麼照顧花園和做些戶外的工作。後來我跟這樣的生活方式決裂，爲什麼我們原住民就只能訓練成做這種最低階的工作。

簡之，英國歷史教科書簡潔的勾勒出志得意滿的維多利亞時代，其實建立在許許多多血淚傷口上的。此帝國經驗其實需要系統性的反思與重新評估的。中國正史下的歷史敍事，卻只知道對掌權者逢迎拍馬，而成爲看不見歷史傷口的瘖啞之國。

二、看見歷史傷口

在台灣版歷史課本中，清朝從 1644 年滿州興起，到

1800 擴張成爲秋海棠，似乎是明君一人之功勞或其天命如此。這當然近乎迷信或淺薄的歷史觀，因爲事情從來不是一人所能做成的。

不過，更糟糕的是，沒看見被統治者、被壓迫者的歷史傷口，日後如何能彼此和平共處，攜手打造未來呢？中國正史中的版圖變化，好像是全世界都是中國的一般，只是中國武力不夠拿下來而已。有力量佔到哪裡，哪裡就是他的，好像天經地義一般。台灣聯經出版社也有書，默默贊成此史觀。如所謂《坤輿萬國全圖解密——明代測繪世界》聯經出版社。2012 年。《宣德金牌啓示錄——明代開拓美洲》聯經出版社。2013 年。早期台灣沉醉的三民主義也持類似觀點。孫文認爲新疆迪化是中國強起來之後的首都所在，因爲那裡是亞洲的中心。他所謂的天下爲公世界大同，其實是很恐怖的、過時的，征服全球的世界帝國主義。

這麼霸道當然會引起反動或反感，如東突厥斯坦（新疆）、圖博、滿州、香港與越南對中國的不滿。北京奧運，將韓服視爲中國的，更是惹毛韓國。中國歷史觀落伍，不講人權，那是中國的事。問題是，台灣有必要與其唱合嗎？

更糟糕的是這種唱合不只是出現在歷史課本或坊間史學普及書上，還四處在我們日常生活脈絡中蔓延著。如柏楊就認爲，台灣四處可見蔣中正崇拜實令人作嘔：

「有些人自出生以來，蔣中正三個字就像金箍咒一樣，僅套在自己頭上，拉也拉不掉，撕也撕不下。對我來說，

問
津

更有一種若有所失的感覺，從 1938 年在武昌左旗營房當
儀隊開始，到現在身為囚犯，前後三十七年（1975 年，老
蔣過世），半生歲月，由當年極端崇拜，到逐漸對他質疑，
信心動搖，以致完全崩潰。其中最令我不解的是，這位全
國武裝部隊最高統帥，喪失了一千萬平方公里巨大的國土
（相當於一個美國），把十億敬愛他、服從他領導人民，丟
棄給一個被稱為共匪的殘暴敵人，自己落荒而逃，逃到大
海一角，竟沒有絲毫責任，責任反而都是別人的，也不受
任何法律審判，反而要審判別人，狼狽的失敗，反而證明
他更英明，實在令人作嘔。」

更糟糕的是，此造神般的紀念還凌駕乎人權之上。如
果我們要去二二八國家紀念館參觀，會發現自己其實要在
中正紀念堂站下。兩個場所位址很近，走路不到十分鐘。
不過兩者的規模差很多。有關交通資訊，中正紀念堂需要
整個網頁頁面資訊才能處理完，而二二八紀念館只要三
行。前者佔地 250,000 平方公尺，除供民眾休憩外，也常
是大型藝文活動的場地。邦交國元首訪臺歡迎儀式（軍
禮）也在此。而且整個園區及園區周邊以「中正紀念堂」
之名義被登錄為文化景觀。相對的，二二八紀念館卻連個
正式交通站名都沒有，要依附在中正紀念堂、建國中學或
南昌路之下。

台灣號稱人權立國，被冷落的二二八紀念館，卻又冠
上堂而皇之的「國家」之名。它所控訴的主要加害者，蔣
中正；所欲翻轉改變的體制，國家。他們權力依舊薰天，
無所不在。甚至連說這場館跟不義遺址有關，也得說那原

本是省議會遺址。「二二八事件發生後，三十名省參議員中，有王添灯被捕喪生、林連宗失蹤，及林日高、馬有岳受到拘禁等事實，此館因而成為二戰後台灣人追求民主的重要見證及二二八事件的重要歷史現場。」不過，這理由似乎有點牽強。因為依此邏輯有關桃園縣長滅門血案的重要歷史現場是桃園縣政府，而非發生命案的劉邦友家了。

如以韓國的經驗，兄弟的鏡子，來看，光州事件是以整個城市來紀念。讓該都市成為人權和自由的「聖地」。每年 5 月 18 日，光州都舉行對人權、民主、自由的國際學術會議和有關的美術展覽會、音樂會、聖地巡禮（墓地參拜）等等之抗爭紀念儀式。台灣卻將有關二二八事件的反思，侷限在小小的場館，前美國新聞處。在比例上，顯然不足。又讀歷史，鑑往知來，主要是想正視歷史事實，避免犯下同樣的違反人權或人性尊嚴的罪。二二八紀念館目前做的事情，有一、核發受難者賠償金。二、教育推廣及真相研究。三、撫平歷史傷痛及回復名譽。四、促進族群和諧。它似乎還是用族群問題來解釋二二八，而非國家暴力：不守法、只知道自己權力與面子，卻又漫無節制的威權政府。如果我們參觀紀念館，認識二二八事件，卻沒想到控制國家機器，改善社會體制以及反省懺悔自己在捍衛人性尊嚴上的不足。這種歷史意識真是太淺薄而廉價了。

全世界民主國家還像台灣用如此規模紀念蔣中正，崇拜獨裁者的少之又少。人權才是普世價值。

如陳佳莉所言：

博物館如何在呈現歷史事件外，促進一個具反省力、

問津

包容性之道德社會，以朝向建構更多元的博物館敘事。以二二八紀念館爲例，我們是否提供足夠的思考空間，讓不同族群在這場歷史悲劇中的經歷與感受都能夠被博物館呈現與詮釋、進而交流、相互理解而達到互爲主體性？博物館如何在呈現歷史事件外，促進一個具反省力、包容性之道德社會。

　　華裔建築師中以看見歷史傷痕，透過建築，來促進一個具反省力、包容性的道德社會者，其實不乏其人，如打造越戰紀念碑（1982 年）的林櫻。她所設計的越戰紀念（碑），位於華盛頓ＤＣ。它坐落在山丘上。其設計理念並不是一個建築，而是象徵在土地上掀起的傷口。

　　傷口由兩道三角形的黑色大理石連結來象徵，以 125 度的夾角。

　　傷口上刻著 58272 美國越戰傷亡名單。同樣的大小，同樣的字體描述著。只有名字，沒有階級也沒有職務。一視同仁，都一樣重要。這也可視爲人權宣言的回聲。石材光可鑑人。我們檢視名字時，也同時會看到自己。似乎今人、古人難分，生者、亡者混同。排名順序，也不是按照字母，而是陣亡先後順序，從 1959 開始，在 1968 高峰，到 1975 結束。它用陣亡人數，作爲越戰運行的軌跡。戰爭損失不是用金錢計算，而是無可挽回的生命消逝。它呈現美國人對戰爭的兩難。不僅指向美國人讚美天主的理念，人權理念，愛國情操；也同時是傷口，數以萬計的人命。此戰爭是維護理念，還是背棄了？林櫻在此沉默，讓觀者參與、沉思。

林櫻所依據的史料是美國國防部所提供的陣亡名單。如果原始資料出問題,此作品的可信度當然也就下降。這作品也是高度選擇性的。不討論全球戰略下的衝突地圖,意識形態爭執,也不管政客的馬基維利式的算計或越南人民的歷史情感。它只是說一個有關戰爭代價的故事,用人命犧牲來說:All are created equal 的敘事。

　　總之,往事並不如煙。台灣歷史課本敘事,可不可也是開放的?讓受統治者、受壓迫者或歷史傷口深淵的聲音,也有機會鳴放?歷史紀念館也可彰顯人人生而平等的價值,而不只是獨裁者或菁英的故事,才值得被記得?

　　(本文原載於上報)

為什麼英國在 1642 年
會發生內戰？

　　1642 年八月二十二日，查理一世對國會宣戰。此內戰造成英國十分之一人口的殺戮。還有許多人死於飢荒，更多的人田園、房舍和財產全毀。爲什麼那時英國人要發動內戰，彼此殺戮，甚至與自己家族成員爲敵也不後悔。

　　有關對此史事的理解，一般會用以下的時間順序來表示。

　　1625 年查理與天主教徒結婚

　　1628 年查理在未經國會同意的情況下，徵收 shipmoney。

　　此後，查理獨自統治，從未召開國會，一直到 1640 年。

　　1637 年蘇格蘭人反對新的祈禱書，群起造反。

　　1640 年查理不得不召開國會，以支付蘇格蘭戰費；長國會要求改革。

　　1641 年

　　導火線一　愛爾蘭革命，導致對天主教徒的恐懼

　　導火線二　國會因宗教問題對查理國王提出大抱怨（grand remonstrance），導致下議院分裂

　　1642 年

　　導火線三　查理試圖逮捕五個國會議員。下議院非常

生氣。

　　導火線四　溫和派和激進派國會議員彼此爭議

　　導火線五　國會掌握國王的軍隊

　　導火線六　十九條。下議院推得太遠。查理的支持者
離開倫敦

內戰爆發

　　不過，這樣的時間軸會讓人誤解，似乎內戰在所難
免。不過，對當時的人而言，哪怕是涉入極深的領頭羊，
在內戰發生之前，對此革命都還沒有什麼概念。

背景：國王與國會

　　十七世紀之前，國王並不能獨自治理英國。他需要國
會的支持。國會裡有全國最有權勢的人。上議院裡有貴族
與教士。下議院裡是選舉出來的國會議員。他們大部分是
有錢的大地主，也有些是功成名就的商人。

　　新法案通過需要國王與國會的協同支持。所以國王離
不開國會。

　　如果國王應付緊急情勢，如戰爭，亟需用錢，那麼他
必須徵求國會的同意，才能在全國徵收新的稅。當國王要
徵收新稅時，國會就可趁此機會表達其理念。所以，國會
權力在十六世紀以來，愈來愈重要。

階段一：查理一世的統治

　　查理一世統治初始，就問題重重。

問津

1. 1625 年迎娶法國天主教公主 Henrietta Maria。國會對她非常不歡迎。

2. 國會也不信任查理一世的首席顧問 Buckingham。1626 年國會彈劾他，笨拙的與西班牙發動海戰。查理因此關了兩位國會議員。

資料一：查理一世統治時的歌謠

誰統治國家？國王

誰統治國王？Buckingham 公爵。

誰統治公爵？惡魔

3. 這還牽涉到錢的問題。一般而言，國王一就任，國會就會投票，從商稅中，賦予國王終身收入。可是查理成為國王時，國會只給他一年的錢。國會想迫使他定期召開國會。可是國王依舊徵收商稅，作為其收入，哪怕沒有國會的許可。

階段二：查理在沒有國會的情況下統治

1629 年查理解散國會。他後來在沒有國會的情況下，統治十一年，一直到 1640 年。有些歷史學家認為，這期間，查理的政策非常不受歡迎，尤其是有關稅收和宗教改革的議題。這讓國家陷入戰爭的邊緣。有些歷史學家認為，此期間，查理統治得非常好，大多數人民很幸福。

錢

查理沒有國會，他還需要錢，就得另外找辦法。他收

一種稱爲 ship money 的稅。這筆錢一般用來戰爭時期，改善海軍戰力用的。而且它通常只由沿海郡治負責。1634年，查理要求沿海郡治繳交 ship money，雖然當時英國未發動任何戰爭，也沒有改善海軍戰備的計畫。1635 年，ship money 的稅收，擴大到內陸郡治。這意謂著查理需要此稅收成爲經常稅，無論何地，每年徵收。

資料二：ship money 徵收狀況

在 1635 年，此稅收到預期的百分之 97.5%。

1636 年，收到 97.6%。

1639 年，只收到 20%。

您覺得當時人歡不歡迎此稅收，ship money，呢？

資料三：1637 年十月寫給海外英國人看的新聞

太平無事。無論宮廷或外交事務，看起來都沒有甚麼變化。雖然稅賦沉重，可是人們私底下都只是稍微抱怨而已，還是乖乖交稅。所以我認爲，Ship money 作爲國家常態稅收，已經爲人所接受了。

資料四：

當 Ship money 擴展到內陸時，有個叫做 John Hampden 的拒絕繳納。他認爲任何新稅都必須經過國會的認可才是。不過，最後法院判決他敗訴，國王勝訴。他還是要交稅。

資料五：現代史家看法

Ship money 就財務來看，相當成功。不過其政治代價

還是很慘重。查理一世冒犯了國內每一種階級，地方領主，鄉紳和商人等。

宗教

在 1630 年代，查理和其樞機主教 Laud 開始著手宗教改革計畫。他們相信如果教堂裝潢好些，更富麗堂皇，人們會覺得更貼近上帝。不過，他們對於改善神職人員詮釋聖經，講道品質的改善卻興趣缺缺。

這惹惱了很多人，尤其是清教徒。他們相信查理又想把舊教帶回來。查理的太太是天主教徒，有自己的彌撒教堂和神職人員。或許查理也是天主教徒。攻擊王室與教會的小冊子開始流行。

資料六：

1637 年 Laud 樞機主教逮捕三位清教徒，Prynne, Burton, 和 Bastwick。他們寫了反對國王與樞機主教的宣傳小冊子。最後法院審判認定有罪，而遭受嚴厲懲罰。行刑者砍掉 Mr. Burton 的耳朵，很殘忍、很貼近腦際，血管砍斷了，鮮血狂噴。Mr. Prynne 的臉頰被烙印之後，還被削掉一半臉頰和兩個耳朵。此後，謠言四起，說 Laud 習慣吃清教徒的耳朵當晚餐。

資料七：

Clarendon 在 1660 年代對於沒有國會的情況下的英國治理的描述。Clarendon 是查理一世的內閣閣員之一。

這段期間，王國太平，普享幸福快樂。英國很穩定。國庫充裕讓每個人可以享受其財富的樂趣。新教徒透過有關對樞機主教 Laud 的書寫，抨擊羅馬教會，更甚於宗教改革之時。

階段三：蘇格蘭對新祈導書的反叛

或許查理一世在沒有國會的情況下，還是可以好好治理英國。不過，到了 1637 年，他犯下一般歷史學家都公認的大錯。

查理既是英格蘭的國王也是蘇格蘭的。蘇格蘭在許多方面都比英格蘭更像清教徒一些。他們從未接受過英格蘭祈禱書。對他們而言，該祈禱書太像羅馬公教的了。他們堅決反對任何看起來像天主教的彌撒禮儀，甚至反對專設任何神職人員。不過，查理一世下定決心擴展 Laud 所擬的宗教改革計畫到蘇格蘭。1637 年，他下令蘇格蘭必須使用英格蘭祈禱書。他並未事先徵詢蘇格蘭人對此事的看法。他只是告訴他們應該做什麼。

消息傳來，蘇格蘭輿論大譁。叛變時起。查理決定募軍敉平蘇格蘭。他要求英格蘭人支付一種新稅叫作 coat and conduct money，來支付軍隊制服、訓練和運輸的費用。

此舉造成了 1639-40 年的抗稅運動。鄉紳拒絕繳稅，也抗拒幫政府收稅。在 Wiltshire 官軍還打破監獄，釋放因抗稅而被逮捕的人。情勢突然變得很緊急，查理深陷泥淖。

1639 年夏天

Straffod，國王厭惡的閣員，從愛爾蘭被徵召回來。他以殘酷著稱。他在愛爾蘭有大軍。他會用武力強迫人民遵守國王的命令嗎？

1640 年四月短國會

查理召開國會。然後在三個禮拜內，又解散該國會。國會拒絕給國王更多的錢，除非查理制止 Laud 的宗教改革案，並廢除那些不受歡迎的稅。

1640 年夏天蘇格蘭，戰爭來了

國王的軍隊被蘇格蘭打敗。蘇格蘭佔領英格蘭北部。議和休戰期間，國王必須付給蘇格蘭每日 850 英鎊的錢。可是國王根本沒有那筆錢。

1640 年十一月 國王需錢孔急

查理又召開國會。不過國會還是拒絕給他任何錢，除非他撤銷不受歡迎的政策，並解除令人憎恨的內閣閣員。

階段四：長國會要求改革

查理現身國會，尋求財務支援。不過幾乎所有的國會議員都聯合起來反對他。然而，就算在這個時候，沒有人可以預料到內戰會旋即爆發。大家心裡都沒盤算過這種可能性。幾乎每個人都認為國家需要改革。而戰爭卻需要正反兩方。

1640 年十一月，國會對國王提出許多要求。

1.懲處邪惡的內閣閣員。

2.有些閣員必須來國會，以提供國王合情合理的 sensible 政策諮詢。

3.國王應該裁廢像 Star chamber 這樣的法庭。那種法庭只會排除異己。

4.國會應該正常開會。

5.沒有國會許可，不得徵收任何新稅。

6.撤銷 Laud 所提出的宗教改革計畫。

1641 年夏天，查理國王的讓步

1.國會最少每三年召開一次。

2.國王不會片面解散國會（Long Parliament）。該解散須徵求國會的同意。

3.逮捕 Strafford，追訴其叛國罪，並將其處死。

4.其他內閣閣員，包括 Laud，逮捕入獄。

5.國王只再徵收兩個月的關稅。

6.Star Chamber 和 High Commission 裁廢。

7.宣告 Ship money 不合法。

8.提名批評查理的國會議員擔任內閣閣員。

歷史學家認為就算在 1641 年，大家還是看不到內戰的可能性。因為兩造已經達成共識，國王也讓步了。不過，不到十二個月，戰爭爆發了。為什麼呢？ 該戰爭的導火線有哪些？

導火線一：grand remonstrance 1641 年十一月

國會又提出新的要求。其中包括國王應該削減樞機主教的權力，而且不得任命國會不信任的人擔任閣員。

此要求經修改，限縮範圍後，很驚險的以 159 比 148 通過。國會明顯分裂了。現在，查理在國會內也有許多支持者。當有些國會議員希望印刷出版 grand remonstrance，普及所有群眾時；有些人持異議，認為不應該讓普通人也陷入政治紛擾中。

導火線二：愛爾蘭革命 1641 年十一月

十一月一日，愛爾蘭叛變的消息傳到倫敦。天主教徒群起攻擊新教徒統治者。謠言四起。說有二十萬新教徒被殺。幕後指使者正是國王。那只是國王想讓英格蘭回歸天主教的計畫序曲。

導火線三：1642 年一月，國王試圖逮捕五位國會議員

很多歷史學家認為爆發內戰，實係查理咎由自取。國會議員並不信任他。他們害怕他計畫除掉國會，自己來統治。1642 年元月，查理的舉動讓國會更不信任他。

他派遣 400 位士兵進入下議院，要求國會交出五位帶頭跟國王唱反調的議員。不過，風聲走漏，那些議員已經預先從泰晤士河逃掉了。他們後來受到倫敦市政府的保護，而且像英雄般受款待。

導火線四：1642 年二月，宗教分歧

只要國會討論宗教事宜，就永遠會分歧。有些議員想擺脫 Laud 的宗教改革。有些人想擺脫主教。其他人甚至想廢除英國國教。

1642 年二月，國會投票表決是否將主教逐出上議院。溫和的國會議員對此愈來愈感憂心。他們相信如果主

教被罷黜，英國國教被廢除，那麼就會一團混亂。所以，他們開始考慮支持查理一世的統治。

導火線五：1642 年三月，有關軍隊的爭議

英格蘭需要軍隊來弭平愛爾蘭叛變。誰能控制此情勢呢？過去總由國王來指揮軍隊。可是國王現在離開倫敦，而且無論如何國會議員無法信任國王，總是懷疑他會利用國家軍隊來對付國會。他們要自己控制軍隊。查理反對。所以在三月時，國會就逕行控制軍隊，不理會國王是否同意。

導火線六：1642 年六月，國會太超過了

六月一日，國會通過十九點政綱建議。這些要求太超過了，導致反對國王的人分裂了，有些人轉而支持國王。

資料七：十九點政綱建議的部分內容

1. 所有國家大政，包括外交、宗教與財政等，都必須取得國會同意。
2. 所有內閣閣員都必須經過國會認可。
3. 由國會掌握國王小孩的教育。國王小孩未經國會允許，不准結婚。
4. 強力執行反對舊教的法律。
5. 教會需受國會管轄或依國會意旨改革。
6. 國會控制軍隊。

支持國王的國會議員認為，這十九條建議是壓垮駱駝的最後一根稻草。查理則宣稱，這十九條建議讓他成為鬼

魅。查理的支持者因而離開倫敦。六月國會下令地方各郡
整兵備戰。國王也發佈相同的命令。很多地方被迫選邊
站,支持國會還是贊成國王。八月,兩造都各組織了一支
軍隊。八月二十二日,國王在 Nottingham 招募標準軍,
內戰開始。

課堂活動:假設您是查理一世,請說明您爲何發動內戰?
並說服他人加入您的陣營。

伊斯蘭城市生活有何風貌？

首都應該設在哪裡？

在 Medinah 統治下，阿拉伯帝國不斷擴張。不過到了西元 661 年，Ummayad 家族起而代之，並且選擇大馬士革做爲首都。到了西元 740 年代，Abbaassids 打敗Ummayad 家族，他們是否應該營建新都呢？

> 想一想
> 假設您是 Caliph 的顧問，您覺得哪個地方當首都比較好呢？

資料一：顯示出可做爲首都的三大城市，巴格達、大馬士革和麥加。

大馬士革

※Ummayad 家族的根據地，他們才因爲內戰失利，喪失權力。

※有宏偉壯麗的清眞寺

※敍利亞曾定都於此，而且是拜占廷帝國的重要城市

※三千年來都是重要城市

※腹地廣大，土地豐饒

※定都在此已久，很多政府專門人才都集中於此

麥加
※伊斯蘭世界最神聖的城市
※穆罕默德的出生地
※如果帝國前線遭受攻擊的話，這地方還是很安全。
※位於沙漠，所有的食物都要靠進口
※只能支撐少量的人口

巴格達
※當時只是一個小村莊，但是已經準備好發展成一
　個嶄新的城市
※因為有底格里斯河和幼發拉底河定期氾濫澆灌，
　土壤肥沃
※有河流可作為帝國東西貿易的交通動脈
※有河流可以提供城市優質水資源

想一想
Caliph 最後選擇了巴格達，為什麼呢？
一個伊斯蘭城市

步驟一

　　針對我們所研究的主題，提出好問題是非常重要的事
情。請寫下您想知道的有關伊斯蘭城市的五件事情。
　　Caliphs 選擇巴格達作為首都。他們將其打造成圓形

城市。對穆斯林而言，圓形代表統一與權力。此原始城市迄今已了無遺址，但是許多造訪過，並留下許多文字記錄。從這些紀錄中，後人重構該城市的風貌正如資料三。

資料二：巴格達圓形城市重構圖

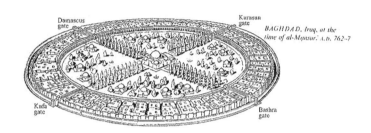

巴格達迅速發展。它在西元 762 年建造，而到西元814 年，就已經成為當時世界第一大城。

想一想
1.以下是有關該城市的描述，請據以比照資料二，將每段描述用箭頭連結到資料二中正確的所在地。
*皇宮和清真寺位於中心。這樣子，每當穆斯林朝麥加禮拜時，同時也能頂禮 Caliph 的皇宮。
*皇宮週遭保留大片空地。
*皇宮由圓形宮牆護衛著，並透過此宮牆區分皇宮周遭土地和城市的其他地方。
*該城市有四個大門。每個城門有一千人守衛。每個城門還設有警衛房，當 Caliph 要對其子民發表演說時，就站在警衛房的屋頂上。

＊如果城市內發生暴動或其他混亂時，城坊都可以很容易封鎖起來。

＊整個圓形城市外圍還有城牆和護城河護衛。碰到緊急況狀，士兵可以在城牆上集合。

2.您認為，設計圓形巴格達城市的人的主要目的為何，是讓 Caliph 可以自在與其子民混雜，還是確保其免於遭受外力攻擊的安全性？

3.比較資料二和資料三，並據以描述巴格達如何發展、擴張。

資料三：西元 814 年的巴格達地圖

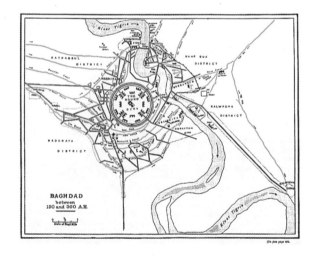

巴格達的生活

　　雖然它是由阿拉伯的穆斯林所建，巴格達很快就成為國際都會中心。從土耳其、波斯、印度和伊斯蘭世界其他地方而來的人，匯聚於此。該城市混雜了許多不同的文化

元素。

在巴格達生活如何，或在任何其他伊斯蘭城市的生活如何，取決於您是誰？尤其是，關乎您的財富狀況。

我們知道巴格達是當時主要的貿易中心。很多商人住在那裡。不過巴格達也住了很多窮人。

資料四：兩則在西元八世紀有關在巴格達購屋的格言

※千金買屋，萬金買鄰。

※兩千金幣用來買房子。另外用兩萬金幣來買鄰居。

資料五：西元九世紀有關巴格達的描述

窮人居住的地區在：Auatin al-Kilab, Nahr Adanj

富翁居住的地區在：Zhir, Shammasiya, Mamuniya

想一想

1. 從資料四、資料五看來，巴格達內有錢人和窮人住再同一區域嗎？

2. 請描述，資料六：有錢人的住宅，和資料七：窮人屋，之間三項的差異。

有錢人的住宅中間還有庭院。房間就繞著庭院興築。房間數量多寡取決於房屋主人的富裕程度。非常有錢的人，其庭院中還會有個大噴泉。有些房間也有花園。在這麼擁擠的城市裡，花園跟房間差不多一樣貴。

大部分的房舍從外面看起來，不會顯得很大。人們不希望有關當局知道他們的富裕程度，因為他們不想繳很多

稅。

房間裡，家庭生活非常隱密。大部分的窗戶都向內，面向庭園。面向外面的窗戶，通常也都有窗簾遮著，以便婦女往外窺視時不會被察覺。

房間也用簾幕區隔為好幾區。地板通常鋪有地毯，不過卻沒有多少家具。有錢人的家庭還有大量的藏書，通常就在自己家裡教育小孩。

晚餐非常重要。男人們聚在裝有麵包、肉類和水果的餐盤週遭。女人和小孩要被區隔開來自己用餐。很少伊斯蘭房子有廚房。他們通常也沒有浴室，雖然大部分的房子有廁所。

大部分的烹飪和清潔的工作都由奴隸來做。奴隸通常是戰俘，或是奴隸的小孩。他們有些權利，要被餵飽、照顧，老的時候也要受看護。

為了讓房間涼爽，會設有煙囪直接將熱空氣排出。有些有錢人可以買大塊冰塊，叫僕人將冷空氣扇到房間來。這些冰塊必須從好幾百英哩外的敍利亞或伊拉克山區運來，大費周章。

窮人通常付不起住在城市內的房租。他們在城市外緣搭建可遮風避雨的茅茨泥土屋舍或小房子。

資料六：有錢人的房舍

資料七：窮人的泥土屋

宮庭生活

很多巴格達人為 Caliph 工作，如成千上萬的商人與士

兵卽是。幫國王工作的人，大部分是從土耳其來的商人，讓國王過著極度奢華的生活。

資料八：西元八世紀時，在 Caliph 宮庭緊鄰著的澡堂。Caliph 正坐在中央，接受剪頭髮。

資料九：西元 809 年，Caliph 私人物品清單的一部分。此清單足足花了四個月才可以整理出來。

4000 件繡花衣袍

4000 件絲綢外套

2000 對褲子

4000 個伊斯蘭頭巾

500,000 金幣

1000 浴盆

300 爐子

4000 雙襪子

1000 亞美尼亞地毯

資料十：在巴格達宮庭內的某些僕人

花豹飼養者

飼養狗的人

獵鷹飼養者

大象飼養者

弓箭手

奔跑者

問津

資料十一：十二世紀描述伊斯蘭宮庭活動的浮雕

人們如何穿著？

所有男人都戴伊斯蘭頭巾。有錢的人會有很多條，而且通常裝飾繁複。窮人就用簡單的素布條。女人不戴頭巾。不過從穆罕默德死後一百年左右，女人開始戴面紗。

長袍的長度與顏色，象徵一個人的社會地位。愈顯要的人所穿著的袍子愈長。穿著黑色袍子的人，意味著他在 Caliph 宮庭服務。

資料十二

無論窮人或有錢人，最喜歡的食品叫做 Harisa，那是把肉和雞肉、草藥混在一起煮的便宜餐點。Harsia 通常是婚禮上的第一道菜。

不過 Harsia 是例外，通常貧富差距懸殊之後，吃得也很不同。

資料十三：

a.九世紀有關窮人家庭晚餐的紀錄

便宜的肉或小魚

米做的麵包（有錢人吃麥子做的麵包）

b.宮庭的晚餐

Caliph 下令每頓餐點主食菜餚降到十二道，而甜點降到三十道。

> 想一想
> 請再仔細看過資料十三，農夫有帶中餐，請問他們中餐吃什麼？

營生

在巴格達鄉下，大部分的人是農夫。但是在伊斯蘭市，正如現代都市一般，男人與女人都有許多不同的營生方式。我們從資料十六到資料二十二，可以看到程式中各行各業的人。

資料十四

西元八世紀的金幣上，顯示運輸工拉著駱駝。

資料十五

　　a.巴格達圓形城市的街道名稱

　　女人街

　　負責出糞土的工人街

　　挑水工人街

　　警察街

　　衛士街

　　……

　　b.郊區名稱

　　油商橋

　　煮肥皂區

　　油漆路

　　挖掘運河區

　　染工坊

　　廚工區

　　……

問津

資料十六：現代摩洛哥染製皮革的狀況

此技術正和一千年前巴格達的染製技術一模一樣。染製是窮人的工作。此產業會有許多惡臭和副產品。

資料十七：西元十四世紀，巴格達城內的化學店（chemistry shop）

資料十八：斯蘭統治西班牙時的城市法

飯店的服務生不可以是女生。

資料十九：巴格達歷史上二十九個很有影響力的女人

都受過高等教育

有些是詩人

很多人是宗教老師或聖人

有十二個人教導當時的男性學者

資料二十：伊拉克在西元九世紀時的紀錄中所提及的工作

在 Basra 有人專門收集人的糞便，在太陽下晒乾，然後拿到市場上當燃料賣。

運水工人會用驢子或自己的桶子取水，送到民宅、商店、澡堂、清真寺和公共噴泉。

其他的職業還有：清真寺雜務工、織工、磚石工……

> 好好想一想
> 請依據本單元所陳述的證據，說明在伊斯蘭城市內的女人的工作與生活？

只是一個城鎮居民

「城鎮的空氣使人自由嗎？」

假設您是農奴，很悲慘的生活在莊園領主的控制下。您受夠了。只有一個方式，才能獲得自由。您決定逃離莊園。

這可能很危險。領主會盡其所能找到您。所以您就逃到城鎮去。您聽過往的旅人說，在城鎮生活自由自在。您可以在城鎮隱性埋名。畢竟，城鎮裡總有好多外地人。有些城鎮特別安全。有些城鎮爲了保護出逃的農奴，還制定些特別的法令。以下就是個例子。

Gloucester 皇家命令，1227

任何農奴如果待在城鎮裡一年又一天，自己養活自己而且依法納稅，那麼此後其領主就不能再逮捕他。

不過情況並非總是如此。從 1066 年以來，很多城鎮屬於某貴族所有，日爾曼公爵、主教、或是國王本身。他會強迫城鎮居民，爲他工作。他會徵收租金，並防止居民逃離城鎮。他對待城鎮居民的方式，一如鄉村領主對待農奴一般！不過，住在城鎮裡的商人和工匠想要自由。

我們需要在城鎮裡自由買賣土地。

我們需要將市集轉變成合適的商店。

我們需要彼此達成協議，穩定價格。

漸漸的，城鎮愈來愈有錢，市民可以從領主那裡贖回其自由權。這也是為什麼很多歷史書，都說中世紀城鎮的故事就是一部人們逐漸取得自由的歷程。

探索單元

住在城鎮裡的居民有多自由呢？當領主無法繼續控制他們時，市民間所享有的自由度都一樣嗎？本探索單元，將引導您探索，中世紀城鎮居民有多自由？

只要一群人聚在一起，就會開始制定規則。中世紀城鎮滿是規則。有些規則試圖讓事情公平，有些讓事情安全。有些規則讓人們自由，也有些規則讓城鎮強大。探索這些規則或法制，將是釐清中世紀城鎮狀況的好方式。

維持標準

買賣

在 1100 年到 1300 年之間，食物生產愈來愈多。備有餘糧的農民，將其運送到地方市集賣出。許多市集逐漸發展成為城鎮，買賣商品的城鎮。

上圖的人正在爭論？試問他們在爭論些什麼事情呢？

在教會第一台彌撒鐘響之前，不准賣魚。Town Laws of York, 1301

每箇麵包店所賣出的麵包都要有其標誌。Town Laws of York, 1301

John Penrose 被控販賣壞掉的酒。他必須自己喝掉其所釀的壞酒。其它的壞酒應該淋在他頭上。London, 1364

做東西

城鎮不只需要經營買賣的商店，還需要工坊。當城鎮擴張成長時，各式各樣的工藝也隨之興起。只是制定如何買賣的規則，將不夠用。人們也需要貨物該如何製造的規則。

城鎮的基爾特（guilds）正是大的規則制定者。基爾

特塑造規矩，規範什麼樣的人可以進入該行業，以及該行業工藝水準應維持在什麼標準。基爾特後來非常有力。在十四世紀之前，要入行某工藝，卻未加入基爾特，幾乎是不可能的事。

如果我們要學習某工藝，首先需成爲學徒（apprentice），通常要見習七年。七年之後，您的手藝如何，有待「基爾特師傅」（guild master）檢核。基爾特的規矩很嚴厲。

左圖顯示出，基爾特師傅正
在檢核學徒的手藝。

（A medieval painting of
a guild master）

如果您的作品夠好的話，那麼您就成爲「旅人」（journeyman），依此身分再花七年的時間學習。之後，如果您真的、確實夠好的話，您也就可以成爲師傅。這意味著您得做出一件完美作品，一件「師傅工藝品」（masterpiece）。

七年的時間學習如何做酒桶。

七年之後，再用另外七年練習做酒桶。

再經過七年，在做酒桶行業上的終生保障於焉展開。

基爾特要把工藝品價格維持在一定水準。他們阻止外行人（outsiders）進來，提供低價商品。基爾特也制定各式各樣的規則，以防止商品供過於求。他們最不想要的東西是競爭。這讓他們無法控制市場，而且降低工藝水準。

Shrewsbury 的繩索工人在 1481 年，制定這條規則：

不准任何人在下午九點之後，還繼續工作。那時敲敲打打的聲音使人惱怒。違者，罰款八角或一磅臘。
Shrewsbury Wiremakers' Guild, 1481.

想一想
除了噪音管制之外，您覺得基爾特之所以規定不得在夜間工作的理由為何？

有時候，基爾特也會運用其影響力，阻擋某類型的市民入行，他們不喜歡的或是他們認為邪惡或奇怪的。他們也把女人擋在外面。

中世紀的人認為養蠶取絲、紡織或釀酒是女人的工作。但是女人也可以打鐵、做鞋子。有些基爾特允許女人操作此行業，不過不允許女人取得完全的行會會員資格。有些理髮和染坊基爾特接受女人入行，不過大部分基爾特不准女人進來。

以下是某組城鎮法制。

如果任何已婚女人在城市內習藝，而且她丈夫跟這件

問津

事無關的話，那麼有關其工藝上，她應被視為未婚的單身女子。如果她引起任何抱怨的話，她必須以單身女子的身分回答。Town Laws of Lincoln

因基爾特而來的好處

　　基爾特運用其財富，為城鎮做善事。他們舉辦宴慶、遊行和戲劇活動。在倫敦的布商基爾特，每個禮拜收取會費六角，並用這些錢來幫助貧病的會員。基爾特有時候為老人家料理家務，而且為窮苦的會員辦喪事。當城鎮和貿易持續成長時，有些富裕的基爾特會員便希望自己的兒子（女兒排除在外）接受更好的教育。有時候，基爾特會存錢買書或是聘請教師，教會員讀書識字。

　　簡之，只要您是會員，基爾特存在是件美好的事。

> 想一想
> 為什麼基爾特會這麼汲汲於控制操作其工藝的人？
> 您認為，基爾特為什麼要把女人排除在外？

步驟一

　　請用一句話，為「維持標準」這章節下個總結（summing up）。

　　1.選擇以下的句子之一來總結，或是自己設計，務必要使得總結能妥當或是給讀者完整的圖像。

　　（1）基爾特阻止人們製造和販賣任何商品。

（2）在中世紀，任何人都可以製造和販賣商品。

（3）基爾特很嚴格的控制商品的製造與販賣。

（4）基爾特訂了那麼多規則，使得沒有人喜歡它。

請注意，如果您自己造句總結的話，不能超過一句話。

2.請依據您的總結，大概擬出可以支持您的句子或論點的例子或要點。在這麼做的時候，您應該指出有關買賣、學徒與師傅，以及基爾特的規則等等。

讓人民有秩序

城鎮議會

當城鎮在十二、十三世紀愈來愈有錢時，他們開始向國王和貴族爭取自由。城鎮首領會用一大筆錢，來換取「憲章」（charter）。憲章賦予他們有權買賣土地，和選舉成立城鎮議會，使他們擺脫領主的控制，而成為城市的「自由民」。

在城鎮議會裡，通常涵蓋城鎮中最重要的人。他們針對城鎮生活的每個面向立法。在 1298 年，約克市的法制內容所規範的，涵蓋食品衛生（food hygiene），醫療行為，排水，公共廁所，妓院和四處遊蕩的豬。

我，Roger 子爵，賦予城鎮居民自治的權利

下圖取自 1347 年不列斯托的憲章。第一個場景所展現的是兩個人因為違法而被關起來。第二個場景顯示，麵包師傅被強行拖曳在街上示眾。

城鎮議會賦予市民各式各樣的權利。在 1140 年，Newcastle-on-Tyne 立法如下：

1.只有市民才能買布染色或在城內進一步剪裁。

2.市民可以任意贈與或販賣其土地。

3.市民可以任意離開城鎮。 Laws of the City of Newcastle, 1140.

想一想
你認為，為什麼不允許城鎮外的人買布呢？

確保城鎮安全

城鎮議會也要立法保護市民安全。每個人都要負責一點事，來幫助渡過危險。

以下這組法制來自 Hereford：

如果有恐怖火災的話、如果有嚴重的叛亂、如果有敵人軍隊逼近、或是如果城市被包圍的話，要鳴鐘警告市民。當鐘聲響起，每個住在城市的人都應該帶著武器挺身而出。

Norwich 市在 1423 年立法如下：

市民要組織「守望相助」隊，在夜晚負責巡邏。任何拒絕守望相助的市民，罰款六角。所有的市民一定要準備一個梯子和兩組滅火鉤，將焚燒的房舍拉倒，以防災情擴大。

如果市民要富裕起來的話，嚴格的安全、法制和秩序

的規則就顯得非常重要。商人和貿易商，除非覺得安全，否則不會造訪該城鎮。

步驟二

1. 請從以下的句子裡，挑選出最能總結「讓人民有秩序」這章節大意的句子。注意，其中有兩句並不恰當。

（1）城鎮藉著制定很多法制，剝奪窮人的自由。

（2）有錢有勢的市民立法幫助每個人的自由，不過他們也嚴密控制市政的運作。

（3）只要城鎮從在地領主或貴族那裡買下「憲章」的話，城鎮中的每個人都可自由自在地為所欲為。

2. 請依據您的總結，大概擬出可以支持您的句子或論點的例子或要點。在這麼做的時候，應就憲章、城鎮議會，以及不同型態的規矩與法制立論。

讓人們遠離

入侵者和陌生人

中世紀的城鎮有個大問題。城鎮成立的用意是讓人們自由貿易。許多人會不遠千里而來。可是，城鎮居民卻執意要讓某些人不得進入。

大部分中古城鎮四周圍都有城牆圍繞著。某中世紀畫家，所畫的君士坦丁堡 Constantinople。他從未到過君士坦丁堡，他所畫的其實是他所看過的英格蘭城鎮的樣子。

問津

　　在動盪不安的時代裡，城牆有其必要性。雖然從
1066 年之後，英格蘭就未曾遭遇外敵入侵，然而，還是
有個各式各樣的麻煩，讓城鎮遭受威脅。並不是只有軍隊
入侵，才會讓他們覺得自己飽受威脅。

　　Richard of Devizes 在十二世紀，描寫倫敦如下：

　　如果您來到倫敦，得迅速通過才行。那兒龍蛇雜處，
匯聚來自世界各地的人。每個種族都將其罪惡帶到該城
市。使得倫敦每個地方都充滿邪惡的事情。

　　Richard of Devizes, twelfth century

　　有時候，當人們覺得保持自身安全很好時，他們會試
著排斥外鄉人進來。任何人看起來很奇怪或特異的，就被
趕出去。任何人，被認為不忠或是會叛亂的，也被排除在
外。有些法令讓外鄉人入城後成為自由民，有些則否。以
下有兩則同樣來自約克市的例子。

約克市排斥外鄉人

　　約克市人對於蘇格蘭人總是非常懷疑。在 1501 年，
市議會特別通過一個法案，就為了針對蘇格蘭人，將叩城
門者排除在外。

約克市歡迎異鄉人

　　約克市鼓勵很多外地人成為其自由市民。在十四世紀
時，有個法案通過，讓如果已經付一定稅額的人，或是已
經在自由市民之下當學徒的人，可以留在城內，繼續經營
其生計。

中世紀的城鎮可以是非常歡迎，並且接受所有各式各
樣的人的地方，甚至是那些從不同國家過來，有著不同宗
教背景的人。中世紀的英格蘭人有時候對於外鄉人，也會
變得非常殘忍。

倫敦和約克市中一個恐怖悲劇

在亨利二世執政時，有一小群猶太人定居在約克市。
其中有兩個猶太人是非常重要的市民，Benedict 和 Josce。
他們藉著借貸給北方領主，而變得非常富裕。

在 1189 年，國王 Richard 一世快卽位時。這兩個重
要的人決定遷徙到倫敦，尋求更好的機會。

在倫敦，有許多人不喜歡猶太人。他們認為猶太人會
將奇怪的和邪惡的風俗帶到城市來。他們忌妒其成功。
Benedict 和 Josce 發現自己在倫敦的時機很不恰當。那時
剛好發生一件嚴重的叛亂。Benedict 被殺。

Josce 很快的逃離，但是旅途上危機處處。叛亂擴散
到其他英格蘭城鎮。他希望回到約克市。當他返抵時，情
勢還是不樂觀。有些約克市領主欠猶太人錢。他們鼓舞約
克市平民痛恨猶太人。在 Josce 還無法趕回去保護他們
時，一個暴民殺了 Benedict 的太太和他所有的小孩子。

Josce 很快盤算過。他召集所有猶太人，飛奔到約克

問津

城堡內尋求庇護。猶太人的領袖，Rabbi Yemtob，鼓勵其子民自殺。很多人真的這麼做了。不想自殺的人，可以求生的路徑只有一種，行割禮成為基督徒。被嚇壞的猶太人同意了，希望可藉此救命。不過暴民卻違約背信，而不分青紅皂白的殺了他們。

> 想一想
> 為什麼倫敦和約克市民，會轉而對猶太人非常憤怒呢？猶太人之前在這些城市，平和生活著。您認為，為什麼有些人會轉而反對他們？

步驟三

1. 請從以下的句子裡，挑選出最能總結「讓人們遠離」這章節大意的句子。注意，其中有三句並不恰當。
   (1) 城鎮害怕外鄉人，而總是將其排除在外。
   (2) 城鎮居民需要外鄉人來貿易，而歡迎任何人來參訪、或在城鎮內居住與工作。
   (3) 城鎮排斥猶太人、蘇格蘭人和女人，除此之外，他們歡迎其他人。
   (4) 城鎮是讓外鄉人來貿易，以及讓人們到此擺脫領主限制，成為自由民的地方。不過外鄉人有時不受信任，而被慘忍對待或驅逐。
2. 請依據您的總結，大概擬出可以支持您的句子或論點的例子或要點。在這麼做的時候，應就入侵者和

外鄉人，以及約克和倫敦的例子來立論。

好好想一想
請試著回答此問題：「城鎮居民究竟有多自由？」

問津

「自由國度的公民與女人」
Josephine Butler 究竟為誰奮鬥？

「自由國度的公民與女人」

Josephine Butler 究竟為誰奮鬥？

1864 年某夜，Josephine 和 George Butler 出去晚餐。

他們回來晚了。小女兒 Eva 聽到他們回家。她溜下床，跑來迎接父母親。興奮之下，她跑太快了。撞過欄杆，直接掉落到一樓大廳堅硬的、大理石地板。她的父親，George，衝過去抱起她。之後，他的日記寫著，「她的頭髮，長髮飄逸，如核桃般的深棕色澤，陽光下金光閃閃……現在卻為血污糾結。」當晚，Eva 就過世了。

這可怕的悲劇後來成為 Eva 母親生涯的轉捩點。剛開始，Josephine 如此悲傷，以致於什麼事都不能做。後來，她投入二十年以上的時間，為維多利亞時代的貧苦、弱勢女子爭取權利。Josephine 試圖改變人們的態度。她挑戰維多利亞時代人們根深柢固的信念。

「我的靈魂深度不滿」

Josephine 在 1828 年，出生於 Northumberland 。她的父親田連阡陌。Josphine 和她的妹妹 Hatty 就在父親的莊

園裡，騎乘小馬嬉戲。Josephine 身世富裕尊貴。她的世界跟大多數平常人的生活截然不同。她屬於上層或中上階層，優勢的少數。Josephine 和她五個姐妹、兩個兄弟都受過優良教育。父親聘請家教，教他們語言、文學、經典和史學。小孩子們彼此討論爭辯。女人能受如此教養，真是非比尋常。當 Josephine 長大後，她愈來愈覺困惑。她不知道其生活重心為何？她尊敬父親，希望自己也能像他一樣。她說她的父親「竭盡己能為眾人謀福祉」。他辛勤工作，試圖找出公平管理田園和工人的新方式。Josephine 也想幫助他人，但是她不知道如何使自己成為有用的人。她覺得空虛。她自己說她的靈魂「深度不滿」。

探索單元

　　Josephine 是個戰士。她究竟為誰而戰？為何而戰？在本探索單元中，我們要試圖釐清 Josephine 所關切的不同團體以及她關切的理由為何。我們要找出她為何如此重要。

想一想

1.何謂「優勢」？

2.Josephine 的生活在哪些方面，享「優勢」？

3.為什麼那時候就算是富裕的女人，能受良好教養，也是不尋常的事呢？

「對罪犯階層的興趣」

在 1852 年，Josephine 嫁給 George Butler，Durham 大學的講師。George 能分享 Josephine 想成為對他人有用的深度關懷。他們住在牛津。他們共同擬定致力於教育他人的未來計畫。他們想獻身於教育改革。Josephine 婚姻美滿。在婚姻前五年，她忙著教養子女和管理僕人。然而，Josephine 發現在牛津生活困難。跟 George 一起在牛津工作的同事，一點也無法理解 Josephine。每當她丈夫的朋友在 George 家一起喝下午茶時，Josephine 要做大多數中上階級家庭主婦所做的事情，準備茶點等等。但是她也會做些大部分家庭主婦不會做的事。當男人的聊天轉到政治或女人處境時，Josephine 就會加入討論。這真是令人震驚。一般認為此階級的婦女不能談論有關性和政治的事情。這些議題對女人「不適合」。George 的朋友和同事都不知道如何面對 Josephine。他們覺得很尷尬。

他們所受的驚嚇還不僅止於此。當 Josephine 聽到，一個女人因謀殺自己的嬰兒入監時，她非常震怒。每個人都知道嬰兒的父親是牛津 Balliol 學院的講師。那個女人非常貧窮。每個人都知道這個男人拒絕贍養那女孩和小嬰孩。

Josephine 跑去找 Balliol 學院院長。她要求，院長出面挑戰，要求那孩子的

爸爸負起責任。Balliol 院長拒絕做任何事。Josephine 不放棄。她和 George 讓那個女孩子在家裡幫傭。這更是令

大家嚇一跳。Balliol 院長深表不贊同。他寫道：Butler 太太對罪犯階層有興趣，不過她最好任其自生自滅。Josephine 卻不這麼認為。她認為像這樣的女孩子，剛開始一點都不是「罪犯」。Josephine 開始認為這樣的女孩是受害者。

Eva

在 1857 年，George 和 Josephine 搬到 Cheltenham。他們渴望有個女兒。在 1859 年，Eva 誕生了。有一陣子，Josephine 忙著相夫教子，而快樂滿足。然後到了 1864 年，悲劇發生了。Eva 意外墜樓身亡。Josephine 要一直到她很老時，才能夠寫出有關她女兒過世的回憶。她留下如此令人心酸的字句：

Eva 五歲半，健康，強壯，美麗，我們惟一的女兒。父親與我就是寵愛她，而在她墜下那一瞬間，頭骨碎裂，再經過幾個小時的嘔吐後，她才過世。接下來的二十五年，我夜半驚醒，從未不曾看過 Eva 墜落的身影，也無不聽到她頭撞擊地面時的聲音在我的耳際嗡嗡作響。

步驟一

故事至此，您認為 Josephine 所關懷的人群包括哪些？將這些人從下列的人群中選出，並請說明您選擇的理由：

勞工階層的婦女

所有勞工階層

非常貧窮的婦女
妓女
中上階層的婦女
中上階層的男人
所有女人
所有男人

「某些痛楚更甚於我的」

　　Josephine 發現無可治癒其慘沮。在 1866 年，舉家遷到 Liverpool，但是 Josephine 還是無法逃離 Eva 過世之悲痛。要等到一個老女人出現，Quaker 教友，才幫她跨出去。這個女人建議 Josephine 在別人身上遺忘自己的憂傷。Josephine 選擇依循這個建議。Josephine 決定拜訪職訓所（workhouse）和監獄。她從 Brownlow House 開始，那兒有超過四千名妓女和 destitute girls。維多利亞人稱這樣的女孩「墮落」。她們從善「墮落」到罪惡生命。Josephine 很快發現到一個極度悲慘的新世界。很多中產階級和上層社會的女人拜訪監獄與職訓所。此實不足為奇。這些婦女認為這樣做便如傳教般。她們要幫助這些女孩，跨出「邪惡」（wickedness），重新引領她們親近上帝。Josephine 也誠篤信主，但是她的方式不同。她傾聽。她開始學習女孩們的故事。當 Josephine 聽到這些故事時，她隨即認為妓女並不邪惡。大部分的女孩淪為妓女，緣於兩大問題：

　　要不是因為 1.她們是女傭，後來遭主人或管家的兒子

性侵懷孕，而被掃地出門。就是因為 2.她們是裁縫師或售貨員，收入微薄，為避免潦倒餓死，只得想辦法賺更多錢。

Josephine 得到兩個結論。這些女孩遭受苦難的原因有二：

1.男人

2.當時的經濟情況

Josephine 開始用各式各樣的方式幫助這些女孩。她甚至說服某些 Liverpool 商人，捐錢置屋，收容某些女孩。Josephine 還不知道，尚有一個更大的計畫等著她去執行。她正面臨生命中最大的奮鬥。「我滿腦子想的都是跨出去，尋找某些痛楚更甚於我的人。」

想一想
Josephine 所謂的，「尋找某些痛楚更甚於我的人」，是什麼意思？

「男人的國會」

在 1862 年，國會設立一特別委員會解決陸軍和海軍士兵的健康問題。國會議員對於軍人傳染性病，憂心忡忡。幾年後，國會通過三個新法律。這些法律也就是傳染疾病防治法案（Contagious Disease Acts）。該法案讓 Josephine 非常生氣。該法律這麼寫著：

傳染病防治法案（1864, 1866 和 1869）

1. 任何在港口或軍人鄉鎮中，被疑為妓女者，當通報警察局，做醫療檢驗。
2. 如果醫療檢驗報告呈現她染病的話，就必須被拘留在醫院內，直到康復為止。

Josephine 生氣到無法自己。她在 1869 年九月寫道：穿透折磨我的，身體和心靈，正是憤怒。這令我憤怒滿滿，甚至仇恨到我不敢面對。一想到此暴行（atrocity），便抹煞了我的 charity 和祈禱。

Josephine 如此憤怒的理由有五。

（1）Josephine 的第一個理由：

檢驗並非志願的。女人被按倒，然後用外科器械檢視，有時還造成嚴重傷害。Josephine 相信這些檢驗很殘忍，粗暴而且低級。

（2）Josephine 的第二個理由：

所有勞工階級女子受難。任何女子只要出現在貧民窟就有可能被便衣警察逮捕。只要警察懷疑那女子是妓女，那麼他就有權利強制她醫療檢驗。

步驟二

故事至此，您認為 Josephine 所關懷的人群包括哪些？將這些人從下列的人群中選出，並請說明您選擇的理由：

勞工階層的婦女

所有勞工階層

非常貧窮的婦女

妓女

中上階層的婦女

中上階層的男人

所有女人

所有男人

想一想

爲何本法案讓 Josephine 如此憤怒？

「傳染病法案」

「傳染病法案」是椿好事，能保護男人免受不潔女人沾染。是啊！它們是優良的保健措施。豈有此理！男人嫖妓也有傳染疾病的責任，他們不受處罰是不對的。傳染病防治法案是椿好事。它們保護男人免受不潔女人的沾染。是啊！它們是優良的保健措施。

（3）Josephine 的第三個理由：

就 Josephine 看來，該法案懲罰的對象錯誤。女人被視爲「不潔」（unclean），但是她們並非自身使然而「不潔」。正是男人害的，女人才會得病。

（4）Josephine 的第四個理由：

Josephine 認爲該法案侵犯所有女人的權利。如果法律可以將女人的身體當作是一片片的肉，那麼所有女人也就因此被貶抑。它將女人的生命廉價化。它使女人看來只是爲了男人的娛樂而存在。

（5）Josephine 的第五個理由：

男人通過該法案，這件事讓 Josephine 覺得噁心。「該法案係由國會的男人通過的，女人一點也不知情。該法案基礎就有嚴重錯誤與毒素思想，認為女人與問題無關，女人不應對此聽證或跟此沾上任何關係。」

步驟三

> 想一想
> 為什麼 Josephine 相信該法案侵害妓女的權利？為什麼 Josephine 相信該法案侵害所有勞工階層女性的權利呢？為什麼 Josephine 相信該法案侵害所有女人的權利呢？

「直接下地獄」

Josephine 成立士女聯盟（Ladies' Association）反對傳染疾病防治法案。這在當時真是非常勇敢。維多利亞時代，中上階層的人只要想到女人竟會用「性」或「妓女」這樣的字眼，就很震驚。她知道她將招致輿論譏評。她也讓其夫婿處境艱難。維多利亞時代，對一個男人竟然允許她的老婆涉入這樣的事情，人們也是很震撼。Josephine 的目標是全面廢除傳染病防治法案。為達此目標，她得影響國會議員和其他權貴。她試過各式各樣的方法。大部份都敗得很慘。

她試著寫文章和宣傳小冊

……可是根本沒人注意。

她在皇家立法委員會上，聽證發言

……可是委員會上的男人不當一回事，好像她只是無事生非，興風作浪。

她巡迴演講，單是第一年，她就旅行了 3700 英哩，參與九十九個會議

……可是政府還是沒有採取任何行動。

Josephine 必須採取更劇烈的舉動。她開始涉入選舉。這意味著她不再只是針對可敬、有禮的聽眾演講。她有位朋友害怕她會「直接下地獄」。她必須在街角演講，並且面對受雇的暴力茲事分子。有一次，在 Pontefract，她得躲在乾草堆中，避開暴民。暴民放火燒乾草堆，還好她及時逃出。Josephine 也號召、組織勞工婦女團體，抗拒因為當妓女而被逮捕。忿怒的婦女群聚團結在一起，使得要硬拉一位婦女作醫療檢驗，非常困難。此策略很成功。Josephine 廣獲支持。

「男人心中不平等的標準」

Josephine 也繼續寫文章。她愈寫愈好。她認為，不只是女人權利受到該法案侵害，所有男人的亦然。她說，該法案鼓勵男人相信，召妓是可接受的。該法案鼓勵男人相信女人的身體只是市場上的肉。這戕喪男人的倫理道德。她說，該法案「鼓勵男人心中不平等的標準，就是這一切不當侵權行為（mischief）的禍源。」

她有本宣傳小冊〈被違背的憲政體制〉（The
Constitution Violated）。在此，她說所有住在不列顛的人
權遭受威脅。如果一個人可以在未經其本人允許的情況
下，被硬拉去作醫療檢驗，而且還被視爲理所當然，不認
爲有任何差池，那麼以就威脅到所有人的人權。她說，她
對此堅決反對，「首先因爲作爲一個自由國度的公民，其
次才是作爲一個女人」。

> 想一想
> Josephine 所謂「不平等的標準」，所指爲何？

步驟四

　　故事至此，您認爲 Josephine 所關懷的人群包括哪
些？將這些人從下列的人群中選出，並請說明您選擇的理
由：

　　勞工階層的婦女
　　所有勞工階層
　　非常貧窮的婦女
　　妓女
　　中上階層的婦女
　　中上階層的男人
　　所有女人
　　所有男人

「彷如夢境」

1881 年四月二十日下午，在 Josephine 五十五歲生日後一個禮拜，她到下議院去聽另一個法案取代傳染疾病法案的宣讀。在六點前，爭辯很清楚的會持續到午夜。所以她就去西敏寺飯店（Westminister Palace Hotel），跟她的夫君舉行祈禱會。午夜時分，她再回到國會士女大廳（ladies' Gallery）時。侍者很興奮的對她耳語，說，他認為她會贏。他是對的。在凌晨一點半時，票開出來了，182 比 110，法案通過。Josephine 簡直不敢相信。她為了這一刻，奮鬥了二十一年。她步出下議院廊道時，覺得：「雲霧消散，星空寂靜。市井塵囂殆盡，只聞涓涓細水，淌流石板路，聲潺潺……一切彷如夢境。」摘自 Josephine Butler 日記，1881。

> 好好想一想
> Josephine 究竟為誰奮鬥？

歷史學家喜歡像這樣來判斷故事的重要性。假設您寫了一本有關十九世紀婦女運動的書，出版社說，書太長了，希望您刪節 Josephine 那部份的章節。您非常生氣！出版社認為，其他女性，更有名，更重要。您必須寫信給出版商，說明為什麼 Josephine 的故事的歷史意義卓著。為此，您必須說服出版商 Josephine 不只是為妓女奮鬥而已。您必須說明，她的奮鬥為何對其他人群也意義卓著。

以下起始句或許有用。您必須遣詞造句，斟酌為文，說服您的出版商。

　　Josephine Butler 所成就的遠不止……

　　Josephine Butler 無法被忽視，因為……

　　女權運動之所以有意義，實因……

　　我深切認為，讀者喜歡本章，因為……

　　試著找出更多您可用來說服的語言！

女公民（Citoyennes）：
法國大革命對女人的意義為何？

　　對十八世紀法國女人而言，結婚是一筆生意，女方要提供嫁妝，錢、商品或土地等等。婚前，雙方家庭通常會簽約，表明女方的嫁妝有哪些。

　　十八世紀法國婦女走入婚姻，跟我們今天迥然有別：

1. 她婚後通常跟夫家一起住，直到她丈夫有能力買得起自己的房子。
2. 只要他們一結婚，她的所有財產都會屬於丈夫的。
3. 就算婚姻是場災難，還是無法離婚。
4. 社會普遍期待妻子要爲丈夫和孩子，煮飯、打掃、清潔和縫補衣物等等。
5. 如果她在外面工作，同工不同酬，薪水會比男性少。
6. 她當然不可以有自己的政治觀點。

> 想一想
> 有關十八世紀法國已婚婦女的處境，你覺得哪一點最令人震驚？

　　十八世紀法國女性是次等公民。幾乎所有的人，都天經地義的接受此觀念。就算十八世紀偉大的哲學思想家一

般對女性地位，也秉持著傳統的觀點。他們認為女性所需的教育僅止於有能力做好家政。女性地位就該如此嗎？從過去到現在又是怎麼來的？這有待我們進一步探索。

在本探索當元中，我們將試圖理解革命對法國女人的意義為何？女人在革命過程中所扮演的角色。革命婦女的訴求為何？革命對女人的生命改變了多少？這些都是重要的問題，可是也很不容易回答。因為女人在當時是次等公民，所留下的史料遠比男人少。我們要像歷史學者般，從有限的史料中，盡可能得擠出可供解惑的資訊。

女人與 1789 年事件

1789 五月，三級會議（Estates General）首度在凡爾賽宮舉行。大廳中擠滿了超過一千名以上的代表。

左上方皇椅上坐著的是路易十六。他的左邊是 270 位貴族代表。右邊有 291 位神職人員代表。面對的是 577 位第三階級的代表。大廳兩側還擠著兩千多名的旁觀者。仔細看的話，可以看到有些旁觀者是女人。

當時貴族女性是可以旁觀的，不過沒有一個女人可以參與三級會議。只有男人才有被選舉權，可以成為代表。也只有男人才有選舉權，可參與投票選出自己心目中的代表。也只有男人才能寫札記（Cahiers）示要，讓動身前往凡爾賽開會的代表隨身攜帶。

> 想一想
> 你覺得旁聽三級會議的婦女，屬於哪一階級？

以下這些訴求是 1789 年元旦，女人對皇帝的請願書。作者佚名，只知道她是個做工的女人。（working women）在 1789 年，一般人通常都不關懷女性。不過，有些女人下定決心，要讓自己的心聲被聽見。1789 年春天，一小撮女人遞上請願書，像皇上說明她們的需求。有些請願書還得以保存，讓我們一窺革命開始時女人的感受。

1. 我們懇求您，讓我們在三級會議有代表。我們喜歡當著陛下的面，說明我們的問題。
2. 第三階級的女人教育貧脊。她們的學校老師幾乎連一個拉丁文單字都不認識。她們上學到能讀懂彌撒經文，就中斷其教育了。
3. 父母通常拒絕培養女孩子，比較喜歡花錢在兒子身上。有嫁妝的第三階級女性或許可以嫁給工匠或農夫。其他人，在嫁妝微薄之下，只能嫁給僕人。至於沒有嫁妝，倫理觀念也較貧脊的，就只能去當妓女。
4. 我們懇求您興學，免費讓我們讀書識字，更重要的是實踐我們天性節操：和善、謙遜、耐心、慈悲等等。我們懇求您給我們小孩良好的教育，才足以讓他們成為適格的子民服侍您。
5. 我們懇求您恩准，男人不可以做女人的行業，刺繡、縫縫補補和做帽子等等。如果我們可以碰觸針線、紡錘，那麼我們就不會操持羅盤與繩墨規矩。我們懇求有工作，而非凌駕男人的權威。我們希望

男人能好好照顧女人，而非讓她們流落街頭，賣身維生。

1789 年整個夏天，女人在法國大革命中扮演非常積極的角色。麵包價格高漲，讓農夫與城市工人擔憂。當農夫與城市工人的太太，懷疑磨坊與麵包師傅囤積糧食時，她們往往就投入示威抗議。到了十月五日和六日，事情來到高潮，數千名來自巴黎的女人遊行到凡爾賽宮要求國王發麵包。這就是所謂的十月日。十月日在九月底，國王調動軍隊從法蘭德斯抵達凡爾賽。人民懷疑國王想用正規軍弭平示威抗議與國民公會。十月一日，國王設宴，歡迎來到凡爾賽的軍隊。宴會中，軍人所戴帽徽本來有三種顏色，紅、藍、白。藍與白象徵巴黎。白代表王室。許多人喝醉後，抨擊國民公會並為國王歡呼。更糟糕的是，有些人扯掉紅藍白帽飾，改成白色帽飾。第二天，巴黎報紙宣稱，軍人踐踏紅藍白帽飾。軍人眼中只有國王，沒有巴黎與法國。

1789 年十月五日對巴黎市民來講是個潮濕而悲慘的日子。在市場工作的女人再也無法負擔麵包的價格，餵飽家庭。她們飢餓而憤怒。十月一日的國宴更是令人不滿。她們決定前往國王所在之處，凡爾賽宮，然後直接跟國王要麵包。

十月五日早上十點，女人們在全身被雨淋濕的情況下，往凡爾賽宮出發。愈來愈多女人，也有些男人，參與這場遊行。不是所有女性都是志願。有個護士叫 Jeanne Martin，被迫參與，加入一個約莫四十人的遊行團體。她

如果不加入的話，其他人威脅就要打她。很快的，大約有六千名女人在雨中前進。

　　下午五點左右，市場女人抵達凡爾賽宮。長期雨中遊行，她們又餓又冷。國王軍隊阻止她們進入皇宮，可是女人們在進入國民公會時，一點困難也沒有。她們高喊，「我們要麵包。」有些女人醉了，而且嘔吐在代表議員的座位上。代表們警醒了。他們答應竭盡所能，確保巴黎有足夠的穀類供應。可是，女人要求直接跟國王會面。路易十六出去打獵了。當他聽到此消息時，快馬回皇宮。內閣部長們勸他離開凡爾賽。皇后 Marie Antoinette 也如此建議。路易猶豫，難下決定，不過，最後他決定不想成為一個躲藏的國王，而留了下來。他英勇的，跟一小群女暴民會面。Pierrette Chabry，十七歲花店女孩，被選為女發言人。她跟國王要麵包。國王回答說，「我會下令收集凡爾賽境內的所有麵包，然後交給你。」Pierrette 昏倒了。國王給她嗅鹽，並幫助她站起來。不久，國王也答應廢除封建制度，以及履行人權宣言。危機似乎過去了。路易認為麻煩結束了，就讓軍隊回營。他折騰到第二天凌晨才就寢。

　　凌晨四點，皇后驚醒。她聽到門外咆嘯聲，「她在哪裡？」「那個妓女在哪裡？」「我們要絞死她！」一大群憤怒的男男女女闖入皇宮。她們殺了皇后的兩名侍衛。皇后和侍女們透過密道，逃離，來到國王辦公室，將門鎖好。暴民攻入皇后寢室，發現裡面沒人，用劍與叉子砍擊棉被與家具。

問津

天朦朦亮。群眾聚集在皇宮陽台。她們要求跟國王和皇后會面。「去巴黎！去巴黎！」她們怒喊著。王室家族別無選擇。中午十二點半，一群人浩浩蕩蕩從凡爾賽往巴黎前進，走了七個小時。國王、皇后和兩個小孩擠在一台馬車裡。車後跟著好多貨車，裝滿麵粉。市場女人揶揄說，她們脅持了「麵包師，麵包師的太太和小孩」，回到巴黎。

具結

十月日之後，接下來幾個禮拜，數百名女人被偵訊，釐清其涉入遊行暴動的情況。訊問紀錄被仔細保存下來，也就是有名的「具結」（depositions）檔案。這些檔案紀錄非常有用，可以告訴我們有關當時遊行女人態度的精采細節。不過使用這些資料要很小心。

1. 閱讀具結時，要想到其中所言是否具有代表性。這可能要看過很多份具結，才能判斷。

2. 爲了避免被懲罰，女人被偵訊時，通常會正面描述其行動。

第 533 號具結

Madeline Glain 四十二歲，清潔工。Francois Gaillard 的太太。他們住在 l'Oratoire 區，Froidmanteau 路 40 號。

Madeline Glain 參與遊行，是被迫的。她在十月五日，參與遊行。隊伍抵達 Sevres，靠近一間陶瓷工廠。有位紳士問大家，要去哪裡？她們說要去凡爾賽要麵包。有

個女人，Madeline Glain，一個妓女，說：她要去凡爾賽宮，帶回皇后的頭顱。眾人斥責她。當她們抵達凡爾賽的街道時，同樣的妓女攔住一位騎馬的皇家衛兵，羞辱他，並拿生鏽的劍威脅他。衛兵說，她是個卑鄙的人。為了擺脫她的糾纏，衛兵打她一下，使得她手臂受傷。

女人抵達凡爾賽，來告訴國王她們遊行的目的。Madeline Glain 的裙子被門勾住，不過瑞士侍衛放了她。後來，她跟著眾人來到國民公會。有些女人訴求，四磅重的麵包價格不得超過八個 sous。肉價也是如此。可是，Madeline Glain 要大家肅靜。她說，這樣，我們的訴求就不是缺麵包，而只是希望麵包固定在大家買得起的價格。

後來，她沒跟隨其他人到凡爾賽宮，而是回到巴黎，告訴大家國民公會決議要發麵包給巴黎市民。她也就無法給我們有關十月六日在凡爾賽宮發生甚麼事的資訊。不過，她告訴我們一個小道消息，有個叫 Nicolas 的人，學院模特兒，砍下兩個皇家侍衛的頭顱。此後，就沒有人在看過 Nicolas。

想一想
1. 我們何以知道，Madeline Glainy 在行動上比妓女溫和呢？
2. 我們何以知道，Madeline Glain 在行動上比有些進入國民公會的女人溫和呢？

《問
　津》

3. 我們何以知道，Madeline Glain 在十月六日的行動上，比有些示威者溫和呢？

4. 試述以下這些前往凡爾賽的行動者的訴求：

a. Madeline Glain

b. 妓女

c. 有些闖入國民公會的極端女性

資料一：

為女人權力而奮鬥，1790-93

(1) 第一條：在權利方面，人類是與生俱來而且始終是自由與平等的。社會的差異只能基於共同的福祉而存在。

(2) 第二條：一切政治結社的目的都在於維護人類自然的和不可動搖的權利。這些權利是自由、財產、安全與反抗壓迫。

(3) 第三條：整個主權的本原根本上乃寄託於國民。任何團體或任何個人皆不得行使國民所未明白授與的權力。

(4) 第四條：自由就是指有權從事一切無害於他人的行為；因此，每一個人自然權利的行使，只以保證社會上其他成員能享有相同的權利為限制。此等限制只能以法律決定之。

(5) 第五條：法律僅能禁止有害於社會的行為。凡未經法律禁止的行為即不得受到妨礙，而且任何人都不得被強制去從事法律所未規定的行

爲。

（6）第六條：法律是普遍意志的表達。每一個公民
皆有權個別地或透過他們的代表去參與法律的
制訂。法律對於所有的人，無論是施行保護或
是懲罰都是一樣的。在法律的眼裡一律平等的
所有公民，除了他們的德行和才能上的區別之
外，皆能按照他們的能力，平等地取得擔任一
切官職、公共職位與職務的資格。

（7）第七條：除非在法律所規定情況下並按照法律
所指示的程序，任何人均不受控告、逮捕與拘
留。所有請求發佈、傳送、執行或使人執行任
何專斷的命令者，皆應受到懲罰。但任何根據
法律而被傳喚或逮捕的公民則應當立即服從，
抗拒即屬犯法。

（8）第八條：法律只應規定確實和明顯必要的刑
罰，而且除非根據在犯法前已經通過並且公佈
的法律而合法地受到科處，任何人均不應遭受
刑罰。

（9）第九條：所有人直到被宣告有罪之前，都應被
推定爲無罪，而即使逮捕被判定爲必要的，一
切爲羈押人犯身體而不必要的嚴酷手段，都應
當受到法律的嚴厲制裁。

（10）第十條：任何人不應爲其意見、甚至其宗教觀
點而遭到干涉，只要他們的表達沒有擾亂到以
法律所建立起來的公共秩序。

（11）第十一條：自由傳達思想與意見乃是人類最為
寶貴的權利之一。因此，每一個公民都可以自
由地從事言論、著作與出版，但在法律所規定
的情況下，仍應就於此項自由的濫用負擔責
任。

（12）第十二條：人權與公民權的保障需要公共的武
裝力量。這個力量因此是為了全體的福祉而不
是為了任何個人利益而設立的。

（13）第十三條：為了公共力量的維持和行政管理的
支出，普遍的賦稅是不可或缺的。賦稅應在全
體公民之間按其能力平等地分攤。

（14）第十四條：所有公民都有權親身或由其代表決
定公共賦稅的必要性；自由地加以認可；知悉
其用途；和決定稅率、課稅評定與徵收方式、
以及期間。

（15）第十五：社會有權要求每一個公務人員報告其
行政工作。

（16）第十六條：一個社會如果其權利的保障未能獲
得保證，而且權力的分立亦未能得到確立，就
根本不存在憲法。

（17）第十七條：財產是不可侵犯與神聖的權利，除
非當合法認定的公共需要對它明白地提出要
求，同時基於所有權人已預先和公平地得到補
償的條件，任何人的財產乃皆不可受到剝奪。

以上的文件是 1789 年八月 26 日，國民公會所發布的

人權宣言（The Declaration of the Rights of Man and the Citizen）。此宣言設定了後來法國人民的民主生活方式。人權宣言奠基在法國大革命的兩大理念，自由（liberty）與平等（equality）。

革命用女人來代表自由。可是，人權宣言對於女人生活方式的改變，幫助有限。我們比較一下，法國大革命的人權宣言和聯合國的世界人權宣言第一條的差異：

1789 人權宣言：Declaration of the Rights of Man and the Citizen Univeral Declaration of Human Rights

1948 普世人權宣言：Men are born and remain free and equal in rights All human beings are born free and equal in dignity and in rights

1789 人權宣言完全沒說到女人的權利（就好像沒說到無產階級的權利一般）。不過，這並無法阻止女人爭取跟男人一樣平等。在巴黎，許多革命俱樂部開始允許女人參與。女人也設立自己的政治結社。女性主義陣營開始萌芽。

女性主義陣營中，最勇敢者之一是 Marie Gouge。她是自學的屠夫之女。以筆名 Olympe de Gouge，寫下許多宣傳小冊和戲劇。1791 年，她決定以其寫作長才，抨擊國民公會的代表們。他們草擬人權宣言時，忘了女人。Olympe de Gouge 寫下女人權宣言（The Declaration of the Rights of Woman）。以下，本文選取了其中五條。又因為十八世紀語法婉轉細膩，不好理解，我們摘要在這裡。

The Declaration of the Rights of Woman 現代摘要

1. Woman is born free and remains equal to man in rights.

6. The law should be the expression of the general will. All citizenesses and citizen should take part, in person, or by their representatives, in its formation.

10. 沒有人會爲了提出重大意見，就受騷擾。女人有權架構公共秩序法律的鷹架。她同樣有權登台演講，只要這些行爲不違反法律，不造成公共秩序的麻煩。

13. Taxation of women and men is equal; she takes part in all...painful taxes; she must therefore have the same proportion in the distribution of places, employments, offices, dignities and in industry.

17. Property belongs to both sexes whether united or separated; it is for each of them an inviolable and sacred right.

A. 男人與女人一樣納稅，所以應該享有同樣的工作機會。

B. 女人，跟男人一樣，能選出代表自己擬定法律的人。

C. 女人有權講出心聲。

D. 女人得以保留其財產權。

E. 女男應有平等權利。

想一想
請針對上表所言，進行配對。

　　女性主義陣營在法國革命前兩年，成功了嗎？她們改變了法國人民的生活方式了嗎？可能還值得我們繼續探討。1789 年之後，國民公會的代表通過新法律讓法國變得更公平。以下是有些改變的簡要描述。

政府改變

1. 新國會代表需每兩年選一次。積極市民，也就是每年納稅超過某最低限度的人，才享有代表選舉權。
2. 法國分成八十三個行政區域，由被選舉出來的委員會治理
3. 積極市民有權選舉地方治理委員、法官和收稅人員。

社會改變

1. 工作依其貢獻來分配，但僅限於男人。
2. 女人和男人都有權訴請離婚。
3. 廢止嚴刑拷打，而且每個人都有權，訴請由陪審團審理案件。
4. 女人也可享有平等的遺產繼承權。

教會改變

1. 教會土地要賣掉。所得資金用以償還法國國債。
2. 教士由積極公民選舉而來。

問
津

經濟改變

　　1.法國境內各地關卡釐稅廢除。

　　2.廢除不公平稅法。改採量能課稅。

　　3.發行紙幣，assignat。該紙幣可用來購買教會土地。

　　在法國大革命期間，女人從未享有跟男人一樣的政治權利。不允許女人服公職，也不允許女人有投票權。革命政府還是女人視為次等公民。1793 年秋天，很多代表對於女人政治結社，發表自己的公共論述，殊感不耐。1783年十月三十日，革命政府禁止所有女人結社。四天後，Olympe de Gouge 被送上斷頭台。

女人與恐怖統治

　　1794 年春天，Harlay Ducroquet 寫信給兒子：

　　Damien, the fourth of Ventose, Year two of the Republic

　　吾兒如晤，我寫信主要是告訴你，明天或是後天，我會寄包裹給孫子們。我希望可寄些更好的，不過，所擁有的卻僅止於此。郵資已付。對我而言，世道不大樂觀。好食物不可得。物資匱乏。要買四顆雞蛋，得跟六百人一起排隊苦候。買其他民生物資，亦然。他們說沒有肥皂了，買都買不到。沒有肥皂，我們只得保持髒髒的。

　　有個侄兒，給我一小塊蛋糕。我寄給你。這很難得。不過，你吃的時候，記得熱過。我還將幾本書寄還給你。在其中一本，你可以找到十里郎（livre）的支票。這錢是Sophia 用來支付你髮油和瓶子的費用。剩下的給小孩。書

用繩子綁起來。要小心。當你收到包裹時，要回覆我，免我懸念。

我看報紙說，有個名為 Ducroquet 的人被逮捕。我無法不想這件事情。雖然我知道，你是善良的愛國公民。這名字映入我眼簾，怵目驚心。還有後來有人告訴我，那是國民公會中的一位代表。近況好嗎？請告訴我。如你所知，這會讓我很高興。吾愛如在。

母　Harlay Ducroquet

實際上，Harlay 在報紙上讀到的，那個被逮捕的 Ducroquet 正是她兒子。他幾個禮拜之後，怎上斷頭台。

Harlay 的信讓我們看到恐怖統治時期，女人所面對的艱辛。食物短缺，女人發現愈來愈難餵飽家人。同時，女人也害怕自己鍾愛的人會被逮捕、拘禁和送上斷頭台。

> 想一想
> 1.我們如何得知 Harlay 不是個貧窮的女人？
> 2.在 1794 年春天，Harlay 所面對的困難有哪些？
> 3.為什麼 Harlay 特別關注他的兒子？

1794 年九月，Anne Guinee 在市場，為食物排隊時，侮辱了一位地方官員後，被逮捕。她被關了十七天，然後保釋出獄。Anne 後來向革命領袖，寫了封請願書，請求速審速決。以下，我們摘錄這封請願書。它可以告訴我們

恐怖統治時期，有關女人的行動與態度的有趣細節。

This 25 Fructidor, Second Year of the French Republic.
Citizens

我，女公民 Anne Felicite Guinee，二十四歲，嫁給 Citizen Fillastre，假髮師傅，告訴你：我在要買奶油時，在 Droits de l'Homme，被逮捕。

長久以來，我有職責用麵包和起司餵飽家人，在懶得跟丈夫和小孩抱怨的情況下，我被迫去排隊，買點東西吃。三天來，我到同樣的市場，卻都買不到任何東西。儘管我都從早排到晚，早上七八點，排到下午五六點。

在奶油攤上，有位市民告訴我，我太纖細了。我回答說，人不可能太纖細，在能夠雙腳站立，排隊排這麼久的情況下。而且如果不是有買到食物的機會，我也不會來。他跟我說，我應該喝牛奶。我回答說，我家中有人正在工作，而且我無法用牛奶讓他們獲得足夠的營養。我說他的評論，何不食肉糜，反彰顯他低能。

就這樣，我當下就被逮捕被帶到戒護所。我想自我說明，可是我被迫緘默，還被拉到監獄去。在下午七點左右，我被帶到革命委員會去，罪名是反革命。檢方求處將我送上斷頭台，因為我說，毋寧死，也不願意在這麼糟糕的情況下活下去。我要求讓我寫信給我丈夫。他們拒絕。

在 1795 年春天前，食物短缺的問題愈來愈嚴重。麵包嚴格實施配給。法國四處都發生暴動。五月，政府將麵包配給量降到每天五十克。巴黎市民無法賴此維生。

五月二十日，數千名 Sans Cullotes（直譯為「無馬褲

者」，不過，這也是參語法國大革命的公民泛稱。）帶著毛瑟槍、矛和劍，攻擊國民公會。女人走在前面，相信官軍不敢對她們開火。群眾擠爆國民公會大門，咆嘯要取得足以維生的食物。有些代表，怕受到傷害，爬到更高處的椅凳上。

當政府得以控制情勢後，它逮捕了許多叛亂分子。警方偵訊這些人。以下的文獻是當時偵訊女叛徒，Vigniot，的紀錄。我們閱讀此文獻要很小心。很典型的，被起訴的女人或多或少都會減少她在暴動中所扮演的角色。然而，這份史料也同樣可告訴我們在五月二十日時，有關女人的行動與態度的有趣細節。

問：你為什麼不穿跟你性別相對應的衣服？

答：我做的行業，不容許我這麼穿。穿女人衣服不能做我這一行。

問：在五月二十日，你是不是領導一些人。手中是不是帶著一把刀？

答：沒有。

問：五月二十一日，你是不是帶領一些人，闖入國民公會？

答：我在那天早上六點左右，就回去工作了。我是被武力脅迫參與遊行示威的。我在香榭里榭大道附近，脫離她們。

問：你有沒有闖入國民公會？

答：沒有。

問：當你跟群眾在一起時，手上是否拿著一把刀？

問津

答：我手中有一把刀，但刀在鞘內，未拔出。

問：你何時離開群眾？

答：在下午一點左右。

問：你離開群眾後，去哪裡？

答：我跑到 Pont Marie，濱水公園旁的酒店喝了一品
脫的酒。我當時和一個年輕婦女和一個女孩在一
起。

問：你知道這兩個人的名字嗎？

答：不知道。

> 想一想
>
> 你覺得警方偵訊的問題，想證明甚麼？
>
> 儘管 Vigniot 聲稱自己不是暴動領導人，就算此宣稱爲眞，
> 我們從甚麼地方可以看出來，她在此攻擊國民公會的行動
> 中，扮演某個重要的角色？

好好想一想

假設你是雜誌記者，要寫一篇文章說明法國大革命對女人的意義爲何？文章大概會占三頁篇幅。第一頁，前言，說明女人和 1789 事件。第二頁，爲女權而奮鬥，1793-95。第三頁，與恐怖統治。在每個段落中，你都要說明革命時期女人的行動與態度，並記得引用史料、豐富的細節，讓文章非常有趣。你在引用或說明細節時，可以像這樣：

在恐怖統治時期，女人所面對的艱辛，可從 Harlay Ducroquet 在 1794 年春天寫給兒子的信中可見一斑。這位母親寫道：「好食物不可得。物資匱乏。要買四顆雞蛋，得跟六百人一起排隊苦候。」你每次引用或舉例說明，請記得好好解釋爲什麼選擇這段資料，和爲什麼它可以讓你的文章更好。

蘇格拉底的辯詞

廖崇倫 譯

　　喔，雅典的人們，聽了我的控訴者的陳詞，你們覺得
怎麼樣？我說不上來，但我知道這些有說服力的文字幾乎
讓我忘了我是誰，這就是他們的影響，儘管他們幾乎沒說
出一丁點事實。但卽便他們的謊言那麼多，還是有個東西
讓我大感驚奇：我是說，當他們告訴你小心提防，別讓自
己被我雄辯的力量欺騙。他們該爲說這些感到丟臉，因爲
他們很確定當我開口、暴露我的匱乏，這一切就會被察
覺。他們說這些的時候眞的像是不要臉，除非他們把眞理
的力量當作雄辯的力量，那如果是這樣，我承認我口才的
確很好。但與他們意義的多麼不同！好吧，就像我說的，
他們幾乎沒說甚麼實話，或甚至不成話，但你應該聽我說
說事實的全貌，雖然，是以他們的方式發表，以隻字片語
適當地妝點演說。不是這樣的！但我必須用上一些此刻想
到的文字和論點，因爲我確定這是對的，且在我活著的時
間不會再出現你們眼前，喔雅典的人們。但願沒人期待這
樣的我，以這種生澀演說家的風格。接著，我得請求你們
對我略施小惠，那就是，如果你們聽到我在申辯中，用了
已經習慣的重複字眼，像你們大多在廣場上、換錢的辦公
桌上、或任何其他地方聽過的那些，我請求你們不要太驚

訝，也不要打斷我。因為我已經年過七十了，而且這是我第一次上法院，之於這裡的運作規則我是異鄉人，所以你們也就把我當作真正的異鄉人，你會原諒他操著自己的土話、照他自己國家樣式的那種，我認為這並非不合理的要求。不要介意禮數，無論好或不好的，只要思考我的理由是否合乎正義，然後注意這點：讓法官公正地決定、讓講者真誠地發言。

首先，我必須回覆先前的指控，和我的第一個控訴者，接著我會繼續排在後面的。因為我有太多控訴者，說我太老，這種錯誤的指控持續很多年，比起阿尼圖斯和他的夥伴，我更害怕這些人，雖然前者也很危險。但更危險的是這種，從你們還是小孩的時候，就用他們的謊言佔據你們的思想，說有個蘇格拉底，一個智者，上知天文下知地理，把錯的事情用更好的理由包裝。這是我擔憂的控訴者，因為他們是謠言的傳播者，他們的聽眾聰明反被聰明誤，才會仰慕這類不信神的投機者。而且他們人數眾多，他們控訴我的很多事情都是古早代，在你們還飽受壓抑的時候，童年時期、或許青年時期，就做成指控，原因往往都拖欠，因為根本沒甚麼能回答的。然後最吃力的一點是，我也無從得知他們的名字，除了偶然在打油詩上。但這些出於忌妒或惡意的詆毀者，對你們造成影響（以及他們之中有些人深信不疑，四處告訴別人他們的成見）的主要內容，是最難處理的部分。因為我無法叫他們來這裡、檢驗他們，於是我只能出於自我防衛和影子搏鬥，在無人回答的狀況下印證一切。我想請你們一起想想，就像我說

的，我的敵人有兩種：一種是最近的；一種是宿敵。我希望你將先看到我對後者的得體回答，因爲這類控訴你老早就聽過了，也更常聽到。

好，接著我將進行我的辯解，在被允許的短暫時間內，努力甩開這些你們長期抱持的、對於我的惡毒看法。如果這對於你們和我都是好的，又我的言語對於你們有益，我希望我會成功。但我知道要辦到並不簡單，我蠻清楚這這項任務的本質。就讓事情進展追隨神的意志，我遵照法律進行辯解。

我想從一切的起點開始，問問控訴我的內容具體爲何，導致了關於我的誹議、又鼓舞梅勒圖斯（檢察官）將我起訴？誹謗者到底說了甚麼？他們應該是我的檢舉人，我將總結他們的書面證詞。「蘇格拉底是個做惡者，一個可疑的人，上窮碧落下黃泉（searches into things under the earth and in heaven），且教導別人上面提過的學說。」這就是控訴的本質，也就是你們曾在阿里斯多芬的喜劇中看過的，他曾介紹有個男的叫蘇格拉底，說他可以在空中走、還有些我也不想假裝知道更多或更少的幹話。我的意思不是要貶低任何自然哲學的學生。我該感到非常遺憾，如果梅勒圖斯將那放進起訴我的內容。但簡單的事實是，喔雅典人們，我與這些研究完全無關。很多現在在這裡的人都可作爲事實的目擊者，我向他們呼籲。現在說吧，如果你曾從我這裡聽到，順便跟你鄰座的人講，你是否知道我滔滔不絕地說過哪些這類的言論。你聽他們的答案，從他們說的你就能判斷剩下哪些是眞相。

報告中毫無根據地提到，我是個拿錢的老師，這也是畫唬爛的。但如果一個人能教，要收學費我還是尊重他。列昂頓的高爾吉雅、凱阿島的普羅狄克斯、厄利斯的希庇亞，巡迴各個城市，有本事說服年輕人離開自己的公民（大概從那些人身上甚麼也沒被教會）、跑來追隨他們。不是只有繳學費，年輕人還因為他們接受自己繳學費而非常感恩。

　　真的有個住在雅典的帕羅斯人哲學家，我聽過的，聽他這麼說：

　　我遇到一個人，噴了一堆錢給詭辯家，希波尼庫斯之子卡里亞斯，然後知道他有兩個兒子，我就問他，「卡里亞斯，假如你的兩個兒子是馬或牛，雇個人監督牠們沒甚麼困難的，我們可以找個馴馬師或農夫，精進牠們各自適當的專長。但因為他們是兩個人，你去哪裡找個能監督他們的？在你心中誰通曉人類和政治的美德？你應該想過這點，因為你有兩個兒子。有人可以嗎？」

　　「有的」，他說。

　　「誰？」我說，「從哪國來的？他收費多少？」

　　「帕羅斯人伊萬諾斯，」他說，「就是那個人，學費五米（？）內。」

　　真為伊萬諾斯開心，我對自己說，如果他真的具備這等智慧，學費還那麼便宜的話。假如我也一樣，我應該非常驕傲又自負，但事實是我沒那種知識。

　　我敢說，雅典人啊，你們之中一定有人會回說，「為甚麼？蘇格拉底，對你控訴的源頭到底是甚麼？你一定是

問
津

有做了某些怪事啊。如果你都跟一般人一樣,這些關於你的響亮名聲和議論根本不會出現。告訴我們啦,現在,到底怎麼了,因為我們會對遲疑地評斷你很遺憾。」現在我將它視為公平的挑戰,我將努力向你解釋「智慧」這名相的源頭,以及這惡意的聲名。請加入它。雖然你們之中的某些人可能會覺得我在開玩笑,但我保證我會說出完整的事實。雅典的人們,我的名譽的確來自某種我所擁有的智慧。如果你問我是哪種,我會說,是種人人可以達到的,就那種意義上我傾向相信我是有智慧的;但是我說話的對象擁有的是超凡的智慧,我形容得有點失敗,因為這種我自己就沒有了,誰說我有,就說錯了,使我的本質失真。在這裡,喔雅典的人們,我必須祈求你們不要打斷我,即便我說了甚麼踰越的話。因為接下來要說的不是我自己講的。我將你們視為可信的證人,我會告訴你我的智慧(如果我有、任何形式的),那個證人應該是德爾菲神。你們應該知道凱勒豐,他是我年輕時的朋友,也是你們的朋友,他曾流亡,又回到你們身邊。那麼,凱勒豐,就像你們知道的,做事情很衝動。有次他去德爾菲,勇敢地要求神諭告訴他(就像我說的,我求你們不要打斷我),他要求神諭告訴他,有沒有人比我還有智慧。然後女先知皮提亞就回答,沒有人更有智慧。凱勒豐本人已經死了,但他的兄弟,現在在法庭上,可以證實這個故事。

為何我提到這個?因為我要向你們解釋為何我有此惡名。當我聽到答案,我對自己說,神到底想表達甚麼?對於這道謎題的詮釋又是甚麼?因為我知道我沒有智慧,或

多或少。當他說我是最有智慧的人，他的意思是甚麼？但他是神不會說謊，說謊有違他的本性。經過漫長的思考，我最後想出了測試這答案的方法。我深思熟慮，只要能找到一個比我有智慧的人，那麼我就能握有反駁的證據去神那裡。我該告訴他，「這裡就有個人比我還有智慧，但你說我最有智慧。」於是，我去找了一個有智慧名望的人，然後觀察他（姑隱其名，他是個政治家），結果如下：當我開始和他說話，我無法不去想，他並不是真的很有智慧，雖然他被很多人認為有智慧，且自認更有智慧，接著我試著向他解釋，他自認很有智慧，但其實沒那麼有智慧，結果是他討厭我，許多在場聽過我的人也和他同仇敵愾。於是我向他告辭，在離開時告訴自己，好吧，雖然我不認為我或他知道甚麼真正美善的事物，但我比他好的地方是：他一無所知，卻自認甚麼都懂。我既一無所知也不覺得自己知道。特別是在最後，現在，我似乎稍微占了點優勢。接著我去找了其他人，哲學上的自我標榜又更高，我的結論也是完全一樣。我與他結了樑子，還有很多其他的人。

在這之後，我找了一個又一個，不是沒意識到我所挑起的仇恨，我既感嘆又害怕，但必要性擔在我身上。對於神的話語，我想，必須要被優先考慮。我告訴自己，我必須去找所有可能知道的，尋找神諭的意義。我向你們發誓，雅典人們，我以神的名義發誓！因為我應該告訴你們事實，我那項任務的結果正是這樣：我發現最負盛名的人最愚蠢，某些較差的反而更有智慧，也比較好。我將告訴

津

你我四處漫遊的故事,以及用我的話說、「大力士般」的
苦工,也就是我持續尋找最終卻發現神諭無可反駁的故
事。當我離開那些政治家,我去找了些詩人,有寫悲劇
的、酒神頌歌的,各式各樣。在那裡,我告訴自己,你會
被拘留,你會發現現在你比他們更不在乎。因此,我拿他
們最用盡心機的段落給他們看,問那是甚麼意思,心裡覺
得他們應該會教我些甚麼。你們相信我嗎?我幾乎是羞於
啟齒,但我還是要說,怎麼會有人談詩比寫的人自己談得
更好?那個狀況告訴我,詩人是出於才華或靈感寫詩;而
非出於智慧。他們像是挖礦人或占卜家,能說許多美好的
事物,但不了解它們的意味。那些詩人就像是這樣,然後
我又觀察到,出於詩的力量,他們相信自己在其他不懂的
事情上也是最有智慧的人。於是我離開了,自己想著,和
好過政治家的理由一樣,我也比詩人還好。

最後我找上了工匠,因為意識到自己一無所知,就像
我會說的,我也很確定他們知道一些美好的事物,這我不
會錯的,他們知道很多我沒概念的東西,這方面他們肯定
比我還有智慧。但是我觀察到,即便是好的工匠,也和詩
人有相同的誤區,因為他們是很好的職人,以致於他們相
信自己在任何方面也懂得那麼多,這種缺陷使他們的智慧
蒙上陰影。因此我以神諭之名自問,我是否該繼續做自
己,既沒有他們的知識也沒有他們的無知;或像是他們一
樣兩者兼具?我給我自己和神諭的回答是:我還是做自己
比較好。

這場審問已經逼得我樹敵,最糟糕、最危險的那種,

· 368 ·

也提供了很多中傷我的理由。然後我被說是有智慧的，是因為我的聽眾總是想像，是我自己擁有智慧，其實只是發現了別人的匱乏：但事實是這樣的，喔雅典的人們，只有神是有智慧的，在這神諭中他想說的意思是，人類的智慧微乎其微，他不是在說蘇格拉底，他只是用了我的名字舉例，他就像是在說，「喔大家，有個人，會是最有智慧的，好比誰呢，好比蘇格拉底，知道他的智慧事實上甚麼都不是。」所以我繼續我的方式，遵從神，盤問任何人的智慧，無論是公民或外國人，看起來一副有智慧的樣子，然後如果他沒有智慧，就如神諭的證明我會讓他知道；這種職業很吸引我，於是我就沒空從事其他活動，無論是關於公共利益，或是我個人的問題，我就是因為獻身於神而完全身處貧窮。

這裡還有另一件事：富裕階級的年輕人，平常沒事幹，是出於他們自己的意願來找我的。他們喜歡聽到假貨受到考察，於是時常與我親近，也自己考察其他人。有很多人，很快就足以發現，誰只是懂些東西但其實知道得很少或無知；而那些被他們考察的人就生氣了，不對他們生氣反而對我生氣：這個該死的蘇格拉底，他們說，這個壞透的、誤導青年的人！然後當有些人問他們，為甚麼？他做了或教了哪些壞事？他們不知道，無法說明，但為了表現得像是沒有損失，他們重複早就有過的指控，也就是用來反對哲學家的，說他們教人上窮碧落下黃泉、心中無神明、以較好的理由包裝較差的論點。他們只是不想坦承，自己對於知識的偽裝已經被看破手腳，也就是事實：他們

又多又充滿野心又活力旺盛，全部都呈現作戰隊形，一隻嘴糊蕊蕊，他們的中傷已經充滿了你的耳朵，又吵又不可自拔。這就是爲甚麼我的三個控訴者，梅勒圖斯和阿尼圖斯和萊康設計我：梅勒圖斯，曾代表詩人與我爭吵；阿尼圖斯，代表了工匠；萊康，代表了修辭家，然後就像我一開始說的，我一時半刻無法去避免這些大量的中傷。這個，喔雅典的人們，就是事實和全部的事實，我無所隱瞞，我無所掩飾。不過我知道，這場演說的直白讓他們恨我，但他們的恨意，難道不就足以證明我說的眞實性？這就是他們誹謗我的起因和理由，就像你會在這次、或以後的問話中找到的那樣。

針對第一類的控訴者，我爲自己辯護得夠多了。接著我將轉向第二類得，也就是以梅勒圖斯馬首是瞻的，那個又好又愛國的人，他自己講的。現在我要對他們爲我自己辯護：這些新的控訴者應該也讀過他們的證詞了。他們說了些甚麼？有些是這樣的：蘇格拉底是個做惡者，年輕人的腐化者，他也不信城邦的神，而是信自己另外的神。這就是指控的樣子，現在讓我們檢驗一下這些別的看法。他說我是個做惡者，腐化青年，但我說，喔雅典的人們，梅勒圖斯才是做惡者，那個惡是，他拿嚴肅的事情開玩笑，太輕易地把人們送上審判，出於他假裝的熱忱與興趣，明明他就對那些事漠不關心。我會努力證明這是事實。

蘇格拉底：到這裡，梅勒圖斯，讓我問你一個問題。你認爲，你很爲年輕人的改進著想？

梅勒圖斯：是的，我是。

蘇：那你現在告訴裁判官，誰是使他們改進的人？因為你應該知道，你曾痛苦地去揭發他們的腐化者，在他們面前舉證又控告我。那你現在講，告訴法官，誰是他們的改進者？講啊，梅勒圖斯，你怎麼沉默了，無話可說。這不是很丟臉嗎，而且是我剛剛說的很充分的證據，你根本對這事情沒興趣吧？講啊，朋友，告訴我們誰是他們的改善者。

梅：法律。

蘇：但是，我的好先生，那不是我的意思。我想知道那個人是誰？誰？在最一開始就懂法律？

梅：裁判官們啊，蘇格拉底，現在在庭上的裁判官們。

蘇：你說這甚麼意思？梅勒圖斯，你是說他們可以指導和改善年輕人？

梅：當然，他們是。

蘇：甚麼？他們所有人？或是只有某些人而非所有人？

梅：他們全部。

蘇：天地良心，好消息！改善者還真多。那你怎麼看觀眾？他們改善年輕人嗎？

梅：是的，他們是。

蘇：那元老院的元老呢？

梅：是的，元老們改善年輕人。

蘇：但或許是公民集會的成員腐化年輕人了吧？或他們也改善年輕人？

問津

梅：他們改善年輕人。

蘇：那麼每個雅典人都改善和提升年輕人啊？全部只有我一個例外，只有我是他們的腐化者？這就是你確定的嗎？

梅：這就是我堅決確定的。

蘇：如果這是真的我非常不幸。但假如我問你一個問題：你會覺得，對馬來說也是這麼一回事嗎？只有一個人對馬造成傷害；而全世界都帶來好的？這難道不是與實情相反？一個人儘管可以為馬帶來好的影響，也只是一點點；馬的訓練師，也就是說，可以為馬帶來好的影響，而其他人對馬做的比較像是傷害吧？難道不對嗎，梅勒圖斯？對馬或其他動物來說。是啦，當然。無論你和阿尼圖斯說對或不對，這都不重要。如果年輕人的狀況是，他們只有一個腐化者；而全世界都是他們的改進者，那確實很值得高興。而你，梅勒圖斯，已經充分展現你從來不曾為年輕人設想：你的漫不在乎已經表現得一清二處，你根本就不在意你在訴狀中說的這些事。

蘇：現在，梅勒圖斯，我要問你另一個問題：與壞公民為伍，和與好公民為伍，哪個好？回答啊，朋友，我說，這是一個很容易回答的問題。好公民不就會對鄰人好；壞公民不就會對鄰人壞？

梅：當然啊。

蘇：那如果有個人不願被一起生活的人造福，寧願被他們傷害呢？回答啊，我的朋友，法律要求你回答，有誰喜歡被傷害嗎？

梅：當然沒有。

蘇：那當你控告我腐化、惡化年輕人，你是指責我蓄意地還是無意地腐化他們？

梅：我說的是，蓄意地。

蘇：但你剛剛才承認，好人對他們的鄰人好、壞人對他們的鄰人壞。現在你超然的智慧已經認定了這個事實。我、在我這個歲數、在這等幽暗又無知之中，完全不知道是否有人和我一起混而被我腐化，我可能是被他傷害，但我腐化他，而且還是蓄意的。這就是你說的，這些不會說服到我或其他任何人。但無論是我沒有腐化他們，或是我無意之間腐化他們，哪種狀況你都是在說謊。如果我的冒犯是無意的，法律不會將無意的冒犯納入考慮：你必須私下警告我或告誡我。因為我已經得到更好的建議，如我只是無意間做的，我應該可以沒事，沒有疑問。你討厭和我交談或教導我，但你在法庭上控告我，也就是一個無關教誨、關乎處罰的地方。

我已經展現了，雅典人們，就像我說的，梅勒圖斯根本就不在乎，或多或少，關於那件事。但我還是想知道，梅勒圖斯，我到底被證實做了甚麼腐化年輕人的事？當我推論你的控訴，我假設你的意思是，我教他們不承認城邦承認的神，反而是某些其他神祇或宗教機構？這就是你說的那些，我腐化青年的課。

梅：是的，我堅持這麼說。

蘇：那麼，天地良心，梅勒圖斯，也就是在和我們說話的人，告訴我和法庭，用單純點的方式，你是甚麼意

問
津

思！因爲我還是不瞭解，你宣稱的究竟是：我教導其他人
某些神，所以是信神的，不是完全的無神論者（這並不在
對我的控告中，只是祂們與城市認定的神不同尊），控訴
的是祂們是不同的神。或者，你想說的意思是，我就是個
無神論者，一個無神論的老師？

梅：我指的是後者，你是個完全的無神論者。

蘇：這是個非比尋常的表態，梅勒圖斯。爲甚麼你這
樣講？你的意思是我不相信太陽和月亮的神性，這種人類
普遍的信念？

梅：裁判官們，我向你們保證，他真的不相信祂們，
因爲他說太陽是石頭、月亮是土壤。

蘇：梅勒圖斯朋友啊，你以爲你在控告阿那克薩哥拉
嗎？你對裁判官們有壞的成見，如果你希望他們無知到，
不知克拉佐美那伊人阿那克薩哥拉的書上、到處都是的信
條的那種程度。那些信條被說是年輕人從蘇格拉底身上學
來的；其實是在劇院（入場券價格最高一德拉克馬）並不
罕見的秀。他們可能便宜買到，然後嘲笑蘇格拉底假裝是
這些古怪行爲之父。所以啊，梅勒圖斯，你真的覺得我不
信任何神？

梅：我以宙斯之名發誓你絕對地不信任何神。

蘇：你是個騙子，梅勒圖斯，連你自己都信不過。我
無法不認爲，喔雅典的人們，梅勒圖斯既輕率又放肆，他
只是用一種不負責任、虛張聲勢的態度寫了這份訴狀。他
這不是黑龍繞桌地審訊我嗎？他對自己說：我該看看這個
有智慧的蘇格拉底，到底會不會發現我設計巧妙的矛盾，

或是我到底能不能騙過他和其他人。因為他的訴狀中在我看來，真的像是自我矛盾，如同他說蘇格拉底有罪是因為不信神，而非相信祂們，這還真好玩。

喔雅典的人們，我應該希望你們加入，考察一下我想的、以及梅勒圖斯說的，是否就是他的不一致之處。我也該提醒你們，在我依照慣例說話的時候不要打斷我。

蘇：梅勒圖斯，有沒有人，只相信人為的東西；而不相信人類的存在？雅典的人們，我希望他會回答，所以不要一直試著打亂。有人只相信馬術的存在；而不相信馬嗎？或只相信吹笛的存在；而不相信吹笛手？沒有，我的朋友。我會回答你和法庭，如果你拒絕自己回答。沒有人是這樣的。但現在，請思考下一道問題：人可不可以只相信屬於宗教的、神聖的機構；而不相信有精靈或半人半神？

梅：沒辦法。

蘇：我很高興我得到了這答案，透過法庭的協助。但你在訴狀中發誓，我教導人，自己也相信神聖或宗教的機構（新或舊，無論是哪種）。不管怎麼說，我相信宗教機構，就像你說的和在書面證詞中發誓的。可是如果我相信神聖的東西，我就應該相信精靈或半人半神。這難道不對嗎？對啊，當然對，我假設你的沉默可能就是同意了。那現在甚麼是精靈或半人半神？祂們難道不是神或神的孩子？這對吧？

梅：是的，這是對的。

蘇：但這正好是我說的、設計巧妙的謎：半人半神和

精靈都是神，而你一開始說我不信神，又說我信神，那也許是，我信半人半神。如果半人半神是神的私生子，無論是寧芙或其他媽媽生的，就像一般認為的那樣，所有人都會承認他們父母的存在。你可能也想宣稱騾子的存在，卻否認有馬和驢子吧。多麼亂來，梅勒圖斯，只是存心想審判我。你應該把這放進你的訴狀，因為你對我的指控完全不實。只要任何人對此有一點點認識，就不可能被你說服，怎麼會有人可以同時相信神聖與超人類的事物，卻不相信世上有神和半人半神和英雄。

對於梅勒圖斯的指控我已經說得夠多了，任何詳盡的辯護都不需要，但就像我之前說的，我的確有很多敵人，如果我要被毀滅就是毀在這裡。關於這點我很確定，不是梅勒圖斯，也不是阿尼圖斯，而是這世界的忌妒與惡意批評，造就過去很多好人的死亡，未來也可能造成更多人的，我絕不可能是最後一個。

有人會說，蘇格拉底，你不覺得丟臉嗎？生命當然會漸漸把你帶向一個終點。對於這樣的人我可以持平地回答：有些地方你搞錯了，一個大好人不會去計算活著或死亡的機會；他只要去考慮，他正在做的是對還是錯，表現得像是個好人還是個壞人。儘管，根據你的觀點，那些在特洛伊戰死的英雄還不夠好，忒提斯之子（阿基里斯，希臘將領）尤其是。相較於不名譽，他更看輕危險。當他沉浸於想殺死赫克托（特洛伊將領）的渴望中，他的女神媽媽告訴他，如果他為他的同伴帕特羅克洛斯報仇、殺死赫克托，他自己也會死。「厄運，」她這麼說，「在赫克托之

後就等待著你。」他聽了之後，完全地蔑視危險與死亡，比起害怕它們，更害怕活在不名譽之中，沒有爲他的朋友報仇。「讓我下一個死吧，」他回答，「讓我被敵人報復吧，而非在這受困船隻之間、有別人的鄙視、又造成地球的負擔。」阿基里斯有想到死亡和危險嗎？無論一個人的位置是甚麼，無論他選擇了甚麼位置或他被指揮官安放到哪個位置，他不該想到死亡或其他東西，而是不名譽。而這個，喔雅典的人們，是眞知灼見。

我的行爲很怪吧，喔雅典的人們。當年，我被你們選出的將軍命令的時候，在波蒂狄雅、在安菲波利斯、在德里姆，就維持著他們安排我做的那樣，像是其他任何人，面對著死亡。如果我現在說，我認爲、我想像，神命令我去完成哲學家探索自己和其他人的任務，我就應該丟下我的崗位，因爲害怕死亡，或其他任何恐懼而當個逃兵，那就眞的會很怪，我大概會爲否定神的存在被公正地帶到法庭提審，如果我因爲害怕死亡而違背神諭的話。如此一來，我該認爲我在沒有智慧的同時，還是有智慧的。因爲害怕死亡實際上是智慧的僞裝，而非眞正的智慧，只是裝作瞭解未知的事物。因爲沒有人知道，被他們出於恐懼理解成最大之惡的死亡，會不會其實是最大之善。這其中難道沒有對知識的自大，一種令人感到丟臉的無知？這就是我之所以，覺得自己比一般人還好的地方，也就是我之所以自認，或許比其他人更有智慧。儘管我對世界所知甚少，我不會假裝我知道：但我比較瞭解不公正和不服從，無論神的或人的，都是又壞又不名譽，我不會恐懼或逃避

一個可能更好的地方。因此如果你放我走了，拒絕阿尼圖斯的忠告，他是說，如果不是要把我判死就不會起訴我，那如果我現在跑了，你們的兒子就會因為聽了我的話完全被摧毀。如果你對我說，蘇格拉底，這次我們不管阿尼圖斯，要讓你逃跑，但只有一個條件，就是只要你再一次用那種方式詢問或調查，再被抓到的話你就必須死。如果這是你們讓我走的條件，我會回答：雅典的人們，我尊重你們，也愛你們。但我必須遵從神而非你們。只要我還有生命和力氣，我就不會停止哲學的實作與教導，用我的方式規勸任何人，而且說服他：喔我的朋友，為甚麼你身為雅典這個又偉大、又強大、又有智慧的城市的公民，如此在意累積最多的錢和榮譽和名聲；卻那麼不在意智慧和真實和靈魂的最大進步，甚至從來都不聞不問？如果有個和我爭論的人說：是，但我在意。我不會第一時間就放他走，我會盤問他、考察他、交叉考察他，如果我覺得他毫無美德，只是嘴巴上說說，我就責怪他低估了要緊的事物、高估了不要緊的。我必須說對我遇到的人這麼說，年輕的年老的、公民和外國人，但特別是對公民，因為他們是我的兄弟。因為這是神的命令，我必須讓你們知道，而且我到今天還是相信，除了我對神的服務，沒有更偉大的善曾在這個城邦發生。因為我甚麼都沒做卻開始說服你們大家，老少都一樣，不要為你們的個人和財產設想；但請優先地、主要地，考慮靈魂的最大進步。我告訴你，美德無法用買到，但錢和其他人類的美好事物自然從美德中來，公私領域都一樣。這就是我的教導，如果這是腐化年輕人的

教條，我的影響當然是毀滅性的。是甚麼原因呢，喔雅典的人們，我告訴你，不管阿尼圖斯買不買單、要不要判我無罪，重點是你們不管怎樣知道，我絕不會改變我的方式，即使我要為此死很多次。

雅典的人們，不要打斷，聽我說。我們之間已經有個約定，你們應該聽我說完。我想，我接下來要說的會對你們有益：有些東西我想說得更多，但你們可能會大吼大叫，我請求你們不要這麼做。我要讓你們知道，如果你們殺了我這樣的一個人，你們對自己的傷害將會比對我的還要大。梅勒圖斯和阿尼圖斯無法傷害到我的：他們無法。因為事情的本質是，壞人會傷害自己更多。我不否認他可能、也許會說，殺了他，或流放他，或剝奪他的公民權。而他或其他人可能會想像，他對他構成了很大的傷害：但這我不同意，因為阿尼圖斯正在進行的作為，遠比不公正地奪走他人生命還邪惡。現在，雅典人們，我不是要為我自己的需求爭論，就像你們想的那樣；而是為了你們的，你可能沒犯下甚麼牴觸神的罪，或者只是稍稍拒絕了祂的有用之物，在譴責我的時候。如果你們殺了我，就很難找到其他像我一樣的人，如果我用荒謬的方式說的話，就像是某種牛虻一樣，被神交給城邦。城邦是一頭偉大又尊貴的坐騎，因為巨大的尺寸行動遲緩，需要被攪動才有生機。我就是那隻神交給城邦的牛虻，無論何時何地，我總是把注意力放在你們身上，挑動你們、說服你們、責備你們。因為你們沒那麼容易找到像我一樣的人，我會建議你們放過我。我敢說，當你們打盹時被叫醒，可能會覺得被

激怒。你們可能很容易覺得，把我弄死，就像阿尼圖斯建議的，大家就可以繼續睡，直到把生命的剩餘部分睡掉，除非神出於對你們的關懷，再給你們另一隻牛虻。我之所以是神給你們的，可以此證明：如果我像是其他人，我就不會忽略所有的個人考量，或耐心地坐視這種忽略這麼多年，以及為了你們，個別地走向你們，像個父親或兄長，督促你們把美德當一回事，我會說這種行為不是人的天性。假如我從中得到甚麼，或如果我的督促有何回報，那麼這還有些意義：但現在，就像你們會意識到的，連我的控訴者都不敢說，我從任何人身上強求或要求甚麼回報。他們沒有證人。而關於我所說的真實性，倒是有個證人。我的貧窮就是夠力的證人。

有些人也許疑惑，為何我要用私人的方式，給予建議、把自己搞得很忙；而非冒險站出來，公共地建議城邦。我會告訴你們原因。你們很常聽我說到，某個我所遭遇的神諭或徵召，也就是梅勒圖斯在訴狀中胡亂扭曲的神。有個徵兆從我小時候就聽過了。那是個找上我的聲音，總是禁止我做某些我將去做的事情，但從不指揮我做任何事，而這就是阻礙我成為一個政治家的原因。而就如我想的。我很確定，喔雅典的人們，如果我從政，我老早就毀了，也不會為你們或我帶來任何好處。你們別對我說事實感到冒犯：因為事實是，沒有任何和你們、或其他人群一起上戰場的人，誠實地向不公正的軍官與城邦的錯誤搏鬥，還能夠保全他的生命。真正為正確的事情打拼的人，即便只活了很短暫的時間，也應該站在以一個私人的

位置，而非公共的。

　　我能證明給你們看，不只是文字，而是行為，也就是你們看得比文字更重的。讓我告訴你，我的一段人生經歷，這會證明我從不因對死亡的恐懼而向不正義退讓，而如果我不退讓，我就會死。我會跟你們說一個故事，不得體的，或許吧，而且老生常態，但是真的。我惟一擔任過的公職，喔雅典的人們，就是元老院的元老，安提阿哥部落，也就是我的部落，擁有將軍們審判的裁決權。那些將軍在阿吉紐西戰役中，沒有撿回被屠殺的屍體，而你們提出將他們一起審判，那是不合法的，就像你們事後想到的那樣。但在當時我是惟一一個反對違法的裁判官，於是我投票反對你們。當主講者威脅要彈劾我、把我抓起來、把我撐走，你們又罵又吼，我就打定主意要承擔風險，讓法律和正義與我同在，而非加入你們的不正義，只因我畏懼牢獄和死亡。這是在民主時代發生的。但是在三十人僭主掌權，他們派我和其他四個人去圓廳，請我們去帶走薩拉米的雷翁，因為他們想處決他。這是這類命令的其中一例，他們就是無所不用其極地替人羅織罪名。然後我以行為而非文字解釋了，如果我被允許使用這種表達方式，我一點也不在意死亡，我只為做出不正當或天理難容的事感到恐懼。那種威權的強大武力，沒有把我嚇得去做歹。當我們走出圓廳，其他四個人往薩拉米走去，追捕雷翁，我安靜地回家。如果不是三十人僭主沒多久就完蛋了，我大概已經失去我的生命。關於這段，很多人有目共睹。

　　現在，假如我過著公共的生活，像個好人一樣總是支

問
津

持對的、主持正義，把這些事情當成第一要務，像我應該
做的那樣，你們真的以為我能活過這些年嗎？並不如此，
雅典的人們，我或任何人都做不到。我總是在所有行動中
維持一致，無分公私，從來不曾給予誹謗我的追隨者的人
任何卑賤的屈從。事實是，我沒有常態性的追隨者：但如
果任何人在我追求使命的時候，樂意來找我或聽我說，無
論他年輕或年老，都可以自由過來。我也不只與那些有付
錢的、或沒付錢的人交談，而是任何人，無論他有錢或貧
窮，都能問我或回答我或收聽我的言論，且無論他變成壞
人或好人，說是我的責任都不公平，因為我從來沒教會他
甚麼。如果誰說他曾私下從我身上學到或聽到任何東西，
是在其他地方沒聽過的，我會希望你們知道他說的不是事
實。

　　我應該會被問道，為甚麼人們喜歡不斷找你對話？我
已經告訴你們了，雅典人們，事情的全貌是：他們喜歡聽
到假裝有智慧的人受到交叉盤問。這很有娛樂效果。而這
就是神加在我身上的責任，我被神諭、幻象、各種表示神
意的方式保證過的。這是真的，喔雅典人們；如果這不是
真的，它會很快被打臉。如果我真的腐化年輕人，已經腐
化了他們之中的某些人，他們會長大，變得能察覺我在他
們青年時期給了壞的建議，他們會站出來當控訴者並且報
仇，如果他們不喜歡自己來，他們的親戚、兄弟、其他家
屬，也會出面說他們的親人曾被我荼毒。現在是時候了。
我看到很多人在法庭上。這位是克利托，和我同年又住同
莊（deme）；而這是克利托布洛，他的兒子，我也看到

了。再來是斯甫托斯的呂薩尼亞，埃斯基涅斯的父親，他在場。這位是西非賽斯的安提豐，埃匹格涅斯，還有一些和我有過交集的人的兄弟也在。這位是尼科斯拉托斯，索斯多泰狄的兒子，也是索多圖斯的兄弟（現在索多圖斯死了，因此他再怎麼說，也沒辦法阻止他）。這是帕拉琉斯，德謨多科斯的兒子，有個叫提亞格斯的兄弟，然後是阿里斯通的兒子阿戴曼圖斯，他的哥哥柏拉圖也在。然後是恩托多琉斯，阿波羅多琉斯的兄弟，我也看到了。我應該還得提到很多人，任何梅勒圖斯在他的演說中捏造為證人的，就讓他捏造吧，如果他忘了，我會挪出位置給他。讓他說吧，如果他有任何證詞可以捏造。不但如此，雅典人們，事實正在於反面。那些已經準備好代表腐化者、他們小孩的毀滅者作證的，就像梅勒圖斯和阿尼圖斯稱呼我的那樣，不只是被腐化的青年本身（他們也許早有動機），還包括他們未受腐化的年長親戚。為甚麼他們也以證詞支持我？到底為甚麼，除了追求事實與正義，也因為他們知道我在說真話；梅勒圖斯在說謊。

　　好吧，雅典人們，這差不多就是我所有能提供的辯護。但還有一些話。或許有些人被我冒犯，當他想起他自己，在某個相似或較不嚴肅的場合，曾求助一把鼻涕一把眼淚的禱告祈求，又如何把他的小朋友帶來法院，真是個令人感動的壯觀場面，也跟著一票他的親朋好友；但是我，可能正冒著生命危險，卻沒有做出這些事。或許他腦子裡會有這種念頭，想和我作對，因為被惹火了而帶著怒意投票。現在如果你們之中有這樣的人，我也很難斷言，

我會持平地回覆他：我的朋友，我是個人，就像其他人一樣，一個血肉之軀，而非木石心腸，就像荷馬說的。我有家庭，是的，還有兒子。喔雅典人們，具體是三個，其中一個還在發育；另外兩個還很小。但我不會把他們帶到這裡，請求你們判我無罪。為何不？並不是因為自私或無視你們。無論我害不害怕死亡，那都是另一個問題，我不會現在說。我的理由只是，我感覺那種過程毫不令人信服，對我、對你們、對整個城邦都是。誰到了我這年紀，有個智慧的名聲，無論值不值得，總不應該作賤自己。再怎麼說，這世界已經決定讓蘇格拉底在某種程度上超越眾人。如果你們之中，有誰在智慧和勇氣或任何美德上是優越的，卻這麼羞辱自己，這種行為是多麼丟臉！我曾看過某些聲望崇隆的人，當他們被譴責，會有以下奇怪的行為：他們似乎希望自己承受某些痛苦，如果非得一死，這麼一來如果你們只允許他們活下去，他就得以不朽。我想，他們是城邦之恥，外國人來了會說，這些雅典最顯赫的人、雅典人給了他們榮譽和指揮權，沒有比女人更好。我說，這些行為不是這些聲名在外的人該去做的，如果他們做了，你們不應該允許他們。你們應該表明，你們更想譴責的，不是安靜的人；而是那些營造悲情場面，把城市搞得荒謬的人。

蘇格拉底的辯詞 9

但是，撇除不名譽的問題，向裁判請願似乎還有哪裡

不對勁，那會變成是靠著拉攏獲判無罪；而非告知與說服得。而裁判官的義務，並非做做正義的樣子；而是給予正義的裁決。他曾發誓會依據法律裁判，而非依據他個人喜好，且無論他或我們都不該爲自己做僞證，這將毫無敬意可言。不要要求我去做我認爲不名譽、不敬、錯誤的事，特別是現在，我正因梅勒圖斯訴狀中的對神不敬而受到審判。喔雅典的人們，如果是出於勸說與乞求的力量，讓我壓倒你們的誓詞，那麼我就會教你們相信世上無神，在我的辯護之中，也就會自行宣判我不相信它們。但不是這麼回事，因爲我的確相信世上有神，且在某個意義上遠比我的控訴者們還相信。對於你們和對於神，我決定將我的理由交由你們裁決，因爲這對你們和我都是最好的。

裁判團認爲蘇格拉底有罪。

蘇格拉底對於他刑罰的提議。

對於譴責的投票，有很多原因讓我不感到悲傷，喔雅典的人們。它在我預料之中，只是有點驚訝，投票結果如此相近。本以爲反對我的人會多得更懸殊，但現在，假如再三十票跑到另一邊，我就變成無罪了。也許我會說我逃離了梅勒圖斯，也許我會說更多。但若不是阿尼圖斯和呂康的協助，他無法得到一半的票數，如同法律要求的，否則他會遭致一千德拉馬克的罰款，顯而易見。

因此他提議判死刑。喔雅典的人們，那我又該提議甚麼？很清楚地，那是我的責任。我該付出或得到甚麼？對於這麼一個，一生從未有心偷懶；卻對於許多人在意的財富、家族利益、軍職、公衆演說、官位、計謀、黨派無所

用心的人，甚麼是他應被對待的呢。想到我是那麼誠實地追隨這種生活方式的人，我不會去一個、對你們和我都沒好處的地方。但我會去一個，私人上能為你們貢獻最大的地方。去那裡，想辦法說服你們之中的每個人，使他忠於自己，在追求私益之前先追求美德與智慧，在忠於城邦的利益之前先忠於城邦，這應當是他在所有行動之中奉行的次序。這種人該如何被對待？無疑是些好事情，喔雅典的人們，如果他有所獎賞，這對他而言就是一種應得的好事。對於給你助益的窮人，或許他非常需要空閒時間才能指導你，合適的獎賞會是甚麼？沒有比送他去市政廳（Prytaneum，根據大英百科，這也是古希臘大使、傑出的外邦人、特殊貢獻的公民享福的地方。）安養更合適的了，喔雅典的人們，他值得一份比贏得奧運雙頭馬車競技的人更多的獎賞，管它是雙頭馬車還是多頭馬車。因為我很匱乏，他已經足夠了，而他只是給你幸福的表面，我給你真實。如果我值得甚麼公正的刑罰，我會說帶去市政廳安養就是公正的回報。

或許你們會覺得，我說這些是為了鼓舞你們，就像剛剛說的眼淚和祈禱。但不是這麼一回事。我說這些並不是出於深信自己從未蓄意誤導人，雖然我無法說服你們，因為我們只有過短暫的對話；而是，如果雅典一條有法律，就像其他城市有的，首要的理由不該在一天內決定，那麼我相信我就能說服你們。但現在時間太短暫了。我一時半刻無法反駁天大的誹謗，而且，因為我深信自己從未誤導人，我也有自信不會誤導自己。我不會為自己說，我值得

任何惡事，或提議任何刑罰。我何必？是我害怕梅勒圖斯提議的死刑嗎？當我不知道死亡是好是壞，爲甚麼我要提一個一定是壞的刑罰？難道我該說被關嗎？爲何我要活在監獄、當官員的奴隸十一年？或者應該被罰錢，被關到繳完罰款爲止？一樣地不贊成。那我就要躺在監獄，爲了我沒有，也繳不出來的錢。那如果我說流放（這可能是你們會附議的刑罰），我就肯定得被生活之愛弄得盲目，當我想到你們、我的公民，無法忍受我的論述與言語，認爲它們令人難過又可惡，你們已經受夠了，其他人又怎可能忍耐我。確實不，雅典的人們，非常不可能。我會過著甚麼樣的生活呢，在我的年紀，在城市與城市之間浪蕩，在變動不居的流亡中生活，總是被攆走！因爲我蠻確定，不管去了哪裡，這裡還是那裡，年輕人們總是會來找我。如果我趕他們走，他們的長輩就會想要趕我走；如果我讓他們來，他們的父親和朋友還是會爲了他們的利益趕我走。

有些人會說：對啊蘇格拉底，但你難道不能管好你的嘴巴、去某個外地城市，就沒人能打擾你啦？現在要讓你們知道我對此的答案有很大的困難。如果我跟你們說，這將會是對神令的違抗，所以我不能管住自己的嘴巴，你們不會相信我是認眞的；又如果我重申，人最大之善是在日常中圍繞著美德對話，那就有關我如何檢驗自己與他人，未經檢驗的人生是不值得活的。那你們大概還是不願相信。但我說的是眞的，雖然對我來說說服你們這件事很困難。此外，我不習慣去想，自己值得甚麼懲罰。假如我有錢，我可能會提議給你們我所有的，但糟糕的就是沒有。

但你們看到我甚麼都沒有，只能請你們衡量我的罪惡相當的罰金。不過，我想我可以負擔一米內，所以我就提這樣的處罰。柏拉圖、克利托、克利托布洛，和阿波羅多琉斯，我在場的朋友們，喊我說三十米內，他們會當保證人。好吧，那就三十米內好了，處罰就這樣吧；因為他們將是你們有份量的保證人。

裁判團判蘇格拉底死刑。

蘇格拉底對於他刑罰的評論

沒剩甚麼時間了，喔雅典人們，你們將從這座城市的惡意批評者那邊，得到這樣的惡名：說你們殺了蘇格拉底，一個有智慧的人。他們會為了責怪你們，說我有智慧，即便我沒有智慧。如果你們有再等一下，你們的渴望就會漸漸被滿足。因為我一把年紀了，就像你們認為的，也離死亡不遠了。我現在只是說給那些判我死刑的人聽。我有些其他東西要告訴他們：你們覺得，我是因為言語的不足而被定罪，我是說，假如我沒甚麼東西沒做、沒甚麼話沒說，為此感到自適，我可能會獲判無罪。不是這樣。使我被定罪的不足並非來自文字，肯定不是。而是，我沒那種勇氣、放肆，或傾向，發表那種你們想要我發表的演說，流淚、大哭、哀哀叫，說些或做些你們習慣從其他人身上聽到的，也就是如我說的，不值得我做的事。但我認為，我不該在這危險的時刻說任何尋常或壞心的東西，我現在也不後悔我在辯護中的態度，我寧可在用我的方式說

話而死，也不用你們的方式而生。無論在戰爭或法律中，任何人都不該用任何方式逃避死亡。在戰爭中毫無疑問，如果一個人丟光了他的武器，跪在他的追捕者面前，他或許能逃一死；在其他的危險之中也有很多逃避死亡的方式，如果一個人願意說或做任何事。困難的事情，我的朋友啊，不在於逃避死亡，而在於逃避不正當，那種東西跑得比死亡還快。我又老動得又慢，比較慢的跑者已經把我超車了；我的控訴者又敏捷又迅速，比較快的跑者，也就是不正當，已經追上他們了。現在我被你們判刑，要離開去承受死刑了，他們也是，被真理判刑，要上路去承受惡棍和錯誤應得的刑罰。我遵從我的裁定，讓他們也去遵從他們的。我以為這些事情應該被視為定中注定，而我覺得他們也是恰如其分。

那麼現在，喔判我有罪的人們，我很樂意給你們預言。因為我快去死了，這是被賦予預言力量的人最後的時光。我預言你們這些我的謀殺者，在我的死刑之後，馬上會有遠比你們讓我受的、更嚴苛的苦頭等著你們。我被你們殺了，是因為你們想逃避控訴者，好不用說明你們的生活。但事情不是你們想的那樣，遠遠相反。我說了，會有更多你們的控訴者出現，比現在還多，迄今被我壓住的控訴者們：因為他們更年輕，會比你們還嚴厲，你們會更受他們的冒犯。如果你們覺得，殺了一些人就能避免控訴者譴責你們的生活，那你們就錯了。那不是種談得上可行或榮譽的逃避方式。最簡單、最高貴的方法，不是弄爆別人，而是提升你們自己。這就是我在離開之前所能說的預

言，對於定我罪的裁判官們。

朋友們，判我無罪的，我也想和你們談談已經發生的事，趁著官員們在忙，也在我去我該死的地方之前。留下來一下，我們也該趁還有時間和彼此聊聊。你們是我的朋友，我想讓你們知道發生在我身上的這事件的意義。喔我的裁判官們，你們是我真心稱呼裁判官的人，我想告訴你們這是個絕佳的命運。到現在，那個熟悉的、跟著我的神諭，還常常反對我，即便是些瑣碎的小事，如果我犯了關於任何東西的疏忽或錯誤。現在就如你們所見的，有些常被認為、一般咸信、最後且最壞的惡，即將降臨在我身上。但神諭卻沒有做出任何反對的跡象，無論我離開房子出門，或當我現身法庭，或當我說話，對於任何我想說的話，但我以前常常在發言中被阻擋，現在說的或做的，卻沒有一樣東西是神諭反對我的。我做何解釋？我會告訴你們。我將這視為一種證明，發生在我身上的將是一種善，我們相信死亡是種惡是有錯的。這對我所說是偉大的證明，慣常的跡象肯定會反對我，假如我要去做些壞事而非好事。

讓我們用另一種方式反思，我們就會看到，希望死亡是種善有些好的理由，以下狀況二選一：死亡是種虛無或完全無意識的狀態；或者，像是人們會說的，是從此世界到彼世界的一種改變和遷移。現在如果你認為，無意識並不存在，只是一種人的睡眠，連夢境也無法打擾，那麼死亡會是種無可言喻的收穫。如果有個人選擇了，睡得連作夢都無法打擾的夜晚，和他生命中的其他日夜比較之下，

告訴我們多少他生命歷程中經過的日夜比這晚還好、還喜悅，我想任何人，我不會說是一個個人，即便是偉大的國王，也找不到多少這樣的日與夜，和其他人相較。如果死亡像這樣，我會說去死就是收穫。永遠只是個夜晚。但如果死亡是趟去其他地方的旅程，那裡，像人們所說，所有的死者都在，喔我的朋友和裁判官們，哪有比這更好康的？如果這趟朝聖之旅確實抵達地下的世界，他就是被此世界正義的聲稱者送往那裡，發現真正的裁判官在那邊進行審判，米諾斯、拉達曼提斯、艾雅哥斯、特里普托勒摩斯，還有其他在各自生命中公正的神之子們，那趟朝聖之旅將會值得走一遭。一個人要付出甚麼，才有機會和奧菲斯、繆薩尤斯、海希奧德和荷馬開聊？而且，如果這是真的，讓我去死又去死吧。我也會有很大的興趣，去一個可以跟帕拉梅德斯、大埃阿斯，忒拉蒙之子對話的地方，還有其他古早的英雄，因為不公正的審判承受死亡。那會有不小的安慰，我是這麼想的，以我自己的痛苦和他們的比較之下。總之，我應該可以繼續我對真假知識的探索，就像在這個世界，也會在那個世界，我會發現誰有智慧，誰假裝有智慧，但實際上沒有。一個人要付出甚麼，喔裁判官們，才能檢驗特洛伊遠征的領導者，或奧德賽或薛西弗斯，或不可數計的其他人，男人和女人都是！那會是多麼無窮的愉悅，可以和他們對話，問他們問題！因為在那個世界他們不會為此把人判死刑，肯定不會。而且在那個世界，比在這個世界還快樂，他們將是不朽的，如果這些說得沒錯的話。

問
津

　爲甚麼，喔裁判官們，爲死亡感到振奮吧，認清一個
事實，沒有惡事可以發生在一個好人身上，無論生前或死
後。他和他的東西並非被神忽略，我之所以接近終點也不
僅僅是出於偶然。但我清楚地看到，去死和被釋放對我比
較好，因此神諭沒有做出表示。也出於這樣的理由，我不
對我的控訴者生氣，或我的定罪者。他們對我不構成傷
害，雖然他們之中的沒有任何人有意對我好，是因爲這樣
我才輕輕地怪罪他們。

　我還有一個請求。當我的兒子們長大了，喔我的朋友
們，我會請求你們去懲罰他們。我希望你們去刁難他們，
就像我曾經刁難你們的那樣，如果他們看起來把財富，或
其他事情，看得比美德還重。或如果他們假裝是甚麼但實
際上甚麼都不是，那就責備他們，就像我曾經責備你們的
那樣，因爲不在意那些他們該在意的事，卻想著自己是甚
麼而實際上甚麼都不是。如果你們做到，我和我兒子們就
在你們手中得到了正義。

　離別的時刻到來，我們各自上路吧，我去死，你過
活。哪個比較好，只有神知道了。

伯里克里喪禮演說
（論雅典之所以偉大）

廖崇倫 譯

　　許多在我之前站在這裡說話的人們，稱讚過立法者在我們的喪禮習俗中，加入了演說這項儀式。對他們來說，這好像是應給予戰死者喪禮的榮耀。不過，我傾向覺得，如果人的行為是勇敢的，他們就該只因勇敢的行為而被賦予榮耀，也就是這場公開的喪禮本身，如你們正在見證的。如此一來，他們的名譽才不會被任何人的口才便給或拙劣所危及，好像死者的德行是否可信，取決於講者說得好不好似的。由於說得太短或太長，或甚至折衷，都不容易給人符合實際的印象。知道死者事情的朋友，往往認為講者無法傳達出他的知識與願望；其他不那麼熟悉的人，當聽到死者的任何事蹟超越了自己力量所及，則會感到忌妒、懷疑其中有所誇大。

　　人們對於別人的讚美是寬容的，只要每個聽者認為，他也可以做得一樣好或是差不多好。但是當講者凌駕於他，忌妒心便油然而生，他也就開始變得不相信。然而，因為我們的祖先使這項慣例成為定案，我就得遵守，且必須盡最大的努力滿足各位聽眾們的願望與信念。

　　首先，我要談談我們的祖先。在哀嘆死者的同時，向

問
津

他們的記憶致敬是正當且得體的。如果不是祖先們曾居住
在這塊土地上，藉著他們的勇氣世傳世的土地，我們就不
可能接手這麼一個自由的國家。但如果祖先值得讚揚，我
們的父輩就更是如此，他們增添了可供繼承的財產，經歷
一番打拼，將這個偉大的帝國傳給兒子世代的我們。而今
天聚集在這裡，大多正值盛年的我們，已經承擔起再進一
步的事業，也充分地贈予我們的城市，使她在戰爭與和平
中都能自給自足。至於我們藉以取得土地的戰功，或是我
們與父輩驅退戰爭浪潮的精力，無論是希臘內部或與外邦
之間的，我就不說了。那些故事太長了，你們也已經很熟
了。但是，在我開始讚美死者之前，我必須先指出，是甚
麼樣的行動原則使我們崛起，又是在甚麼樣的制度下、透
過甚麼樣的生活方式，使我們的帝國偉大。因為我認為，
這些想法不會不適合這個場合，且廣大的公民群眾與陌生
人大概也會覺得聽了是有益的。

我們政府的形式，不會與其他的體制為敵。我們的政
府也無須模仿鄰人；而是作為他們的模範。稱呼我們為民
主政體是正確的，因為施政掌握在許多人而非少數人的手
中。但是在公平正義普及於私人紛爭的同時，聲稱卓越也
是會被認可的。當一個公民以任何方式被區分出來、優先
服公職，並不是因為特權，而是作為他才德的獎勵。貧窮
不會是阻礙，反而是，一個人即便沒沒無聞，還是能夠嘉
惠他的國家。我們的公共生活沒有甚麼排除性。而在私生
活上，我們不會對其他人起疑，也不會為鄰居做他想做的
事情生氣，不會擺出不悅即便無害的臉色給對方看。當我

們的私生活從而無拘無束，公共行為中卻瀰漫著一股敬意。我們能避免為非作歹，是因為尊重當局和法律，特別是那些保護傷者的法律，也包括普遍的情感中、違背了是種墮落的不成文法律。

我們也沒有忘記，要為辛勞過後的疲憊鬆一下，我們整年都有常態性的遊戲和祭祀，我們的家園美麗而優雅，這些日常感受到的愉悅幫助我們趕走悲傷。因為我們城市的偉大，所有土地上結出的果實總是流向我們，因此我們自由享受來自其他國家的商品，就像是享受自己的一般。

然後同樣地，我們的軍事訓練也在很多面向上比敵人優越。我們的城市迎向全世界，從未驅逐任何外國人、避免他們參觀或學習，即便是可能助益於敵人的機密。我們並不倚賴管制或詐騙；而是倚賴自己的心靈與雙手。在教育上，人們從很年輕的時候，就開始從事能培養勇氣的艱難運動。即便我們過得很安逸，也同樣做好了面對危險的準備，就如在運動中所面對的。以下就是證明：斯巴達人進軍雅典時並非靠著自己，是靠著整個同盟的跟隨；但我們卻能孤軍直入某個鄰國，縱使他們是在自己本土打仗、而我們身處異域，大多還是可以輕輕鬆鬆地攻克。我們的敵人從沒感受過我們聯合的力量，對海軍的關心分散了我們的注意力，在陸地上我們則必須我們的公民去到任何地方。但是他們呢，如果他們能打敗我們一小部分的陸軍，就驕傲得好像是把我們全數殲滅似的；而當他們被我們打敗，則會裝得是被我們全部的人擊潰的樣子。

如果我們在遭遇危險時，偏好以一種無須嚴苛訓練的

輕鬆心態面對，且擁有日常就習慣、不是被法律強迫的勇氣，難道不是好很多嗎？因為我們不期望受傷，雖然當那時刻來臨，我們也可以勇敢得像是那些、從不准許自己休息的人們。於是，我們的城市在戰爭與和平中都使人尊敬。因為我們是那些美麗事物的愛好者。在我們看來，我們的力量所在並非那些審議與討論，而是透過「為行動做準備」的討論而來的知識。因為我們在行動之前的思考能力特出，行動能力本身也特出；當其他人也許是因無知而勇敢，卻在要做出反應時躊躇的時候。他們當然會被尊崇為英魂，明明有著最清楚的、對於生命痛楚與歡欣的知覺，卻不因此而對危險畏縮。做好事時，我們也不像其他人，我們是透過施予交朋友，而非收受恩惠。付出的人會是比較牢靠的朋友，因為他寧可出於善意地記得這份義務；但是作為接收者的一方，感覺中就比較冰冷，因為他知道報答其他人的慷慨時，不會贏得其他人的感謝，只像是在還債。我們為旁人做好事的時候，並非出於利益的算計，而是出於對自由的信心和一種坦率無懼的精神。總結來看，我會說雅典是希臘的學校。雅典人個別而言，好像都具有讓自己適應各式各樣活動的能力，非常多才多藝又優雅。這並非誇大或閒話，是事實，且可以透過這國家如何因這些特質而崛起來證明。在進行審判時，雅典人也在同時代人中一枝獨秀。在雅典手下備受折磨的敵人，不會為他的對手感到憤怒；雅典的臣屬，也不會抱怨這個主子德不配位。我們可以肯定地、有目共睹地說，我們的力量有許多強大的里程碑，這讓我們成為繼往開來的奇蹟；我

們不需要荷馬或其他歌頌者的讚美，詩作也許能取悅人們一時，對於事實的重新詮釋卻無法乘載白晝的光。我們迫使所有土地和海洋為我們的勇敢打開一條道路，在每個地方都種下我們友誼與仇恨的永恆記憶。是這麼一個城市，要求人們高貴地戰鬥與死亡，他們無法想像雅典被人所接管，而我們所有活下來的人都甘願為她快樂地幹活。

　　我總是在思考雅典的偉大，因為我想讓你們知道，相較於那些無法享受這些特權的人，我們是在爭取更高的價值，透過明顯的證據確立我們正在紀念的這些人的才德。對於他們最崇高的讚美已經說完了。為了凸顯這種城市，我凸顯他們，像他們一般的美德使雅典增輝。多少希臘人可以被形容得像他們一樣，他們的行為與他們的名聲相稱。我相信，像是他們一般的死者，已經可以作為人生價值的量尺。這也許是他們的美德第一次被彰顯，但無論如何將會是蓋棺論定。就算某些人有其他的缺點，也可以正當地申辯，他們已曾帶著勇氣為國家而戰，這早已讓缺點被優點遮蔽，透過公共服務貢獻國家，蓋過了過去的私人行為對國家的傷害。這些人之中，沒有人因為財富而萎靡，或猶豫於放棄生命中的樂事，沒有人在希望中拖延糟糕的日子，自然而然地貧窮。這樣的人雖然貧窮，終有一天會變得富有。但是，他們將懲罰敵人看得比甚麼都還甜蜜，他們可以毫無任何高貴的理由，決心冒著被光榮復仇的生命危險，將剩下的人留下。他們謝絕未知幸福的希望，面對死亡，他們決心只倚賴自己一人。當那時刻來臨，他們有意識地抵抗著、受苦著，而非保全生命開溜。

他們逃離不名譽的字眼，在戰場上還是跑得飛快，在某個時刻，在機運的最高點，在這樣的光景中死亡，不因恐懼，而是榮譽。

這就是這些人的終點，他們對得起雅典，活著的人也不必渴望更多的英雄情節，雖然他們也許為了較不致命的議題祈禱。就像你早就知道的，任何人都能永遠為了勇敢禦敵的好處發表演說。但比起聆聽那些，我要你日復一日地用你自己地眼睛，凝視雅典的偉大，直到你對她充滿愛。當你受她榮光的壯闊所震撼，就會反應出這個帝國是被以下這樣的人所得到：總是知道他們的義務、具備勇氣執行義務、在衝突時刻害怕如影隨形的不名譽、即便自己事業失敗也不讓美德配不上他們的國家，無償地為她奉獻生命，就像參與她的盛宴最合理的禮物。他們集體所做的犧牲，又個別地奉還自己身上：他們收到量身訂做的讚美、最尊貴的墳墓，這裡說的並非遺骨存放的地方，而是光榮永生之所。他們的言行也將在所有合適的時機被表揚。整顆地球都是名人的墳墓，他們並非只受到石柱和碑銘所緬懷，在國外的土地上也存在著對無字的紀念，不刻在石頭上而是刻在人們的心中。把他們當成你的模範吧，尊崇追求自由的勇氣與追求幸福的自由，不用把為此而戰的危險算那麼準。不幸的人之所以沒有變好的希望，並非比生命力旺盛的人還容易賠了老命，雖然他們認為意外摔跤才是最主要的原因。狀況應該是，生命力旺盛的人活著的時候，總是為改變不好的狀況擔起責任。對於高尚的人來說，怯懦和災難同時降臨，遠比在他充滿勇氣、為了大

衆的願望活力滿滿的時候、死亡卻出乎意料襲擊來得糟糕。

　　爲何此時我沒有同情在場的死者父母？我其實很想安慰他們。你知道，你死去的孩子經歷了各式各樣的人生曲折，他們也許會被視爲幸運的，得到無上的榮耀，無論是像他們一樣光榮的死亡，或像你們一樣可敬的悲傷，你們與孩子之間幸福的期限，也就相當於他們生命的期限。我知道，讓你們如此感受是多麼困難，因爲其他人的幸運將時時提醒著你這份曾經點亮你心的喜悅。然後當缺乏那些祝福時，就會感到悲傷，不是別人永遠不會知道，而是他生命中的一部分太早被帶走。你們之中有些人，可能在一個希望生其他小孩的年紀，這些人更該好好承受住悲傷，不是因爲小孩出生後可能就會忘記失去的孩子，而是這座城市將會成爲雙倍的獲利者。她將不會變得荒涼，她會更安全。因爲當一個人沒有孩子冒著普遍的危險，他的建議不會有同樣的重量或價值。對於已過壯年的人，我會說，恭喜你們自己，在你生命中快樂的時間占了比較大的部分，記得你的悲傷生活將不會持續太久，爲逝者帶來的光輝感到安慰吧。因爲只有對於榮譽，而非財富的愛，會永遠年輕。就像某人說的，榮譽是人們變得老而無用時的滿足。

　　對於離開的人的兒子或兄弟，我知道效法他們將會是艱鉅的掙扎。對於給予死者祝福的人們，無論你的美德多麼傑出，我也不會說得像他們一樣；避開他們的敵人與貶低者吧，即便有人這麼做，死者收到的榮譽與善意也不會

有所變質。接著，如果我要對因此成爲寡婦的女性美德說些甚麼，讓我總結爲一個簡短的忠告：當個女人，卻不因性別比男人軟弱，是種偉大的光榮，不要成爲男人們說長道短的話題。

　　我已致畢合乎法律要求的頌辭，極盡所能地使用合適的言語。對於死者行爲的致意只佔了一部份，因爲那是死者自己的，往後只存在於他們的小孩長大可受公評的時候：這是堅固的資產，就像雅典爲她活著與死去的子民所戴的花冠，在經歷像他們一般的戰鬥之後。這樣的獎賞是最偉大的，這些爲國家服役的尊貴公民已列冊其中。現在，如你已經適度地哀悼，你所要哀悼的死者，你們就可以離開了。

「失去台灣，就失去太平洋」——麥克阿瑟對遠東軍事情勢的證詞

　　2021 年 4 月，東亞局勢緊張，美國與日本協商，將台灣也納入安保條約之中。有人比喻台灣對美日的重要性，一如蘇伊士運河之於英國一般。英國在二戰之後，江河日下，導因於無法控制蘇伊士運河，帝國命脈的咽喉。美日如果輸掉台灣，也將輸掉太平洋而日趨黯淡。

　　失去台灣，失去太平洋的見解，其來有自。這主要來自於：麥克阿瑟在 1951 年在參院聽證會中對於東亞局勢的觀察與評估。此判斷也隨著中美關係緊張，台海戰雲密布之際，日趨重要。

　　之所以會有這場聽證會，是因為韓戰熾熱之際，杜魯門總統突然開除指揮官麥克阿瑟，讓他告老還鄉。美國國會因此召集相關人員，釐清案情。

　　有關這場將軍對決總統的大戲，杜魯門圖書館與紀念館認為：麥帥建議擴大韓戰，轟炸中國，無大戰略思維，所以被開除。因為中國也只想打有限戰爭，不曾派飛機轟炸釜山或是在日本的美軍基地。如果美軍把戰爭擴大，就算不打原子彈戰爭，俄國就可能介入。屆時，如果美軍失利的話，整個東南亞都會被納入共產陣營；美軍甚至於要撤退都很難。因為共軍、俄軍潛水艇都足以阻擾美軍任何運補作業。所以杜魯門在韓戰酣鬥之際，開除麥克阿瑟，

問
津

有其深謀遠慮。

不過，隨著韓戰陰影未除，北韓一天到晚核武試爆或發射導彈。中國崛起，意圖染指南海與台灣，將南海與台灣海峽納入其內海。論者以為：此美國沒落之局，實從韓戰開始。這衰弱並不是因為國力衰退，而是有關戰爭的態度有問題。自從韓戰開頭之後，美國國際軍事介入，在態度上，總不想贏，好好解決問題之後再離開。總是半吊子，無論是對伊拉克戰爭、反恐戰爭或對阿富汗興兵皆然。這種態度，反而讓戰爭沒完沒了，如韓戰迄今其實還未結束。中國依舊在北韓身後撐腰，對美國遠東事務，構成鉅大的威脅。如果當初採取麥帥積極、反姑息的戰爭態度，就不會造成今天不斷且無限期延續的流血。

這種姑息、拖沓與敷衍的戰爭態度，近乎失敗主義式的，不僅有損美國國家尊嚴與利益，更是違反人權與人性尊嚴，美國所標榜的普世價值。如阿富汗平民在神學士政權之下，依舊飽受踐踏。恐怖主義還是在哪裡，一直造成威脅。韓國脫北者的悲慘處境，總是綿延不絕的令人心碎。台灣人民也飽嚐了六、七十年來，地位未定，無國籍，無國家保護，或持著不適格護照出入境的窘境。日本人的護照核發單位是日本國。台灣人的護照核發單位卻是中國（中華民國）。雖然大多數台灣人覺得自己並不是中國人。

換言之，從長遠的、超脫黨派的視野來看，麥帥反姑息的戰略思維，當受珍視。不過當局者迷。麥帥當時雖被視為英雄，可是美國太平洋戰略半徑是否要涵蓋台灣，在

當時卻不是那麼理所當然的。他被解除韓戰指揮任務，在當時也有不少人支持。如在此案之後，美國還建立慣例：如果駐外將軍膽敢，在媒體上，與總統戰略唱反調。那麼他是可以被解職的。當然，更有不少人認爲目前還沒有爆發第三次世界大戰，有不少得歸功於杜魯門不計個人聲譽的深謀遠慮。本文旨於透過此案，麥帥國會聽證，呈現當時遠東錯綜複雜的遠東國際局勢。大體而言，麥帥高瞻遠矚，對遠東局勢，洞若燭火。

有關台灣問題在韓戰脈絡中的重要性

　　二次大戰後，理論上國際社會應協助被佔領國與被殖民國家獨立建國。不過，實際上各依勢力實質佔領或控制，德國分爲東西德，韓國被分爲南北韓，台灣爲中國軍佔領……等等。

　　此局勢很快就發生動搖。1950 年 6 月北韓入侵南韓，勢如破竹。南韓岌岌可危。聯合國安理會決議介入。以美軍爲主力的部隊，從仁川登陸，迅速扭轉戰局。1950 年 10 月，聯合國部隊佔領北韓首都平壤。10 月 19 日，中共發動抗美援朝，介入戰局。蘇聯空軍也祕密行動，支援北韓。1951 年元月，五國開始協議停火（美國，英國，蘇聯，中共和另一強權）。其中有三國同意，允許中共加入聯合國和把台灣交給中共。3 月，麥克阿瑟被召回，參與參謀首長聯席會議。他認爲停火或停戰協議，不應該包括承認中共在聯合國的席次以及移交台灣。1951 年 4 月，杜

問
津

魯門突然炒麥帥魷魚，舉國震驚。時代雜誌說：

很罕見的，一個不受民意青睞的人竟然會炒受民意歡迎的人的魷魚。麥克阿瑟恐怕是近代以來屈指可數的偉大人物之一。而杜魯門幾乎卻只是一個專業官僚。前者，眾人仰慕其勇氣。後者，民心鄙視其謬誤。

在美國人心目中，麥帥是個真正的征服者。而現在的美國總統，因其糟糕的判斷力與妥協心態，卻是個被他打敗的人。

麥帥離開日本時，東京百萬人流淚道別。他返回美國的接機、歡迎人潮更是艾森豪結束二戰歐洲戰場時的兩倍。1951年4月，在國會更以面對總統的規格接待，參眾院聯席，請麥帥蒞臨發表演說，「老兵不死，只是凋零」。這場演說，破紀錄的有兩千萬人透過看電視，聲援將軍所說：

有人竭力扭曲我的立場，有人說我是戰爭販子，這和真相完全背道而馳。我比絕大多數在世的人更了解戰爭，沒有任何說法——絕對沒有任何污名會比戰爭販子的指控更令我反感。我長期主張徹底廢除戰爭，無論是對朋友還是敵人它都傷害極大，根本無助於解決國際爭端……但戰爭一旦強加到我們身上，那就別無選擇，必須運用一切可能的手段迅速結束戰爭。戰爭的目的就是勝利，而非曠日持久優柔寡斷。面對戰爭，勝利無可替代。

平壤中心構築著各種工事，好像已要塞化，但是卻未進行大的抵抗。北韓軍隊把火炮和機槍丟棄在陣地上四處逃散了。北韓軍隊的士氣很低，象徵著戰爭的結束。聯合

國軍關於北韓軍隊「不死守平壤」的估計是正確的。市內教堂的鐘聲響起，似乎帶有歡迎之意，祝福和平的到來。留下來的平壤市民是友好的，勤快地爲聯合國兵辦事。人們擔心的那種瘋狂的抵抗和謀略，都未發生。

5 月 3 日，參議院舉辦聽證會，調查麥帥被解職事件。因爲事涉軍事機密，只開放給國會議員旁聽。媒體只能轉載、報導從國會審核後、刪節版的逐字稿。

衡情而論，如果當時美國國會只重視黨派利益，那麼麥帥處境是岌岌可危的。因爲聽證會審查委員的組成，民主黨還多些。共有 14 個民主黨員，12 個共和黨。主導議程與問題清單的主席，軍事委員會主席羅賽爾（ Richard Rusell, 1897-1971），和協同主持的外交委員會主席康納利（Tom Connally, 1877-1963 ），都是死硬派的民主黨員。一般而言，支持麥帥的，幾乎不分黨派。聽證會成員也知道，在那時反麥克阿瑟，恐怕逆主流民意，殊爲不智。不過，這場聽證會要釐清麥帥是否抗命？杜魯門是否瀆職，該受彈劾？所以，還是可以看到精采的辯證攻防，火花四射。

紐約時報評論此聽證會，有五大爭點：

(1) 文人領軍的程度。

(2) 美國的世界政策何去何從？歐洲優先還是太平洋中心，現在就在遠東阻止共產黨蔓延？

(3) 麥克阿瑟是有遠見的政治家，還是危險的自我主義者？

(4) 杜魯門是否瀆職，當受彈劾？

（5）國務卿 Dean Acheson（1893-1971）在韓戰中所
扮演的角色？

沒有任何證據證明，麥克阿瑟不受杜魯門指揮。他認
為，自己對於所有可能接到的命令，無論好壞，或者他認
為無關緊要的，都沒有不同意的可能。「如果有任何人
說，我有些程度的不服從、不尊重美國總統，或者甚至不
服從、尊重聯合國的政策或指示，我將異常憤怒。」一般
甚至認為，如果麥帥對自己被解職提出異議，訴請法院裁
決，杜魯門恐怕不得不收回成命，讓麥帥復職。輿論普遍
認為，這次免職令太過草率。既不曾召見麥克阿瑟到華盛
頓會談？也不曾在參謀首長聯席會議上，討論彼此發生歧
見的地方。甚至於哪怕杜魯門覺得麥帥不適合指揮韓戰，
還是可以讓他繼續擔負駐日盟國最高統帥的責任。東京盟
總職務是否稱職，與麥克阿瑟在韓國戰略上是否和別人發
生歧見，並沒有關係。

無論如何，表面上看起來，麥帥就是草率被開除了。
所以當時美國人嚇了一大跳。杜魯門總統的民意支持度也
為此創下有史以來最低，約莫只有兩成，比後來因水門案
被彈劾的尼克森還低。1952 年，杜魯門不僅不可能競選
連任，民主黨候選人還要刻意與其切割。儘管如此，還是
無法挽回那場總統大選民主黨註定大敗的局勢。

不過，那場參院聽證會調查也不認為杜魯門瀆職，當
受彈劾。因為有關麥克阿瑟的解職案，完全在總統的權力
與責任範圍內。而且總統也沒有解釋他這個行動的義務。
那完全是他專屬的行政裁量權。雖然輿論覺得他執行此職

權，笨拙而不妥。後來共和黨想組彈劾杜魯門的聽證會，也不了了之。

值得注意的是，這場將軍對上總統之爭，雙方有關台灣地位的認識的分歧，實居關鍵。如維基百科介紹杜魯門之所以這麼倉促的解職麥克阿瑟的故事說：（1951年）4月11日上午11點，第77特遣艦隊在臺灣西岸附近巡航，在中國大陸東岸開始「空中閱兵」。當天下午東京時間 15點，麥克阿瑟收到解職通知。

然後，彼此不合的導火線則是：國務卿 Acheson 在1950年6月表示，美國太平洋防線半徑不包括韓國與福爾摩沙。杜魯門在 6 月 27 日說，台灣地位中立化。靜待聯合國處置。美國無意介入。然後，麥克阿瑟在 7 月底閃電訪問台灣。有關此 Acheson 回憶錄說，這一訪問完全是麥克阿瑟的自作主張：

8 月 1 日華盛頓官方驚異地在報上看到，麥克阿瑟將軍到達了，吻了蔣夫人的手，並同她的丈夫進入了會談。為查明是怎麼回事，我打了個電報給威廉‧西博爾德，他是國務院派任的駐東京政治顧問。杜魯門總統的福爾摩沙評論引起我們大家的仰慕和欽佩。麥克阿瑟的說法是，「使我驚奇的是，對福爾摩沙的訪問以及我同蔣介石的會見受到熱烈的讚揚」。蔣委員長在福爾摩沙高興地歡呼說，「現在我們又可以同我們的老戰友親密地一同工作」，勝利是肯定的了。麥克阿瑟也對蔣報以讚頌和保證「中美兩國部隊間的有效軍事協作」。他未告知五角大樓就調派了三個噴氣戰鬥機中隊去福爾摩沙。隨即有明確的命令傳給了他，強

調了我們關於福爾摩沙政策的限度，接著，哈里曼又去對
這些原則作了補充說明。

一個星期以後，8 月 10 日，這位將軍發表了一個聲
明，聲稱他的福爾摩沙之行曾經「事前與美中兩國政府的
各部門進行了正式的安排和協作。」他作出結論說，「對
於這次訪問，那些過去一向宣傳太平洋綏靖政策和失敗主
義的人們向公眾作了惡意的歪曲報導。」

簡之，在韓戰脈絡中，麥克阿瑟與杜魯門因有關台灣
問題的認知差異。麥克阿瑟在杜魯門陣營中被視為戰爭販
子。杜魯門則被掛上失敗主義與綏靖政策的標籤。

從陸權韓戰到海權韓戰：有關台灣地位的認知差異

1952 年美國總統大選又來了。杜魯門想連任，不想
讓美國捲入另一場大戰，所以希望韓戰速戰速決，只是一
場 police action。

表面上看，韓戰似乎也能速戰速決。因為雙方很快展
開展開秘密協商，談和。五個國家，美國、中共、英國、
蘇聯和另一強權（？），中有三個贊成中共提出的和解方
案：

一、雙方停戰，以北緯三十八度為界。

二、中共取代中國國民黨在聯合國中的地位。

三、台灣主權歸中共。

消息傳來，麥克阿瑟極力反對，尤其是第三項協議。
美國的參謀首長聯席會議也認為停戰停火的條件，尤其不
應包括承認中共在聯合國的席次或考慮移交台灣。1950

年 8 月 29 日，紐約時報刊載麥克阿瑟的見解：台灣是美國太平洋戰略，讓其成為美國平靜湖泊中（the Pacific a peaceful American lake），不可或缺的一環。假使失去台灣，讓它成為敵人永不沉沒的航空母艦或潛水艇基地的話，那麼夏威夷、中途島和從關島到菲律賓都將不保。杜魯門卻在爐邊夜話，重申，「我們自己不會要台灣，或亞洲任何其他地方。我們相信福爾摩沙的命運，將在國際協同合作中，和平的解決爭端。」

有關台灣地位的類似爭議，清代也曾經有過。

康熙（1654-1722）認為：台灣僅彈丸之地，得之無所加，不得無所損。「海外丸泥，不足加中國之廣，裸體文身，不跌共守，日費天府而無益，不如徙其人空其地矣。」施琅反之。他說：「臺灣地方，北連吳會，南接粵嶠，延袤數千里，山川峻峭，港道迂迴，乃江、浙、閩、粵四省之左護。」換言之，從陸權觀點來說，台灣不大，無關世界帝國之輕重。可是從海權來說，台灣鞏固，才得以保障清帝國最富庶的江西、浙江、福建、廣東等東南四省。

這次劇場上，陸權論者換成是杜魯門、國防部長馬歇爾與國務卿 Acheson；海權論者則是麥克阿瑟以及其他參與此聽證會、有東亞經驗的美國軍方將領們。

杜魯門陣營也都有參戰經驗，不過都是在歐陸的陸戰。所以他們對台灣地位的價值不清楚，而主張由美國第七艦隊使台灣中立化，一直等到其地位經由聯合國加以解決為止。相對的，麥克阿瑟在太平洋海域打滾了 24 年。

問
津

他目睹了日本如何以台灣為中心，建構大東亞共榮圈，進
而發動太平洋戰爭，席捲整個東南亞和太平洋地區，讓美
國幾乎縮回太平洋西岸。甚至說，失去台灣就會失去太平
洋。不僅如此，假設敵人獲得台灣，並且因此獲得太平
洋，這無疑將增加阿拉斯加、加利福尼亞、華盛頓州，以
及中美和南美的危險。所以，麥帥堅決主張，台灣絕不可
落入敵手。

　　杜魯門陣營覺得麥克阿瑟對政治愚蠢的最主要理由則
是：讓戰火波及台灣，或讓在台灣的中國軍參戰，會把美
國拖入中國內戰，甚至可能因蘇聯政府在亞洲或歐洲出面
直接干涉而將將引起第三次世界大戰。

　　換言之，這場韓戰不只是軍事上的，還有政治上的考
量。所以無論如何，要將其限制在有限的戰爭。可是對麥
克阿瑟而言，當中共介入韓戰時，杜魯門眼中的 police
action，未經國會批准的那個陸權韓戰，其實已經過去
了。取而代之的是，有關太平洋海權爭逐的戰鬥。

　　在海權韓戰中，台灣萬萬不可落入中共之手。就算在
美國海空軍力量優勢下，中共有了台灣，可以把那裡的基
地供給蘇聯的潛水艇與空軍使用。他們在那裡大量集中潛
水艇與空軍力量後，就可以使美軍在菲律賓與在日本的機
場歸於無用。蘇聯潛水艇以台灣為基地後，就可以截擊美
國在西太平洋上的所有補給線，使得我們這一方面的海陸
空軍得不到補給。他說：

　　台灣一失，我們的防線就會完全被共黨突破。台灣剛
好位於菲律賓與日本之間。敵人佔據了台灣，就可以向兩

翼進擊，而且利用台灣的潛水艇基地切斷我們自珍珠港或自關島外伸的供應線以後，就可以把上述兩翼個別擊破。

台灣一失，太平洋的戰略形勢必將全部改觀。這種事實在短期內就會改變的。我確信他們已經這樣做了。蘇聯已經取得中國大陸上原有的空軍基地了。

台灣現在有十九個機場。日本過去就利用這些機場來攻佔菲律賓及西南太平洋上的其他基地。台灣一失，我們整個防線就難以保守。這條防線可以從台灣突破，而不能從中國突破。

他們已經採取了水路作戰行動，並在彼處突破了連鎖性的防線。他們可以在台灣一個極有保障的形勢下集結二、三千架飛機，還可以在此處幾個海港設立潛艇基地，使他們剛好位於我們的防線的中間。……這裡是潛水艇、海軍與機隊的天然藏匿所。他們距離我們這麼近以後，我們會自衛起見，必須有目前三倍甚至四倍的軍力方能應付。

除了蘇聯最新式的有司諾克爾潛水通氣設備的潛水艇之外，俄國潛水艇的航程目前是很難到達此處之南的。蘇聯潛水艇如果只利用現有的基地，絕無法切斷我們的供應線。現在你如果讓蘇聯到了此處，你並不是說只是讓他們縮短了這一點距離。你等於讓它把整個可以集中進攻的力量移到此處來。你對於它絕對無法抵抗。二次大戰的情形就是證明。

此處是日本以前的基地。日本過去自此處進攻馬來亞，自彼處進攻菲律賓，又自彼處進兵新幾內亞。如果在彼處發生與過去同樣的情形，美國就絕對休想「在這些海島上

問

津

保持我們的軍力來應付他們以及應付他們可能獲得的其他基地。」他們等於是得到了一個可以把攻擊力量增加許多倍的主要戰略基地。

（台灣）有一個八百萬人的大國資源，可以用以支持海空軍。台灣在農業方面，是個極爲富足的地帶。你把軍力移到此地後，用不著自別處獲得供應，而可以就地取食。那裡人口眾多。在那一片及中的小區域裡，其人口的數量還多於澳洲與荷蘭兩國人口的總合。它可以發展爲一個我所知道的最強大的堡壘。假若他落入敵人之手，他的資源也隨之爲敵所有。

沒有一件事比台灣的戰略地位重要性更能獲得舉世的公認。

簡言之，失去台灣，失去太平洋。

面對戰爭或許有三種選擇：一、贏，只要進入武裝衝突，運用到最大限度的力量，以最快的方式透過軍事勝利予以結束。二、認輸，退出戰場，接受敵人的停戰條件。這也可迅速止血。三、無强止戰爭的確定目的，卻又不斷的、無限期的作戰。結果會招來所想遏止的東西，戰爭的蔓延。

對麥克阿瑟來說，採取第三種策略，是最糟糕的。因爲美國人的血將會不斷且無限期的延續。這種延續會有無盡的、無盡的戰爭衝突。

很遺憾的，杜魯門在韓戰中所採取的戰略似乎正是第三種。他的助理國務卿魯斯克（Dean Rusk, 1909-1994）說：

我們現在所努力的，是要維護和平與安全而不經過全面戰爭（general war）。我們正向侵略者說，不准繼續你的罪行，你必須停止。而同時，我們正努力避免一次大衝突（a general conflagration），那可能毀滅掉我們所正努力保衛的東西。

　　就麥克阿瑟的觀點看來，只要認識到：從中國介入韓戰以來，捲入台灣問題，那已經不只是一種杜魯門所謂的警察行動。那就是戰爭。紅色中國也正傾全力、排山倒海而來。如果美國意識到，韓戰就是戰爭，而且是百年海權爭奪時。那麼就現有軍事實力來看，1950 年代的紅色中國其實很脆弱。他說：

　　除我們戰術上的成功外，紅色中國這個新敵人已經清楚表明更加重要的信息，如此誇張和自負的軍事力量，卻沒有足質足量保障關鍵軍需的工業能力來滿足現代戰爭需要。他們的製造基地和原材料甚至不足以建立中等強度空軍和海軍力量，更遑論維持運作；他們也無法提供戰車、重型火炮及其他已融入軍事戰役的先進科學技術，這都是地面作戰取勝的基本要素。過去他們巨大的人數潛力很可能足以抵消這些空白，但隨著大規模殺傷手段的發展，單憑人數無法彌補這種固有的缺陷和脆弱。

　　制空和制海權也就意味著控制補給、通訊和交通，這對戰爭的重要程度和過去相比不遑多讓。我們現在控制著制空和制海權，敵方的地面火力又不足，由此產生的差距根本無法用英勇克服，表現出來的只是狂熱和對生命損失最徹底的冷漠。自從紅色中國開始在北韓不宣而戰以來，

問
津

這些軍事弱點已經非常明確地揭示出來。即便是在現在聯合國軍行動受限、紅色中國取得相應軍事優勢的情況下，事實也證明他們無法用武力徹底征服南韓。因此，敵人必須痛苦地意識到，聯合國已經決定放棄把戰爭局限在朝鮮半島的做法，我們的軍事行動會擴展到沿海地區與內陸基地，紅色中國馬上要面臨軍事崩潰的風險。

只可惜後來杜魯門聽從馬歇爾的計畫，只想採取姑息主義。他限制美國空軍與海軍的力量，不許其發揮切斷北韓與紅色中國的補給，更不想讓軍事行動擴展到朝鮮半島以外的地方。也就是說，美軍的制空與制海權，幾乎只能用於自己軍隊的補給或撤退。

馬歇爾只想到歐洲優先，不希望韓戰擴大到將蘇聯也捲入。他甚至不許麥克阿瑟轟炸在韓國境內，離中國邊境還有三十五英里的補給點。理由是：將陸路補給線截斷、補給點破壞後，北韓境內的共軍勢必透過北韓海岸、港口獲得補給。如此蘇聯會不得不捲入，派出艦隊，支援在北韓境內的共軍獲得補給。

他沒想到如果在亞洲戰場輸給共產黨，東歐陷落也將不可避免。沒想到共產陣營的擴張是全球性的。沒想到共產黨從列寧以降的戰略，共產擴張到歐洲中心最近的路徑，就是經過亞洲。莫斯科到巴黎最近的路，是繞過北京。所以，亞洲必須贏。勝利無可取代。贏得亞洲戰爭，歐洲很可能就不會再有戰爭而繼續保有自由。

杜魯門陣營一直想把這場戰爭，明明是紅色中國和聯合國都投入的，限制成一場警察行動，局部的衝突。他們

坐在華盛頓冷氣房中，離血淋淋戰場一萬英里遠的地方，甚至沒想到該如何結束這場戰爭。「就等到紅色中國人海戰術，一波波上來，一波波死掉。死到他們覺得夠了，就停火了。」換言之，也就是等到敵人覺得累了，夠了，或者是美國屈服於他的條件的時候為止。

難道這種戰爭態度不就是姑息主義嗎？這真的不會讓雙方白白不斷流血，犧牲姓命嗎？難怪在民主黨自己主導的國會聽證上，海軍司令 Oscar Badger（1890-1958），空軍司令 Emmett O'Donnell Jr（1906-1971），前戰爭部長、駐中國大使 Patrick Hurley（1883-1963），前國防部長Louis Johnson （1891-1966，1950 年九月十九日前。其繼任者為馬歇爾），和魏德邁將軍 （1896-1989）都站在麥克阿瑟這邊。也難怪這場戰爭無法如杜魯門所預期的速戰速決。

聽證會結束後，杜魯門民意聲望創下美國總統有史以來最低。民主黨都紛紛與其切割。他就連代表民主黨，取得爭取連任門票的機會都沒有。

以後見之明來看，杜魯門陣營誤判不少情勢。一、俄國自始自終都是韓戰，這場被遺忘的戰爭要角。「中國比較意外，因為中國當時的下一步是解放台灣，實際上毛澤東是這樣打算，老百姓心裡也是這樣想的，那麼突然爆發一個韓戰（朝鮮戰爭），毛澤東 1949 年去莫斯科跟斯大林談就是希望解放台灣，斯大林也答應了，實際上當時斯大林看起來還留了一手，就是跟金日成之間的這種（約定），毛澤東並不知道。」二、中國並非俄國魁儡政權，

問
津

有自己的意志，更有角逐世界強權的野心。人民日報在紀
念韓戰的文章中，這麼說：「朝鮮戰爭之所以不可忘卻，
是因爲它發生在錯誤的時間。中國剛獲解放，百廢待興，
還面臨著繁重的追擊殘敵任務，還有台灣和西藏問題亟待
解決。不合時宜的戰爭徹底打亂了國內議程。」三、台灣
是太平洋海權時代的樞紐，要子。如果日後聯合國協議將
台灣交給中國時，美國當動用否決權，來捍衛自己戰略要
點，而非無關緊要。

　　麥克阿瑟也有些誤判。一、他認爲：就算美軍越過北
緯 38 度線，中共也不會管。這使得這場衝突，很難成爲
一件速戰速決的警察行動，而成爲杜魯門爭取連任機會的
腹心之疾。杜魯門爲此在 1973 年說他是蠢貨：「我開除他
是因爲他不尊重總統權威，不是因爲他是狗娘養的蠢貨，
雖然他就是，但這對將軍來說又不犯法，不然半數甚至四
分之三的將軍都得進監獄。」布雷德利（Omar Bradley）
也因此將這場戰爭描述爲「一場在錯誤的地點，錯誤的時
間，同錯誤的敵人進行的錯誤的戰爭」。二、他以爲這場
戰爭，美國會打他擅長的戰爭，盡量用上海軍與空軍。實
際上，杜魯門就只想打有限戰爭，攻擊性的海空軍使用幾
乎爲零。

　　然而，這些誤判可以說是杜魯門總統的戰爭態度有問
題所造成的。

　　舉個例子來說。一個玻璃瓶中，有五十隻紅蟻，五十
隻黑螞蟻。本來彼此相安無事的。可是有人搖動瓶子，擾
動螞蟻，結果紅黑螞蟻就彼此相殺相砍了起來。要解決此

問題，不是幫助黑螞蟻來殺紅螞蟻，或是懲罰黑螞蟻說你怎麼可以殺紅螞蟻，而是應該主動去除那隻擾動的手。

國共內戰、韓戰背後，真正擾動的手，其實都是蘇聯。當二戰結束之後，國共議和後，又啟戰端。魏德邁建議，美國不應那麼容易讓中國成為敵方陣營，應繼續支持國民黨的。杜魯門卻選擇聽從馬歇爾的建議，切斷所有美援，技術、資金與武器上的，懲罰黑螞蟻，讓紅螞蟻佔領中國，也讓背後搖動的手得逞。

韓戰爆發，目前史學界普遍認為：那是金日成在得到蘇聯同意和支持的承諾後，首先越過三八線，對韓國發動突然進攻。杜魯門卻不想制止那隻搖動的手，假裝那只是小規模衝突，而任由紅螞蟻、黑螞蟻持續相殺相砍下去。

韓戰其實不曾停歇，一直打到現在。如2020年6月，朝鮮半島又戰雲密布起來。據稱直接原因是一些「脫北者」組織在兩國邊境通過氣球向朝鮮發送宣傳單。隨後平壤宣佈切斷和首爾的所有官方聯繫，幾個小時後，朝鮮炸毀了位於邊境小鎮開城的朝韓聯絡辦公室所在大樓。紅螞蟻、黑螞蟻幾乎又要互咬了。只是這次搖動的手，變成中國，而不是蘇聯。

中國也不再是 1950 年代的吳下阿蒙，而是秉持著資治通鑑大一統史觀、充滿野心，想稱霸天下的戰狼。一旦朝鮮局勢突變，爆發戰爭，第二次朝鮮戰爭顯然將不再是「警察行動」或「被遺忘的戰爭」。

總之，麥克阿瑟不僅是偉大的戰略家，首倡失去台灣，就失去太平洋。他也是偉大的政治家，不僅成功讓日

本，從敵人轉變成爲美國親密而忠實的戰友；而且積極任事，深知面對無可迴避的戰場，如果你輕輕打擊，如果你在運用力量時實行姑息，那將注定蒙受不幸。

（本文原載於上報）

謝辭

　　這本書主要是收錄從反黑箱課綱運動後的文字(2015)。一晃眼，八年快過了。主要聚焦在文史，然後也染著運動叛逆、憤世的風格。一如 V 怪客所說的，「如果你要找罪人，看看鏡子就好。」自己一如自己所批判的，是造成台灣無歷史感、責任心的罪人：如只會出一張嘴。

　　在此反思，舟搖搖以輕颺，風飄飄而吹衣的過程中，我們還是看見了繽紛絢爛的晨曦，以及廣闊如太平洋的溫情之海。銘感五內。如果不是上報和關鍵評論網的支持，我們把話憋在心中，憋都憋死了。如果不是清華大學與台中一中的博雅學風，我也不可能有此餘裕，探索此萬花筒般的世界。如果不是台中一中輔導室廖述茂老師、鄭福田文教基金會和台灣人權文化協會贊助，那麼就沒有明心館之夜，一個在高中舉辦的公共論壇，讓活水流入我們心中。如果沒有全人讀書會、水源社讀書會與卓別林喜劇團的培力與討論，我們連構思問題意識都有問題。如果不是台中一中師生與行政的寬容，與社會科歷史教師同仁的守候，分擔課務。我連參與此運動都不可能，更談不上潛心靜思這些問題。

　　人才是典範。特別感謝傅大為老師，在末代叛亂犯案中所展現的，營救學生在所不惜的公共知識分子風骨。游騰傑同學，在包圍教育部宿營中，熱切想保護其他同學的

麥田捕手浪漫。雖然他自己明明也還未成年。我只是想效法他們。雖然我畢竟還是書齋搖筆桿型，軟趴趴的。他們兩人還幫本書寫推薦序。

在知識啟迪與溫情培力上，特別感謝傅大為、周樑楷、張元與林崇熙教授們的鼓勵與提供舞台，與時俱進，更新知識。如果不是郭文華、陳恒安教授的提醒、討論與資料提供，讓我重新探索科學史，那麼有關嚴譯天演論與熱力學史，在不完美中前進，將不可完成。如果沒有洪健榮教授與黃義雄、羅志誠、陳冠華、黃德宗、戴麗桑、莊珮柔、黃惠貞、陳燕琪、徐万晴、周威同、江百川、陳一隆等等諸多老師的彼此砥礪與打氣，廖崇倫跟我也不可能撐住，與水源社諸多同學共享公共論壇的浪漫想像。

文章選擇與編輯上，特別感謝水源社廖崇倫、白象出版社的李婕等諸多編輯的鼎力幫忙。在我慣常錯別字很多，行文雜亂，不修邊幅，能完成這樣的一本書，真是件不容易的事情。不僅如此，崇倫還提起筆來，貢獻本書三篇文章。也感謝耐茁戶外立槳 sup 團隊提供本書的封面照片。

最後，我想感謝內人張瓊分老師的關懷、包容與作為後盾。兩個小孩的討論與支持。他們還分別貢獻一篇文章。雖然許可風和許綠芽在構思文章時，只是一個普通的大學生與高中生。

總之，要感謝的人太多，那就謝天謝地吧！

許全義

國家圖書館出版品預行編目資料

問津／許全義、廖崇倫、許綠芽、許可風 合著.
--初版.--臺中市：白象文化事業有限公司，2023.5
面； 公分
ISBN 978-626-364-006-1（平裝）

1.CST：言論集

078 112004211

問津

作　　者　許全義、廖崇倫、許綠芽、許可風
發 行 人　張輝潭
出版發行　白象文化事業有限公司
412台中市大里區科技路1號8樓之2（台中軟體園區）
出版專線：（04）2496-5995　傳真：（04）2496-9901
401台中市東區和平街228巷44號（經銷部）
購書專線：（04）2220-8589　傳真：（04）2220-8505
專案主編　李婕
出版編印　林榮威、陳逸儒、黃麗穎、水邊、陳媁婷、李婕
設計創意　張禮南、何佳諠
經紀企劃　張輝潭、徐錦淳
經銷推廣　李莉吟、莊博亞、劉育姍、林政泓
行銷宣傳　黃姿虹、沈若瑜
營運管理　林金郎、曾千熏
印　　刷　基盛印刷工場
初版一刷　2023 年 5 月
定　　價　480 元